职业教育汽车类专业"互联网+"创新教材

汽车材料与金属加工

第 2 版

主　编　高美兰　白树全
副主编　崔广磊　王　臣
参　编　李双青　李　超　刘　佳
主　审　段剑平

机械工业出版社

本书是为了适应高等职业教育汽车类专业技术基础课程教学改革而编写的，基于工学结合的教学理念，在内容组织上，每章都以"案例引入"为切入点开篇，以讲述国之重器、大国工匠、材料名家为主题的爱国故事为拓展知识。

本书分为3篇，全面系统地介绍了汽车制造材料、汽车运行材料和金属加工基础知识。汽车制造材料篇包括金属材料的性能、金属的晶体结构与结晶、钢的热处理、汽车用钢铁材料、汽车用非铁金属、汽车用非金属材料；汽车运行材料篇包括汽车燃料、汽车润滑材料、汽车工作液、汽车轮胎；金属加工基础知识篇包括铸造、锻压、焊接、金属切削加工。

本书图文并茂，注重与汽车技术发展紧密联系，可供高职高专院校、成人教育学校、技师学校、汽车培训学校的汽车类专业师生使用，也可作为汽车行业的专业技术人员、汽车维修工作人员的参考用书。

为方便教学，本书配有教学资源包，凡选用本书作为教材的教师均可登录机械工业出版社教育服务网（www.cmpedu.com）注册后免费下载，同时可以通过扫描书中二维码观看相应的微课、视频、动画等。

图书在版编目（CIP）数据

汽车材料与金属加工/高美兰，白树全主编. —2版. —北京：机械工业出版社，2020.6（2022.9重印）
职业教育汽车类专业"互联网+"创新教材
ISBN 978-7-111-65554-1

Ⅰ.①汽… Ⅱ.①高… ②白… Ⅲ.①汽车－工程材料－职业教育－教材 ②汽车－金属加工－职业教育－教材 Ⅳ.①U465

中国版本图书馆CIP数据核字（2020）第075408号

机械工业出版社（北京市百万庄大街22号 邮政编码100037）
策划编辑：谢熠萌 责任编辑：谢熠萌
责任校对：张 薇 封面设计：严娅萍
责任印制：单爱军
北京虎彩文化传播有限公司印刷
2022年9月第2版第4次印刷
184mm×260mm·17.75印张·431千字
标准书号：ISBN 978-7-111-65554-1
定价：49.80元

电话服务 网络服务
客服电话：010-88361066 机 工 官 网：www.cmpbook.com
　　　　　010-88379833 机 工 官 博：weibo.com/cmp1952
　　　　　010-68326294 金 书 网：www.golden-book.com
封底无防伪标均为盗版 机工教育服务网：www.cmpedu.com

第2版前言

本书是在第1版的基础上修订的。本书是根据国家职业教育汽车车身维修技术专业、汽车制造与装配技术专业教学资源库以及教育部创新发展行动计划汽车骨干专业配套教材研究、建设的经验和成果,以加强学生的实践技能训练、培养技术应用能力为出发点,以汽车材料的性能和运用为主题。本次修订优化了课程内容,增加了汽车新材料、新技术、新成果和新标准,力求保持职业教育的鲜明特色,以满足行业、企业、社会对汽车类专业人才的需求,教材内容实用化与综合化兼顾。

随着现代汽车技术的不断发展,汽车结构、材料、能源、标准不断推陈出新。近年来,汽车行业企业发展很快,为了适应汽车产业的发展,编者依据"关于建立职业院校教学工作诊断与改进制度的通知"(教职成厅〔2015〕2号)"关于深化职业教育教学改革全面提高人才培养质量的若干意见"(教职成〔2015〕6号)"国务院职业教育改革实施方案"(国发〔2019〕4号)"关于实施中国特色高水平高职学校和专业建设计划的意见"(教职成〔2019〕5号)等文件的要求编写了本书。本书为适应高等职业教育汽车类专业技术基础课程教学改革的需要,把相关的专业基础课整合为了一门课程,保持了相关内容的连贯性和一致性,力求做到知识点合理、理论适中、内容通俗易懂,体现以能力为本的职业技术教育特点。本书内容以基础知识够用为原则,注重与汽车行业紧密联系,使教材和汽车技术发展紧密结合。

本书分为3篇,全面系统地介绍了汽车制造材料、汽车运行材料和金属加工基础知识。汽车制造材料篇包括金属材料的性能、金属的晶体结构与结晶、钢的热处理、汽车用钢铁材料、汽车用非铁金属、汽车用非金属材料;汽车运行材料篇包括汽车燃料、汽车润滑材料、汽车工作液、汽车轮胎;金属加工基础知识篇包括铸造、锻压、焊接、金属切削加工。附录包括压痕直径与布氏硬度对照表、车用柴油技术要求和试验方法、我国各地各月份风险率为10%的最低气温、机动车辆制动液的技术要求和试验方法、实验指导书。

修订后的教材特色更加鲜明,主要体现在以下几个方面。

1) 体例新:在内容组织上,每章都以贴近生活或工程应用的"案例引入"为切入点开篇,提出疑问,引出相关内容,并在拓展知识中根据章节内容讲述以国之重器、大国工匠、材料名家为主题的爱国故事,培养学生工匠精神和职业素养。

2) 资源新:增加了微课、视频、动画等数字化教学资源,采用了大量的实物图片,使教学内容更加直观、具体,降低了学习难度,可提高学生学习兴趣和学习效率。更新了第1版的电子教案、授课PPT、课后习题及参考答案,方便教师授课和学生课后学习。

3）形态新：为体现工学结合、校企合作的办学理念，针对教学重点、难点问题，通过植入二维码，引入了更接近生产实际的企业数字化动态资源，打造"互联网＋"新形态的立体化教材，便于利用智慧职教云平台，采用线上、线下结合的信息化教学方法。

4）结构新：为了方便学生学习，每章都明确了知识目标和能力目标，并且在章末配有本章小结以及形式多样的测试题，可供学生巩固所学知识、培养分析问题和解决问题的能力。书后附录配备了实用表格和实验指导书，能加强对学生实践技能和应用能力的培养。

5）标准新：金属材料的力学性能、金属材料的牌号、汽油牌号、名词术语、计量单位等都采用了最新的国家标准。考虑到企业在工程实践中的应用习惯和新旧标准的过渡，在部分相关内容中附有新旧标准对照。

本书由包头职业技术学院高美兰、白树全担任主编并负责统稿，崔广磊、王臣担任副主编，李双青、李超、刘佳参加了编写工作。其中，高美兰编写了第1、4章，白树全编写了第2、3、5章，崔广磊编写了第7、9、11章，王臣编写了第6章、附录和数字化资源，李双青编写了第12、13、14章，李超编写了绪论、第8章，刘佳编写了第10章。包头职业技术学院王晨、马胜梅，昆山奥马热工科技有限公司潘慕刚提供了部分信息化资源、企业案例和图片，全书由包头市了然汽车评估有限公司段剑平担任主审。对于在本书的编写和修订过程中做了大量工作的老师和企业专家，在此深表感谢。

在本书的编写和修订过程中，我们对教材用户和企业相关岗位工程技术人员做了广泛调研，吸纳了生产实践的应用知识，以体现高职教育工学结合的教学理念，同时参阅了有关资料、文献和网络资源，在此向企业工程技术人员和所参阅文献资料的作者表示衷心的感谢！

由于编者水平有限，书中难免有不当之处甚至错误，欢迎读者批评指正，以便修改再版。

编 者

第1版前言

　　随着现代汽车技术的不断发展，汽车结构、材料、能源、标准不断推陈出新。为了适应汽车行业的发展，满足高等职业院校培养汽车专业高等技术应用型人才的需要，依据高等职业教育的特点和教育部有关汽车紧缺型人才培养基地及汽车示范性专业建设的要求，本书把一些相关的专业基础课整合为一门课程，保持了内容的连贯性和一致性。本书将"工程材料""汽车运行材料"和"金属工艺学"三部分内容进行整合，全面系统地介绍了汽车制造材料、汽车运行材料、金属加工基础知识等内容，力求做到知识点合理、理论适中、内容通俗易懂，体现以能力为本的职业技术教育特点。本书内容以基础知识够用为原则，强调以实用为目的，注重与汽车行业紧密联系，使教材和汽车技术发展实现紧密结合。

　　本书由包头职业技术学院高美兰主编并负责统稿。其中，第1、2、6、11~14章及前言、附录由高美兰编写，第3、4章由包头职业技术学院白树全编写，第5章由乌兰察布职业技术学院张建廷编写，第7~10章由锡林浩特职业技术学院刘福编写。全书由淮南联合大学王红主审。

　　本书在编写过程中，参阅了有关文献资料，在此向所参阅文献资料的作者表示衷心的感谢！

　　由于编者水平有限，书中存在不足和错误之处在所难免，恳请专家、读者批评指正。

编　者

二维码索引

序号	名称	二维码	页码	序号	名称	二维码	页码
1	汽车齿轮类零件的选材		99	9	机油选用及注意事项		171
2	汽车轴类零件的选材		101	10	汽车制动液的选用及注意事项		190
3	汽车活塞连杆组的选材		106	11	汽车防冻液的选用及注意事项		192
4	汽车发动机气门组的选材		106	12	形形色色的轮胎		200
5	非铁金属材料在汽车上的应用		127	13	车削加工		248
6	塑料的特性及其在汽车上的应用		132	14	铣削加工		249
7	橡胶的特性及其在汽车上的应用		134	15	钻削加工		252
8	汽油选用及注意事项		153				

目 录

第 2 版前言
第 1 版前言
二维码索引
绪论

第 1 篇　汽车制造材料

第 1 章　金属材料的性能 ·· 7
1.1　金属材料的力学性能 ·· 7
1.2　金属材料的物理性能和化学性能 ·· 17
1.3　金属材料的工艺性能 ·· 20
拓展知识　泰坦尼克号的沉没与材料性能的关系 ···································· 21
本章小结 ·· 22
测试题 ·· 23

第 2 章　金属的晶体结构与结晶 ·· 25
2.1　纯金属与合金的晶体结构 ·· 26
2.2　纯金属与合金的结晶 ·· 31
2.3　铁碳合金相图 ·· 37
拓展知识　铋金属结晶体，美到无法想象 ··· 47
本章小结 ·· 47
测试题 ·· 48

第 3 章　钢的热处理 ·· 50
3.1　钢在加热和冷却时的组织转变 ·· 51
3.2　钢的普通热处理 ·· 55
3.3　钢的表面热处理 ·· 59
拓展知识　柯俊——钢铁大师的报国情怀 ··· 62
本章小结 ·· 63
测试题 ·· 63

第 4 章　汽车用钢铁材料 ·· 65
4.1　碳素钢 ··· 65
4.2　合金钢 ··· 73

- 4.3 铸铁 ·· 89
- 4.4 典型汽车零件的选材 ·· 99
- 拓展知识 国家体育场（鸟巢）用钢 ·· 109
- 本章小结 ·· 109
- 测试题 ·· 110

第5章 汽车用非铁金属

- 5.1 铝及铝合金 ·· 113
- 5.2 铜及铜合金 ·· 117
- 5.3 滑动轴承合金 ·· 122
- 5.4 其他非铁金属简介 ·· 124
- 拓展知识 形状记忆合金——具有记忆功能的金属材料 ····································· 126
- 本章小结 ·· 127
- 测试题 ·· 127

第6章 汽车用非金属材料

- 6.1 塑料 ··· 129
- 6.2 橡胶 ··· 133
- 6.3 玻璃 ··· 135
- 6.4 陶瓷 ··· 137
- 6.5 复合材料 ·· 139
- 拓展知识 港珠澳大桥背后的新材料 ··· 142
- 本章小结 ·· 144
- 测试题 ·· 145

第2篇 汽车运行材料

第7章 汽车燃料

- 7.1 车用汽油 ·· 149
- 7.2 车用柴油 ·· 155
- 7.3 汽车新能源 ··· 158
- 拓展知识 新能源汽车的诞生与发展背景 ··· 163
- 本章小结 ·· 164
- 测试题 ·· 164

第8章 汽车润滑材料

- 8.1 机油 ··· 166
- 8.2 车辆齿轮油 ··· 173
- 8.3 汽车润滑脂 ··· 178
- 拓展知识 矿物油、半合成油、全合成油的区别是什么？ ································· 184
- 本章小结 ·· 185
- 测试题 ·· 185

第9章 汽车工作液

- 9.1 汽车制动液 ··· 187
- 9.2 汽车防冻液 ··· 190

9.3 液力传动油 ··· 192
9.4 其他汽车工作介质 ·· 195
拓展知识 空调发展史 ·· 197
本章小结 ·· 198
测试题 ·· 199

第10章 汽车轮胎 ·· 200
10.1 轮胎的类型与结构特点 ·· 200
10.2 轮胎的规格及合理使用 ·· 203
拓展知识 固特异轮胎的诞生 ··· 207
本章小结 ·· 208
测试题 ·· 208

第3篇 金属加工基础知识

第11章 铸造 ·· 213
11.1 砂型铸造 ··· 214
11.2 特种铸造 ··· 217
拓展知识 大国工匠之毛腊生——我用砂子铸"神剑" ······································ 220
本章小结 ·· 221
测试题 ·· 222

第12章 锻压 ·· 223
12.1 锻造 ··· 223
12.2 冲压 ··· 227
拓展知识 大国工匠之刘伯鸣——锻造大国重器的锻工 ······································ 231
本章小结 ·· 232
测试题 ·· 232

第13章 焊接 ·· 234
13.1 电弧焊 ·· 235
13.2 气焊 ··· 238
13.3 电阻焊 ·· 239
拓展知识 大国工匠之高凤林——火箭"心脏"焊接人 ······································ 240
本章小结 ·· 241
测试题 ·· 242

第14章 金属切削加工 ··· 243
14.1 金属切削加工基础知识 ·· 243
14.2 车削 ··· 246
14.3 铣削 ··· 249
14.4 钻削与镗削 ··· 252
14.5 磨削 ··· 255
拓展知识 大国工匠之顾秋亮——在发丝间"跳舞"的"蛟龙号"钳工 ············ 258
本章小结 ·· 259
测试题 ·· 259

附录 261
附录 A 压痕直径与布氏硬度对照表 261
附录 B 车用柴油（V）技术要求和试验方法（摘自 GB 19147—2016） 263
附录 C 我国各地各月份风险率为 10% 的最低气温（摘自 GB 19147—2016） 264
附录 D 机动车辆制动液的技术要求和试验方法（摘自 GB 12981—2012） 265
附录 E 试验指导书 267

参考文献 274

绪 论

汽车工业作为现代工业社会的一个重要标志行业，带动和促进着石油、材料、电子、化工等工业，以及交通运输业、旅游业等30余个其他行业的发展，在国民经济中占有着重要的地位。据统计，世界上每年钢材产量的1/4、橡胶产量的1/2、石油产品的1/2，均用于汽车工业及其相关产业。

0.1 汽车的主要构成

大多数汽车的总体结构及其主要机构的结构和工作原理基本上是一致的。汽车的总体结构由发动机、底盘、车身、电气设备组成（图0-1）。

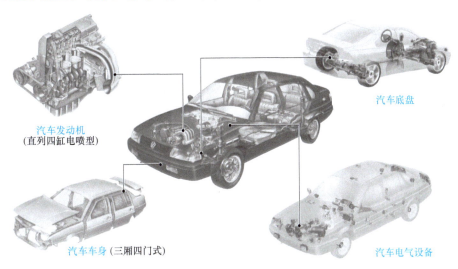

图0-1 汽车的总体结构

（1）发动机 发动机是汽车的动力装置，是汽车的"心脏"。其作用是使供入其中的燃料燃烧而发出动力，通过底盘传动系统驱动汽车行驶。现代汽车上广泛使用内燃机作为发动机，它一般由两大机构和五（四）大系统组成。两大机构为曲柄连杆机构和凸轮配气机构，五大系统为燃料供给系统、润滑系统、冷却系统、点火系统（柴油发动机汽车无）和起动系统。

（2）底盘　底盘接受发动机发出的动力，使汽车正常行驶。底盘将汽车各总成、部件连接成为一个整体，并具有传动、转向、制动等功能。底盘主要包括传动系统（离合器、变速器、传动轴等）、行驶系统（车架、车轮等）、转向系统（转向盘、转向传动装置等）和制动系统（前、后轮制动器，控制、传动装置等）四大系统。

（3）车身　车身用以承载驾驶人、乘客和货物。通常，货车车身由驾驶室、车厢等组成，客车和轿车则由车身结构件、车身覆盖件、车身外装件、车身内装件和车身附件等总成或零件组成。

（4）电气设备　汽车电气设备主要包括电源、照明设备、信号设备、电子控制设备等。在现代汽车上，电子技术有了飞跃性的发展。目前，在汽车上，尤其是在轿车上较普遍地使用了电子打火、发动机动力输出控制（EPC）系统、发动机电控喷射系统、防抱死制动系统（ABS）、速度感应式转向系统（SSS）、卫星导航系统（GPS）、安全气囊系统（SRS）、自动诊断装置等电子设备，大大提高了轿车的可靠性和安全性能。随着电子技术的不断发展，汽车将更加电子化和智能化。

0.2　汽车材料及金属加工概述

（1）汽车制造材料　通常一辆汽车由约2万个零部件组装而成。汽车上每个零件的生产制造都涉及材料问题。据统计，汽车上的零部件采用了4000余种不同的材料加工制造。从汽车的设计、选材、加工制造，到汽车的使用、维修和维护无一不涉及材料。

以现代轿车用材为例，按照重量来换算，钢材占汽车自重的55%~60%，铸铁占5%~12%，有色金属占6%~10%，塑料占8%~12%，橡胶占4%，玻璃占3%，其他材料（油漆、各种液体等）占6%~12%（图0-2）。目前，汽车制造用材仍以金属材料为主，塑料、橡胶、陶瓷等非金属材料占有一定的比例。现代社会中，人们对汽车的要求从代步、运输需求逐渐转向多功能需求。因此，现代汽车要满足安全、舒适、自重轻、污染排放少、能耗小、价格低等要求，首先就要从材料方面考虑。

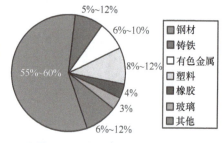

图0-2　现代汽车应用材料的比例

目前，大量新型材料，如高分子材料、复合材料等的迅速发展，为现代汽车的发展提供了必要的条件。

（2）汽车运行材料　汽车作为现代化的运输工具，在其运行过程中必然要使用和消耗燃料、润滑材料和工作液等，通常把这些材料称为汽车运行材料。汽车运行材料大多是石油产品，据统计，全世界石油产品的46%左右是被汽车消耗的。

（3）金属加工工艺　汽车工业的发展一直是与汽车材料及材料加工工艺的发展同步的，汽车零件中80%左右是由金属材料加工制造的。金属零件的加工过程，其实质就是零件的成形过程。金属零件的成形方式主要有铸造、锻造、冲压、焊接、切削加工等。通常材料不同，零件所选择的加工方法不同。金属零件的成形一般是由原材料先制成毛坯，再对毛坯进行切削加工，最后加工成零件。据统计，汽车中铸件质量约占20%，锻件质量约占70%，焊接在汽车制造中应用极为普遍，汽车车架、车桥、车身、车厢等几大总成都应用了焊接技术,尤其是轿车车身覆盖件的拼装更离不开焊接。

图 0-3 所示为某轿车外部组成及材料的选择和成形方法,图 0-4 所示为某轿车内部组成及材料的选择和成形方法。

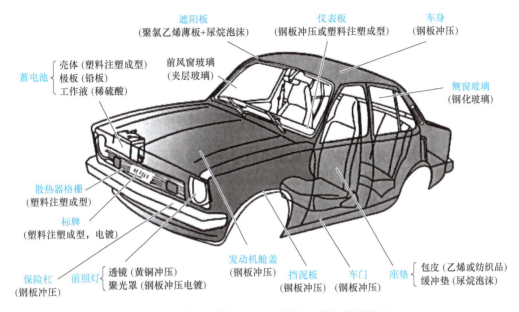

图 0-3 某轿车外部组成及材料的选择和成形方法

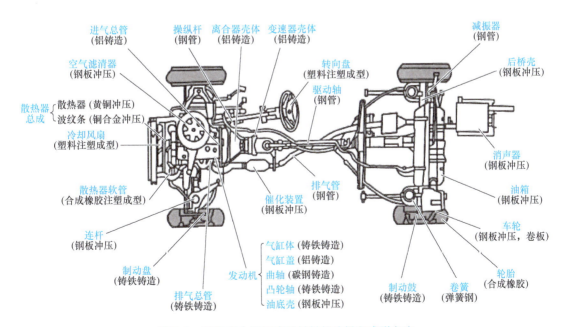

图 0-4 某轿车内部组成及材料的选择和成形方法

第 1 篇

汽车制造材料

一辆汽车有 2 万多个零件,这些零件使用了 4000 多种材料,其中 80% 左右是金属材料。金属材料之所以能在汽车上得到广泛的应用,是因为金属材料具有许多良好的性能。

第1章

金属材料的性能

知识目标

1. 掌握金属材料力学性能指标的概念和意义。
2. 了解金属材料物理性能、化学性能和工艺性能的意义。

能力目标

具有测试金属材料力学性能指标的能力。

案例引入

史上空前的海难——泰坦尼克号的沉没

1912 年,世界航海史上曾被骄傲地称为"永不沉没的巨轮"的泰坦尼克号初航时,在北大西洋撞上冰山,仅仅 10s 的碰撞,35cm 厚的双层船体钢板在水位线处像拉链拉开一样被撕裂,海水汹涌地涌向船内,约 2h 40min 后,这辉煌的首航竟给它带来了葬身海底的厄运。人们不禁要问,到底是什么原因导致这场悲剧的发生?排除其他人为因素,船身的设计、材料的选择和性能无疑也值得关注。

金属材料的性能直接影响汽车的制造装配、运行维护、使用寿命和加工成本,是合理选用汽车金属零部件材料的重要依据,金属材料的性能包括工艺性能和使用性能。工艺性能是指金属材料在加工过程中所表现出来的性能,包括铸造性能、锻压性能、焊接性能、热处理性能和可加工性等。工艺性能决定了金属材料适应某种加工的能力。使用性能是指金属材料在使用条件下所表现出来的性能,包括力学性能、物理性能和化学性能。使用性能决定了金属材料的使用范围、安全可靠性和使用寿命。其中力学性能是选用金属材料的重要依据。

1.1 金属材料的力学性能

金属材料的力学性能是指金属材料在外力作用下表现出来的性能。金属在加工和使用过程中都会受到外力的作用,这种外力通常称为载荷。载荷按照性质不同,一般可分为静载荷和动载荷(冲击载荷和交变载荷统称为动载荷)。静载荷指载荷的大小和方向不随时间发生变化或变化极缓慢的载荷，例如在静止状态下，汽车车身自重引起的对车架和轮胎的压力属于静载荷。冲击载荷是指以较高的速度作用于零部件上的载荷，例如汽车在不平的道路上行驶时，车身对车架和轮胎的冲击即为冲击载荷；交变载荷指大小与方向随时间发生周期性变化的载荷，运转中的发动机曲轴、齿轮等零部件所承受的载荷均为交变载荷。根据加载形式的不同，载荷可分为压缩载荷、拉伸载荷、扭转载荷、剪切载荷和弯曲载荷等。载荷的作用形式如图1-1所示。

金属材料在载荷作用下，形状和尺寸的变化称为变形。变形一般分为弹性变形和塑性变形。所谓弹性变形，是指构件受到载荷作用时产生变形，载荷卸除后恢复原状的变形。塑性变形指构件在载荷作用下产生变形，且当载荷卸除后不能回复原状的变形，也称为永久变形。

金属材料的力学性能是设计和制造汽车零件的重要依据，也是控制汽车零件质量的重要参数。金属材料的选择离不开对金属力学性能的分析。例如汽车轮胎紧固螺栓材料及规格的选择，就必须能够保证螺栓在使用过程中不会由于承受不住剪切而断裂，从而保证驾乘人员的安全。汽车轮胎紧固螺栓如图1-2所示。金属材料的力学性能主要包括强度、塑性、硬度、韧性和疲劳极限。

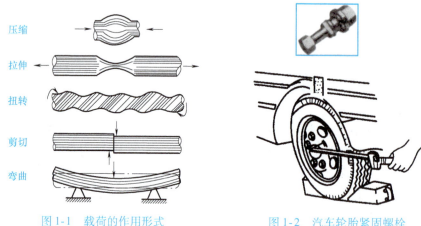

图1-1　载荷的作用形式　　　　图1-2　汽车轮胎紧固螺栓

1.1.1　强度与塑性

强度是指金属材料在静载荷作用下，抵抗塑性变形和断裂的能力。塑性是指金属材料在静载荷作用下产生塑性变形而不发生断裂的能力。强度和塑性指标都可以通过拉伸试验测定。

1. 拉伸试验

拉伸试验是指在静拉伸力作用下，对试样进行轴向拉伸，直到拉断的试验。根据拉伸试验绘制出的拉伸曲线，即可计算出试样强度和塑性的性能指标。

拉伸试验前，将被测金属制成一定形状和尺寸的标准拉伸试样（GB/T 228.1—2010）。图1-3所示为常用的标准圆形拉伸试样。将拉伸试样装夹在拉伸试验机（图1-4）的两个夹头上，沿轴向缓慢加载进行拉伸，试样逐渐伸长、变细，直到最后被拉断。在拉伸试验过程中，拉伸试验机上的自动记录装置可绘出能反映静拉伸载荷 F 与试样轴向伸长量 ΔL 对应关系的拉伸曲线，即 $F\text{-}\Delta L$ 曲线。图 1-5 所示为低碳钢的 $F\text{-}\Delta L$ 曲线。

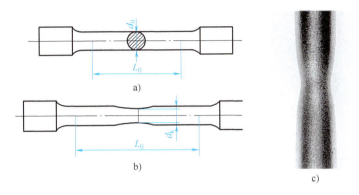

图 1-3　标准圆形拉伸试样

a) 拉伸前　b) 拉伸后　c) 拉伸试样的缩颈现象

由图 1-5 曲线可以看出，拉伸过程中试样表现出以下几个变形阶段：

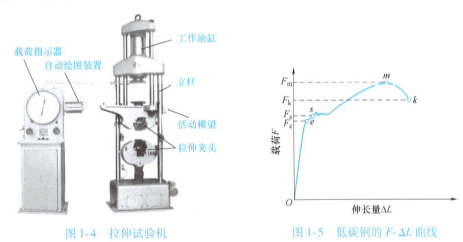

图 1-4　拉伸试验机　　　　　图 1-5　低碳钢的 $F\text{-}\Delta L$ 曲线

（1）弹性变形阶段（Oe 段）　当载荷不超过 F_e 时，加载试样变形，卸除载荷，试样能恢复原状。F_e 是试样产生弹性变形的最大力。

（2）屈服阶段（s 点附近的平台形或锯齿形线段）　当载荷超过 F_e 后，试样除了发生弹性变形，还有微量塑性变形。当载荷增加到 F_s 时，曲线出现平台形或锯齿形，这表明在载荷不增加或略有减小的情况下，试样却继续伸长，这种现象称为屈服，s 点称为屈服强度，F_s 称为屈服载荷。

（3）强化阶段（sm 段）　屈服阶段之后，继续增加载荷，试样将继续伸长。随着试样塑性变形的增大，材料的变形抗力逐渐增加，这种现象称为形变强化（或称为加工硬化）。F_m 为试样拉断之前承受的最大力。

（4）缩颈阶段（mk 段）　当载荷增加到最大值 F_m 后，试样的直径发生局部收缩，该现象称为"缩颈"。此时变形所需载荷逐渐降低，伸长部位主要集中于缩颈部位，如图 1-3c 所示。当载荷达到 F_k 时，试样被拉断。

提示：做拉伸试验时，低碳钢等塑性材料在断裂前有明显的塑性变形，有屈服现象，其断口呈"杯锥"状；而铸铁等脆性材料在断裂前不仅没有屈服现象，而且没有缩颈现象，其断口是平整的。

2. 强度指标

通过拉伸试验测得的强度指标有屈服强度和抗拉强度。

（1）屈服强度　金属材料开始产生屈服现象时的最低应力称为屈服强度，用符号 R_{eL} 表示。

$$R_{eL} = \frac{F_s}{S_0}$$

式中　F_s——试样发生屈服时的最小载荷（N）；

　　　S_0——试样原始横截面积（mm²）。

对于汽车上使用的高碳钢、铸铁等在拉伸过程中没有明显屈服现象的脆性材料，通常规定以塑性变形量为 0.2% 时的应力值作为其屈服强度，以 $R_{r0.2}$ 表示。铸铁的 F-ΔL 曲线如图 1-6 所示。

提示：机械零件经常由于过量的塑性变形而失效，因此，零件在使用过程中不允许发生明显的塑性变形，大多数机械零件常将 R_{eL} 或 $R_{r0.2}$ 作为选材和设计时的依据。

（2）抗拉强度　金属材料在断裂前所能承受的最大应力称为抗拉强度，用符号 R_m 表示。

$$R_m = \frac{F_m}{S_0}$$

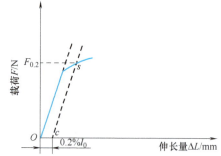

图 1-6　铸铁的 F-ΔL 曲线

式中　F_m——试样断裂前所承受的最大载荷（N）；

　　　S_0——试样原始横截面积（mm²）。

抗拉强度是设计和选材的主要依据之一，是工程技术上的主要强度指标。一般情况下，在静载荷作用下，只要工作应力不超过材料的抗拉强度，零件就不会发生断裂。

材料的强度对机械零件的设计具有非常重要的意义。强度越高，相同横截面积的材料在工作时所能承受的载荷（力）就越大；当载荷一定时，选用高强度的材料，就可以减小构件的横截面尺寸，从而减轻其自重。

在工程上，屈强比 R_{eL}/R_m 的比值越大，越能发挥材料的性能潜力。但是为了使用安全，该比值不宜过大，适当的比值一般在 0.65~0.75。另外，比强度 R_m/ρ 也常被提及，它表征了材料抗拉强度 R_m 与密度 ρ 之间的关系，在考虑汽车轻量化的问题时，常用到这个指标。

3. 塑性指标

金属的塑性指标主要有断后伸长率和断面收缩率。

（1）断后伸长率　试样拉断后，标距长度的伸长量与原始标距的百分比称为断后伸长率，用符号 A 表示。

$$A = \frac{L_u - L_0}{L_0} \times 100\%$$

式中　L_u——试样拉断后标距的长度（mm）；

　　　L_0——试样的原始标距（mm）。

（2）断面收缩率　试样拉断后横截面积的缩减量与原始横截面积之比称为断面收缩率，用符号 Z 表示。

$$Z = \frac{S_0 - S_u}{S_0} \times 100\%$$

式中　S_u——试样拉断处的最小横截面积（mm²）；

　　　S_0——试样的原始横截面积（mm²）。

同一材料的试样长短不同，测得的断后伸长率略有不同，用短试样（$L_0 = 5d_0$）测得的断后伸长率略大于用长试样（$L_0 = 10d_0$）测得的断后伸长率。断面收缩率与试样的尺寸因素无关。

金属材料的 A、Z 值越大，说明材料的塑性越好。塑性好的金属材料易于通过压力加工制成形状复杂的零件。例如汽车车身覆盖件、燃油箱等大多是采用具有良好塑性的冷轧钢板冲压而成的。用塑性好的金属材料制成的零件在偶尔发生过载时，其塑性变形能力可以避免发生突然断裂造成的事故。因此，用于汽车制造的材料大多要求有一定的塑性。

4. GB/T 228.1—2010 与 GB/T 228—1987 对比

目前金属材料室温拉伸试验方法采用 GB/T 228.1—2010，本书即采用此标准。但一些书籍或资料的金属材料力学性能数据是按 GB/T 228—1987 测定和标注的，为方便读者学习和阅读，将金属材料强度与塑性的新、旧标准名词和符号对照列于表 1-1。

表 1-1　金属材料强度与塑性的新、旧标准名词和符号对照

GB/T 228.1—2010		GB/T 228—1987	
名　词	符　号	名　词	符　号
屈服强度	R_e	屈服点	σ_s
上屈服强度	R_{eH}	上屈服点	σ_{sU}
下屈服强度	R_{eL}	下屈服点	σ_{sL}
规定残余延伸强度	R_r，如 $R_{r0.2}$	规定残余伸长应力	σ_r，如 $\sigma_{r0.2}$
抗拉强度	R_m	抗拉强度	σ_b
断后伸长率	A 和 $A_{11.3}$	断后伸长率	δ_5 和 δ_{10}
断面收缩率	Z	断面收缩率	ψ

注：在标准 GB/T 228.1—2010 中，没有对屈服强度规定符号，本书采用 R_e 作为屈服强度符号。

1.1.2　硬度

硬度是指金属材料抵抗局部变形或者抵抗其他物质刻划或压入其表面的能力，是重要的力学性能指标之一。通常材料的硬度越高，耐磨性越好，因此，常将硬度值作为衡量材料耐磨性的重要指标。在汽车维修行业中所用的模具、量具、刀具等都要求有足够高的硬度，否则就无法正常工作。

由于测定硬度的试验设备结构简单、操作方便，且硬度试验属于非破坏性试验，因此，在实际生产中对一般机械零件大多通过测试硬度来检测其力学性能。零件图中对金属材料力学性能的要求往往只标注硬度值。

测定硬度的方法很多，主要有压入法、划痕法和回跳法。生产中常用的是压入法，即在一定外加载荷作用下，将比工件更硬的压头缓慢压入被测工件表面，使金属局部产生塑性变

形，从而形成压痕，然后根据压痕面积大小或压痕深度来确定硬度值。

根据压头和外加载荷的不同，常用的硬度指标有布氏硬度、洛氏硬度和维氏硬度。

1. 布氏硬度

布氏硬度是在布氏硬度计（图1-7）上测得的，用符号HBW表示。其试验原理及压痕如图1-8所示。将直径为D的硬质合金球作为压头，以规定的试验载荷F压入被测金属表面，保持规定时间后卸除载荷，此时在被测金属表面上会留下直径为d的球形压痕。计算压痕单位面积上所受的平均压力（即所加载荷与压痕面积的比值），即为该金属的布氏硬度值。

$$\mathrm{HBW} = \frac{F}{S} = 0.102 \frac{2F}{\pi D(D - \sqrt{D^2 - d^2})}$$

从上式可以看出，当载荷F和压头直径D一定时，布氏硬度值仅与压痕直径d的大小有关。d越小，说明压痕面积越小，布氏硬度值越大，也就是硬度越高。在实际应用中，布氏硬度值不用计算，只需使用图1-8b所示的读数显微镜测出压痕平均直径d的大小，在压痕直径与布氏硬度对照表中查出相应的布氏硬度值（附录A）。布氏硬度值的单位为kgf/mm²或者N/mm²，但习惯上布氏硬度不标注单位。

图1-7 布氏硬度计

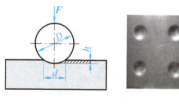  

a) b)

图1-8 布氏硬度试验原理及压痕

a）试验原理及压痕 b）读数显微镜

目前，金属布氏硬度试验方法执行GB/T 231.1—2018标准，用符号HBW表示，布氏硬度试验范围上限为650HBW。标注时，习惯上把硬度值写在符号HBW之前，后面按以下顺序注明试验条件：球体直径、测试时所加载荷（常以kgf⊖作单位）、载荷保持的时间（保持10~15s时不标注）。例如，某种材料的布氏硬度是180HBW10/1000/30，表示用直径10mm的硬质合金球作压头，在1000kgf（9800N）的载荷作用下，保持30s时测得的硬度值为180N/mm²（MPa）；布氏硬度是530HBW5/750，表示用直径5mm的硬质合金球作为压头，在750kgf（7350N）的载荷作用下，保持10~15s时测得的硬度值为530N/mm²（MPa）。

布氏硬度试验应根据被测金属材料的种类和试样厚度，选用不同的球体直径D、施加载荷F和保持时间，试验时应按表1-2所列的布氏硬度试验规范正确选择。按GB/T 231.1—2018规定，球体直径有10mm、5mm、2.5mm和1mm共4种，试验载荷（单位为kgf）与球

⊖ kgf为非法定计量单位，此处暂保留，1kgf = 9.8N。

体直径平方的比值（F/D^2）有 30、15、10、5、2.5 和 1 共 6 种。

表 1-2 布氏硬度试验规范

材　料	布氏硬度/HBW	球体直径 D/mm	$(F/D^2)/(\text{N/mm}^2)$
铸　铁	<140	10、5、2.5	10
	≥140	10、5、2.5	30
铜和铜合金	35~200	10、5、2.5	10
	>200	10、5、2.5	30
	<35	10、5、2.5	5

布氏硬度试验的优点是数据准确、稳定、重复性强；缺点是压痕较大，易损伤零件表面，不能测量太薄、太硬的材料。布氏硬度试验常用来测量退火钢、正火钢、调质钢、铸铁及非铁金属的硬度。

2. 洛氏硬度

洛氏硬度是在洛氏硬度计（图 1-9）上测得的，用符号 HR 表示。其试验原理及压痕如图 1-10 所示。

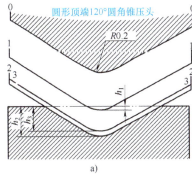
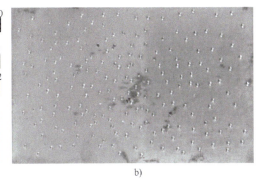

图1-9 洛氏硬度计　　　图 1-10 洛氏硬度试验原理及压痕
a）试验原理　b）压痕

用顶角为 120°的金刚石圆锥体或直径为 1.588mm 的淬火钢球作为压头，先施加初始载荷 F_0（目的是消除因为零件表面不光滑等因素造成的误差），压入金属表面的深度为 h_1（图 1-10 中 1—1），然后施加主载荷 F_1，在总载荷 F（$F = F_0 + F_1$）的作用下，压入金属表面的深度为 h_2（压头到图 1-10 中 2—2），待表头指针稳定后，卸除主载荷，由于金属弹性变形的恢复而使压头回升至 h_3（压头到图 1-10 中 3—3），压头实际压入金属的深度为 $h = h_3 - h_1$，以压痕深度 h 值的大小衡量被测金属的硬度。显然，h 值越大，被测金属硬度越低；反之则越高。为了适应人们习惯上数值越大，硬度越高的概念，规定用常数 K 减去 $h/0.002$（表示每 0.002mm 的压痕深度为一个硬度单位）作为硬度值，即

$$\text{HR} = K - \frac{h}{0.002}$$

式中　K——常数，用金刚石压头时 K 为 100，用淬火钢球压头时 K 为 130；

　　　h——卸除主载荷后测得的压痕深度。

实际应用时，可以直接从洛氏硬度计刻度盘上读出洛氏硬度值。

为了能够用一台硬度计测量从软到硬不同金属材料的硬度,洛氏硬度采用了不同的压头和载荷组成不同的硬度标尺,并用字母在 HR 后面加以注明。常用的洛氏硬度标尺有 HRA、HRB、HRC 3 种,其中 HRC 应用最为广泛。

洛氏硬度标注时,将所测定的洛氏硬度值写在相应标尺的硬度符号之前,例如 75HRA、90HRB、60HRC 等。常用洛氏硬度试验规范及应用举例见表 1-3。

表 1-3 常用洛氏硬度试验规范及应用举例

硬度符号	压头类型	初载荷/kgf(N)	主载荷/kgf(N)	测量范围	应用举例
HRA	金刚石圆锥体	10(98)	50(490)	20~88	硬质合金、表面淬火层、渗碳层等
HRB	淬火钢球	10(98)	90(882)	20~100	非铁金属、退火、正火钢件等
HRC	金刚石圆锥体	10(98)	140(1372)	20~70	淬火钢、调质钢件

注:1kgf=9.8N

洛氏硬度试验操作简便,可以直接从刻度盘上读出硬度值,其压痕较小,基本不损坏零件表面,可直接测量成品和较薄零件的硬度;但由于压痕较小,试验数据不太稳定,所以,需要在 3 个不同部位测量后取其算术平均值。

洛氏硬度试验主要适用于测定铜、铝等非铁金属及其合金,硬质合金,表面淬火、渗碳件以及退火、正火和淬火钢件的硬度。

3. 维氏硬度

由于布氏硬度试验不适合测定硬度较高的金属,而洛氏硬度试验虽可用来测定各种金属的硬度,但由于采用了不同的压头和载荷,不同标尺间硬度值彼此没有联系,因此不能直接换算。为了使硬度不同的金属有一个连续一致的硬度标准,便出现了维氏硬度试验法。

维氏硬度的试验原理和布氏硬度基本相似,是根据压痕单位面积上的载荷大小来计算硬度值,区别在于其压头采用相对面夹角为 136°的金刚石正四棱锥。试验时,在规定载荷 F 作用下压入被测金属表面,保持一定时间后卸除载荷,然后测量压痕投影的两对角线的平均长度 d。维氏硬度试验原理及压痕如图 1-11 所示。维氏硬度用符号 HV 表示,计算公式为

$$HV = 0.189 \frac{F}{d^2}$$

式中 F——作用在压头上的载荷(N);

  d——压痕两条对角线长度的算术平均值(mm)。

试验时,用测微计测出压痕两条对角线的长度,算出其平均值后,查表就可得出维氏硬度值。

维氏硬度标注方法与布氏硬度相同,硬度数值写在符号前面,试验条件写在后面。对于钢及铸铁,试验载荷保持时间为 10~15s 时,可以不标出。例如:640HV30/20 表示用 30kgf(294N)试验载荷,保持 20s 测定的维氏硬度值为 640。

维氏硬度试验时所加的载荷小(常用的试验载荷有 5kgf、10kgf、20kgf、30kgf、50kgf、100kgf),压入深度较浅,可测量较薄的材料,也可测量表面淬硬层及经化学热处理的表面层(如渗碳层、渗氮层)的硬度。由于维氏硬度值具有连续性,故可测定很软到很硬的各种金属材料的硬度且准确性高。维氏硬度试验的缺点是操作过程及压痕测量较费时间,效率不如洛氏硬度试验高,故不适合成批生产中的常规检验。

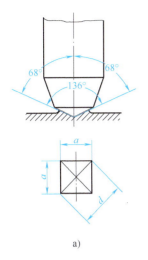  

图 1-11 维氏硬度试验原理及压痕

a) 试验原理　b) 压痕

1.1.3 韧性

强度、塑性、硬度等力学性能指标都是在静载荷作用下测定的。实际上，汽车上大多数零件承受的是动载荷（冲击载荷和交变载荷）。汽车起步、加速、紧急制动、停车时，变速器中的齿轮、传动轴，后桥中的半轴、差速器齿轮等零件受到的载荷即属于冲击载荷。冲击载荷引起的应力比静载荷大，因此具有更大的破坏性。对于承受冲击载荷的材料，不仅要具有高的强度和一定的塑性，还必须具备足够的韧性。

金属材料抵抗冲击载荷作用而不被破坏的能力称为韧性。韧性的大小通常用吸收能量来衡量，吸收能量的单位是 J。工程上通常采用夏比冲击试验来测定金属材料的吸收能量（金属承受冲击载荷的能力），夏比冲击试验原理及冲击试验机如图 1-12 所示。

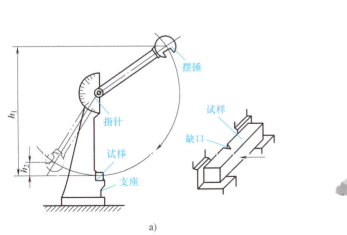 

图 1-12 夏比冲击试验原理及冲击试验机

a) 试验原理　b) 冲击试验机

1. 夏比冲击试验

首先,将被测金属按照国家标准制成带有 V 型或 U 型缺口(试样上开缺口是为了将试样从缺口处击断,脆性材料不开缺口)的标准试样(图 1-13),然后将试样放在摆锤式冲击试验机的支座上,使缺口背向摆锤。将质量为 m 的摆锤升起到一定高度 h_1,使之自由落下将试样击断。由于惯性,击断试样后的摆锤会继续升至一定高度 h_2。根据能量守恒原理,击断试样所消耗的能量 $K = mg(h_1 - h_2)$,K 即为吸收能量,其值可以从试验机的刻度盘上直接读出,单位是 J。V 型缺口试样和 U 型缺口试样吸收能量分别表示为 KV 和 KU。

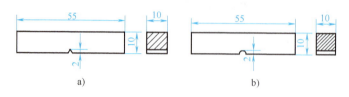

图 1-13 冲击试样
a)V 型缺口 b)U 型缺口

吸收能量 K 越大,表明材料的韧性越好,受到冲击时越不易断裂。吸收能量不仅与试样形状、表面粗糙度、内部组织有关,还与试验时的环境温度有关。

有些金属材料在室温时并不显示脆性,而在较低温度下则可能发生脆断。温度对吸收能量的影响如图 1-14 所示。由图 1-14 可见,吸收能量的值随着试验温度的下降而减小。材料在低于某温度时,K 值急剧下降,使试样的断口由韧性断口过渡为脆性断口,这个温度范围称为韧脆转变温度范围。金属的韧脆转变温度越低,说明金属的低温抗冲击性能越好。韧脆转变温度是衡量金属冷脆倾向的指标。例如非合金钢的韧脆转变温度约为 -20℃,因此在较寒冷(低于 -20℃)地区使用的非合金钢构件(如车辆、桥梁、运输管道等)在冬天容易发生脆断现象。因此在选择金属材料时,其工作条件的最低温度必须高于它的韧脆转变温度。

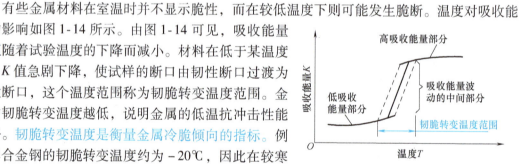

图 1-14 温度对吸收能量的影响

2. 小能量多次冲击试验

在实际工作中,金属经过一次冲击就断裂的情况极少,许多零件在工作时都经受着小能量的多次冲击。在多次冲击下导致金属产生裂纹、裂纹扩张和瞬时断裂时,其破坏是每次冲击损伤积累的结果。因此需要采用小能量多次冲击试验来衡量这些零件承受冲击的能力。

小能量多次冲击试验示意图如图 1-15 所示。试验时,试样受到试验机锤头的多次冲击,测定被测试样在一定冲击能量下最后产生断裂的冲击次数,即为金属材料的多次冲击抗力。

韧性越低,表明金属发生脆性断裂的倾向越大。当冲击能量低、冲击次数较多时,材料多次冲击抗力取决于材料的强度;当冲击能量较高、冲击次数较少时,材料多次冲击抗力主要取决于材料的塑性和韧性。

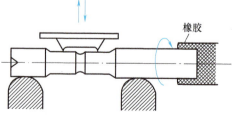

图 1-15 小能量多次冲击试验示意图

汽车发动机中的活塞、活塞销、曲轴、连杆等零件在工作中受到冲击载荷的作用,所以应采用韧性好的材料制造。

1.1.4 疲劳极限

汽车上的齿轮、连杆、弹簧、滚动轴承及发动机曲轴等零件,在工作过程中受到大小和方向都随时间作周期性变化的交变载荷作用,即使应力远远低于材料的屈服强度,但经过一定循环次数后,也可能发生突然断裂,这种现象称为疲劳断裂。疲劳断裂与在静载荷作用下的断裂不同,不管是脆性材料还是塑性材料,疲劳断裂都是突然发生的,事先均无明显的塑性变形,所以,疲劳断裂具有很大的危险性。例如,汽车的钢板弹簧或前轴发生疲劳断裂,就会造成车毁人亡的重大交通事故。据统计,损坏的机械零件中有80%以上是由于金属的疲劳造成的。因此,在设计这种受力条件下工作的零部件时,选用材料必须考虑材料抵抗疲劳破坏的能力。

材料的疲劳强度可以通过疲劳试验机测定,疲劳试验示意图如图1-16所示。试验时,将光滑的标准试样的一端固定并使试样旋转,在另一端施加载荷;在试样旋转过程中,试样工作部分的应力将承受周期性的变化,从拉应力到压应力,循环往复,直至试样断裂。图1-17所示为疲劳曲线,曲线表明,材料承受的交变应力越大,其断裂前能承受的循环次数越少;反之,循环次数越多。当材料承受的交变应力低于某一值时,经过无数次循环,试样都不会产生疲劳断裂。工程上规定,材料经过无限次交变载荷作用而不发生断裂的最大应力,称为疲劳极限,用符号 S 表示,单位为MPa。

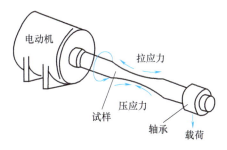

图1-16 疲劳试验示意图

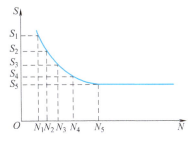

图1-17 疲劳曲线

实际上,金属材料不可能做无限次交变载荷试验。工程上规定,钢铁材料经受 10^7 次、非铁金属经受 10^8 次交变载荷作用而不产生断裂的最大应力,即为该材料的疲劳极限。

影响金属疲劳极限的因素很多,例如零件外形、表面质量、受力状态与周围介质等。因此,在进行设计时应尽量避免尖角、缺口和截面突变等容易引起应力集中的结构。降低零件的表面粗糙度或者采用表面淬火、喷丸等处理方法,均可有效地提高零件的疲劳极限。在汽车的维修、维护过程中,应及时排除隐患,以保证车辆的安全运行。

1.2 金属材料的物理性能和化学性能

金属材料的物理性能是指金属在重力、电磁场、热力(温度)等物理因素作用下,所表现出的性能或其固有的属性,它包括密度、熔点、导热性、导电性、热胀性和磁性等。金属材料的化学性能是指金属材料在室温或高温时抵抗各种化学介质作用所表现出来的性能,它包括耐蚀性、抗氧化性和化学稳定性等。

1.2.1 金属材料的物理性能

1. 密度

金属材料的密度是指在一定温度下单位体积金属的质量。密度是金属材料的特性之一。不同的金属材料其密度不同。在体积相同的情况下,金属材料的密度越大,其质量越大。金属材料的密度直接关系到由它所制造设备的自重和效能,例如汽车发动机的活塞采用密度小的铝合金制造。在航空航天领域中,密度更是选材的关键性能指标之一。

常用金属材料的密度见表1-4。一般将密度小于 $5\times10^3\text{kg/m}^3$ 的金属称为轻金属,密度大于 $5\times10^3\text{kg/m}^3$ 的金属称为重金属。

表 1-4 常用金属材料的物理性能数据

金属名称	元素符号	密度(20℃) $\rho/10^3\text{kg}\cdot\text{m}^{-3}$	熔点/℃	热导率 $\lambda/\text{W}(\text{m}\cdot\text{K})^{-1}$	线胀系数(0~100℃) $\alpha_l/10^{-6}\text{℃}^{-1}$	电阻率(0℃) $\rho/10^{-8}\Omega\cdot\text{m}$
银	Ag	10.49	960.8	418.6	19.7	1.5
铝	Al	2.698	660.1	221.9	23.6	2.655
铜	Cu	8.96	1083	393.5	17.0	1.67~1.68(20℃)
铬	Cr	7.19	1903	67	6.2	12.9
铁	Fe	7.84	1538	75.4	11.76	9.7
镁	Mg	1.74	650	153.7	24.3	4.47
锰	Mn	7.43	1244	4.98(-192℃)	37	185(20℃)
镍	Ni	8.90	1452	92.1	13.4	6.84
钛	Ti	4.508	1677	15.1	8.2	42.1~47.8
锡	Sn	7.298	231.91	62.8	2.3	11.5
钨	W	19.3	3380	166.2	4.6(20℃)	5.1

2. 熔点

金属材料从固态向液态转变时的温度称为熔点。熔点对于金属材料冶炼、铸造和焊接工艺参数的制订是很重要的参考依据。熔点高的金属材料称为难熔金属(如钨、钼、钒等),可以用来制造耐高温零件,它们在火箭、导弹、燃气轮机和喷气飞机等方面有广泛的应用。熔点低的金属称为易熔金属(如锡、铅、铋等),可以用来制造印刷铅字(铅与锑的合金)、熔断器(铅、锡、铋、镉的合金)、焊接钎料和防火安全阀等零件。常用金属材料的熔点见表1-4。

3. 导热性

金属材料传导热量的能力称为导热性。其导热能力的大小常用热导率(也称导热系数)λ表示。金属材料的热导率越大,说明其导热性越好。一般说来,金属材料越纯,其热导率越大。金属材料的导热能力以银为最好,铜、铝次之。常用金属材料的热导率见表1-4。

导热性好的金属材料其散热性也好。例如在制造散热器、换热器与活塞等零件时，就要选用导热性好的金属材料。在制订焊接、铸造、锻造和热处理工艺时，也必须考虑材料的导热性，以防止金属材料在加热或冷却过程中产生较大的内应力，导致金属材料发生变形或开裂。

4. 导电性

金属材料能够传导电流的性能称为导电性。金属材料的导电性常用电阻率 ρ 表示。电阻率越小，导电性就越好。导电性和导热性一样，纯金属的导电性比合金好。工业上常用纯铜、纯铝作为导电材料。常用金属材料的电阻率见表1-4。

5. 热胀性

金属材料随着温度变化而膨胀或收缩的特性称为热胀性。热胀性的大小用线胀系数 α_l 和体胀系数 α_v 来表示。体胀系数近似为线胀系数的3倍。常用金属材料的线胀系数见表1-4。在实际工作中考虑热胀性的地方很多。例如铺设钢轨时，在两根钢轨衔接处应留有一定的空隙，以便钢轨在长度方向有膨胀的余地；轴与轴瓦之间要根据热胀系数来控制其间隙尺寸；在制订铸造、锻压、焊接和热处理工艺时也必须考虑材料热膨胀的影响，以便减小工件的变形和开裂；测量工件尺寸时要注意热膨胀因素，以便减小测量误差。

6. 磁性

金属材料在磁场中被磁化而呈现磁性强弱的性能称为磁性，通常用磁导率 μ（H/m）表示。根据金属材料在磁场中受到磁化程度的不同，金属材料可分为铁磁性材料（铁、镍、钴等）、顺磁性材料（锰、铬、钼等）和抗磁性材料（铜、金、银、铅、锌等）。铁磁性材料可用于制造变压器铁芯、发动机转子、测量仪表等；抗磁性材料可用作要求避免磁场干扰的零件和结构的制造材料。

1.2.2 金属材料的化学性能

1. 耐蚀性

金属材料在常温下抵抗氧、水及其他化学介质腐蚀破坏的能力，称为耐蚀性。金属材料的耐蚀性是一个重要的性能指标。在腐蚀介质（酸、碱、盐、有毒气体等）中工作的零件，其腐蚀现象比在空气中严重，因此在选择金属材料制造这些零件时，应特别注意金属材料的耐蚀性。耐候钢、铝及铝合金、铜及铜合金等在室温条件下能耐大气腐蚀，而不锈钢在腐蚀性介质中具有较强的耐蚀性。

2. 抗氧化性

金属材料在加热时抵抗氧化作用的能力称为抗氧化性。金属材料的氧化会随温度升高而加速。例如，钢材在进行铸造、锻造、焊接、热处理等热加工作业时，氧化比较严重。氧化会造成材料过量的损耗，因此应采取措施避免金属材料发生氧化。耐热钢、高温合金、钛合金等都具有良好的高温抗氧化性。

3. 化学稳定性

化学稳定性是金属材料的耐蚀性和抗氧化性的总称。金属材料在高温下的化学稳定性称为热稳定性。在高温下工作的设备（锅炉、加热设备、汽轮机、喷气发动机等）上的部件要选择热稳定性好的材料制造。

1.3　金属材料的工艺性能

汽车上大多数零件是采用金属材料制造的。金属材料的工艺性能是指金属材料在加工过程中所表现出来的性能。工艺性能对于保证汽车产品质量、降低成本、提高生产效率起着十分重要的作用，是汽车设计、制造、修理及选择汽车零件材料必须认真考虑的因素。按照工艺方法，金属材料的工艺性能主要包括铸造性能、锻压性能、焊接性能、热处理性能和可加工性等。

1.3.1　铸造性能

金属材料铸造成形获得优质铸件的能力称为铸造性能。金属材料可以通过铸造制成各种零件，例如汽车上的曲轴、凸轮轴、气缸体、气缸套、转向器壳体等都是铸造而成的。

铸造性能主要包括流动性、收缩性、偏析性及吸气性等。流动性是指熔融金属的流动能力。流动性好的金属容易充满铸型，获得外形完整、尺寸精确、轮廓清晰的铸件。收缩性是指铸件在凝固和冷却过程中，其体积和尺寸减小的现象。铸件收缩不仅影响尺寸，还会使铸件产生缩孔、缩松、内应力、变形和开裂等缺陷，故铸造用金属材料的收缩率越小越好。偏析是指金属凝固后，铸锭或铸件化学成分和组织的不均匀现象。偏析会使铸件各部分的力学性能有很大的差异，降低铸件质量。

设计铸件时，必须考虑材料的铸造性能。铸造性能好，则可以铸造出结构复杂、形状精确、强度较高的铸件，并且可以简化工艺过程，提高产品合格率。在常用的金属材料中，铝合金、灰铸铁和青铜等具有良好的铸造性能。

1.3.2　锻压性能

锻压是指对金属坯料施加外力，使其产生塑性变形，改变其形状、尺寸，改善性能，使金属材料在冷热状态下以压力加工成形的工艺。按重量百分比计算，汽车上约70%的零件是由锻压加工方法制造的，例如汽车的车体外板就是冷轧钢板经过锻压加工成形的。

金属的锻压性能是指金属材料对采用锻压加工方法成形的适应能力，是衡量材料通过塑性加工获得优质零件难易程度的工艺性能。金属的锻压性能越好，说明该金属越适用于塑性加工方法成形；锻压性能越差，说明该金属越不宜选用塑性加工方法成形。

锻压性能的优劣常用金属的塑性和变形抗力来综合衡量。塑性越高，变形抗力越小，则该金属的锻压性能越好；反之则越差。不同成分的金属，其锻压性能不同。例如，低碳钢具有良好的锻压性能，铸铁的锻压性能则很差，不能采用锻压工艺加工，而铜合金和铝合金在室温状态下就有良好的锻压性能。

1.3.3　焊接性能

金属材料对焊接加工的适应性称为焊接性，也就是在一定的焊接工艺条件下，获得优质焊接接头的难易程度。焊接性能好的金属可用一般的焊接方法和焊接工艺进行焊接，焊缝中不易产生气孔、夹杂或裂纹等缺陷，其强度与母材相近，并且焊接接头具有良好的力学性能。焊接性能差的金属材料要采用特殊的焊接方法和焊接工艺才能进行焊接。不同成分的金属，其焊接性能不同。

焊接在汽车制造中应用极为普遍，汽车车架、车桥、车身、车厢等几大总成都应用了焊接技术，尤其是轿车车身覆盖件的拼装更离不开焊接。

1.3.4 热处理性能

金属材料适应各种热处理工艺的性能，称为热处理性能。热处理工艺性包括淬透性、淬硬性、淬火变形开裂倾向、表面氧化脱碳倾向、过热和过烧的敏感倾向及回火脆性倾向等。各种金属材料由于化学成分及内部组织结构的不同，其热处理性能也不同，在热处理过程中出现的淬透性、淬火变形开裂倾向等也不同。因此，应根据不同的材料、不同的工件形状，选择不同的热处理工艺，来满足其性能要求。

1.3.5 可加工性

可加工性是指金属材料接受切削加工的难易程度。金属材料的可加工性主要与材料本身的化学成分、组织状态、硬度、韧性及导热性有关。一般金属材料具有适当的硬度（170~230HBW）和足够的脆性时，对刀具磨损小，切削量大，切屑易于折断脱落，加工表面粗糙度数值小、精度高。而若金属材料硬度过高，则刀具易磨损，切削加工困难；若硬度过低，容易粘刀，且不易断屑，加工后表面粗糙。所以，硬度过高或过低、韧性过大的金属材料，其可加工性较差。

泰坦尼克号的沉没与材料性能的关系

泰坦尼克号的沉没（图1-18）是20世纪令人难以释怀的悲惨海难。自1985年开始，探险家们数次探潜到12612ft（1ft＝0.3048m）深的海底，找出遗物，研究这一沉船。在1995年2月，R. Gannon在美国《科学大众》（Popular Science）杂志发表文章，他解答了这个困扰世人80多年的未解之谜——泰坦尼克号采用了含硫量高的钢板，韧性很差，特别是在低温呈现脆性，这就是导致"皇家邮轮"迅速沉没的原因。

图1-18 泰坦尼克号的沉没

为什么高含硫量的钢板就导致了脆性呢？由于当时造船厂的生产技术还比较落后，在钢板制造过程中，生铁会因使用的燃料（含硫）而混入较多的硫，在固态下，硫在生铁中的溶解度极小，以FeS的形式存于钢中，而FeS的塑性较差，所以导致钢板的脆性较大，更严重的是，FeS 与 Fe 可形成低熔点（985℃）的共晶体，分布在奥氏体的晶界上。当钢加热到约 1200℃ 进行热压力加工时，晶界上的共晶体已溶化，晶粒间结合被破坏，使钢材在加工过程中沿晶界开裂，这种现象称为热脆性。为了消除硫的有害作用，必须增加钢中的含锰量。因为造船工程师只考虑到要增加钢的强度，而没考虑增加其韧性，所以在制造船体的时候留下很大的隐患。

为进一步弄清泰坦尼克号沉没的原因，科学家们对打捞上来的残骸金属碎片与现代的造船钢材做了对比冲击试验，发现用于泰坦尼克号的钢材断裂时吸收的吸收能量很低，断口平齐，而现代造船钢材在同样温度和撞击条件下，钢板只是变成 V 形而不断裂。所以船体材料的致命缺陷加剧了泰坦尼克号海难的发生。

本章小结

$$
\text{金属材料的力学性能}
\begin{cases}
\text{静载荷}
\begin{cases}
\text{强度判据}
\begin{cases}
\text{屈服强度——金属材料产生屈服现象时的最低应力} \\
\text{抗拉强度——断裂前最大拉应力}
\end{cases}
\text{设计选材依据} \\
\text{塑性判据}
\begin{cases}
\text{断后伸长率 } A > 5\% \\
\text{断面伸缩率 } Z > 10\%
\end{cases}
\text{可满足一般零件}
\begin{cases}
\text{设计选材参考} \\
\text{安全可靠保证}
\end{cases} \\
\text{硬度判据}
\begin{cases}
\text{布氏硬度——} < 650\text{HBW}
\begin{cases}
\text{测定麻烦} \\
\text{结果精确}
\end{cases}
\text{——用来测半成品} \\
\text{洛氏硬度}
\begin{cases}
20\sim70\text{HRC} \\
20\sim100\text{HRB} \\
20\sim88\text{HRA}
\end{cases}
\begin{cases}
\text{测定简单} \\
\text{不伤工件}
\end{cases}
\text{——用来测成品或薄件} \\
\text{维氏硬度——} 5\sim1000\text{HV}
\begin{cases}
\text{测定麻烦} \\
\text{结果精确}
\end{cases}
\text{——用来测薄件}
\end{cases}
\end{cases} \\
\text{动载荷}
\begin{cases}
\text{韧性判据——吸收能量——} KV(KU) \text{ 是受冲击零件的选材、检验依据} \\
\text{疲劳判据——疲劳极限——是受遵循交变载荷零件选材、检验依据}
\end{cases}
\end{cases}
$$

$$
\text{金属材料的物理性能}
\begin{cases}
\text{密度——在一定温度下单位体积金属的质量} \\
\text{熔点——金属材料从固态向液态转变时的温度} \\
\text{导热性——金属材料传导热量的能力} \\
\text{导电性——金属材料能够传导电流的性能} \\
\text{热胀性——金属材料随着温度变化而膨胀或收缩的特性} \\
\text{磁性——金属材料在磁场中被磁化而呈现磁性强弱的性能}
\end{cases}
$$

$$
\text{金属材料的化学性能}
\begin{cases}
\text{耐蚀性——金属材料在常温下抵抗氧、水及其他化学介质腐蚀破坏的能力} \\
\text{抗氧化性——金属材料在加热时抵抗氧化作用的能力} \\
\text{化学稳定性——金属材料的耐蚀性和抗氧化性的总称}
\end{cases}
$$

$$
\text{金属材料的工艺性能}
\begin{cases}
\text{铸造性能——金属材料铸造成形获得优质铸件的能力} \\
\text{锻压性能——金属材料对采用锻压加工方法成形的适应能力} \\
\text{焊接性能——金属材料对焊接加工的适应性} \\
\text{热处理性能——金属材料适应各种热处理工艺的性能} \\
\text{可加工性——金属材料接受切削加工的难易程度}
\end{cases}
$$

测 试 题

一、名词解释

金属材料的力学性能　强度　塑性　硬度　韧性　疲劳极限　铸造性能　锻压性能　焊接性能　热处理性能　可加工性

二、填空题

1. 载荷按照性质不同一般可分为_____和_____。
2. 金属材料在载荷作用下，形状和尺寸的变化称为变形。变形一般分为_____变形和_____变形。
3. 金属材料的力学性能主要包括_____、_____、_____、_____和疲劳极限。
4. 拉伸低碳钢时，试样的变形可分为_____、_____、_____和_____4个阶段。
5. 通过拉伸试验测得的强度指标主要有_____强度和_____强度，分别用符号_____和_____表示。
6. 金属材料的塑性可通过拉伸试验测定，主要的指标有_____和_____，分别用符号_____和_____表示。
7. 洛氏硬度采用了不同的压头和载荷组成不同的硬度标尺，常用的洛氏硬度标尺有_____、_____和_____3种，其中_____应用最为广泛。
8. 530HBW5/750，表示用直径_____的硬质合金球作为压头，在_____kgf（_____N）的载荷作用下，保持_____s时测得的硬度值为_____。
9. 工程技术上常用_____来测定金属承受冲击载荷的能力。
10. 材料经过无限次_____载荷作用而不发生断裂的最大应力，称为疲劳极限，用符号_____表示。
11. 铁和铜的密度较大，称为_____金属；铝的密度较小，称为_____金属。

三、选择题

1. 拉伸试验时，试样在断裂前所能承受的最大应力称为材料的（　　　）。
   A. 屈服强度　　　　B. 抗拉强度　　　　C. 弹性极限
2. 测定淬火钢件的硬度，一般常选用（　　　）来测试。
   A. 布氏硬度计　　　B. 洛氏硬度计　　　C. 维氏硬度计
3. 金属材料的（　　　）越好，则其压力加工性能越好。
   A. 强度　　　　　　B. 塑性　　　　　　C. 硬度
4. 运转中的发动机曲轴、齿轮等零部件所承受的载荷均为（　　　）。
   A. 静载荷　　　　　B. 冲击载荷　　　　C. 交变载荷
5. 在做疲劳试验时，试样承受的载荷为（　　　）。
   A. 静载荷　　　　　B. 冲击载荷　　　　C. 交变载荷

四、简答题

1. 什么是强度、塑性？衡量它们的指标各有哪些？分别用什么符号表示？
2. 什么是硬度？常用的硬度测定方法有哪几种？布氏硬度、洛氏硬度各适用于哪些材料的硬度测定？下列零件应用什么硬度测试方法测定其硬度：①钳工用锉刀、手锯、锤子；②供应态碳钢型材。
3. 什么是韧性？可以用什么符号表示？
4. 什么是金属材料的疲劳？疲劳极限用什么符号表示？
5. 什么是金属材料的工艺性能？工艺性能包括哪些内容？
6. 有一标准低碳钢拉伸试样，直径为10mm，标距长度为100mm，在载荷为21000N时屈服，拉断试样前的最大载荷为30000N，拉断后的标距长度为133mm，断裂处最小直径为6mm，试计算其屈服强度、抗拉强度、断后伸长率和断面收缩率。
7. 为什么疲劳断裂对机械零件危害较大？如何提高和改善机械零件的疲劳极限？

第2章

金属的晶体结构与结晶

知识目标

1. 了解金属晶体结构、相和组织的基本概念。
2. 理解纯金属和合金的结晶过程、影响晶粒大小的因素以及细化晶粒的方法。
3. 掌握常见的金属晶格类型、铁碳合金相图的应用以及铁碳合金的成分、组织和性能之间的关系。

能力目标

1. 能够根据碳的质量分数判断铁碳合金的力学性能。
2. 具有分析和应用铁碳合金相图的能力。

案例引入

石墨和金刚石是化学元素碳家族里的哥儿俩，可是石墨又黑又软，是最软的矿石之一，可以用于制造铅笔芯和润滑剂；而金刚石（钻石）却晶莹透明、坚硬无比，价值连城。哥儿俩相貌和脾气天壤之别，是什么原因呢？

这是由于石墨和金刚石内部的碳原子的排列方式不一样：石墨里的碳原子是一层层排列的，碳原子在同一层里手拉着手，紧密相连，层和层之间的结合却松松散散；而金刚石里的碳原子却像铁塔的钢筋一样，四面八方紧紧地连结在一起，要撼动它，让它改变形状，十分困难。所以，金刚石又硬又结实，荣获"硬度之王"的称号。

碳元素组成的物质如图2-1所示。

a)   b)

图2-1 碳元素组成的物质
a）金刚石 b）石墨

金属材料的性能与金属的化学成分和组织结构有着密切的联系，了解金属材料的内部组织结构与结晶过程，认识影响金属材料结构及性能的各种因素，对于合理选用材料、充分发挥材料的潜力是十分必要的。

2.1 纯金属与合金的晶体结构

2.1.1 纯金属的晶体结构

1. 晶体与非晶体

自然界的固态物质，根据原子内部的排列特征可分为晶体和非晶体两大类。晶体的原子是按一定几何形状有规律排列的，例如金刚石、石墨及一切固态的金属都是晶体。非晶体的原子是无规则地堆积在一起的，例如玻璃、石蜡、松香等都是非晶体。晶体具有固定的熔点和各向异性的特征，而非晶体没有固定的熔点，且各向同性。

2. 晶体结构基本知识

（1）晶格 在金属晶体中，原子是按一定的几何规律周期性排列的，如图 2-2a 所示。为了便于分析，可把金属晶体中的原子近似看作固定不动的刚性小球，用一些假想的线条将各球中心连接起来，形成一个空间格子，简称为晶格，如图 2-2b 所示。

（2）晶胞 根据晶体中原子排列具有周期性的特点，通常从晶格中选取一个能充分反映晶体特征的最小几何单元来分析原子的排列规律，这个最小几何单元称为晶胞，如图 2-2c 所示。

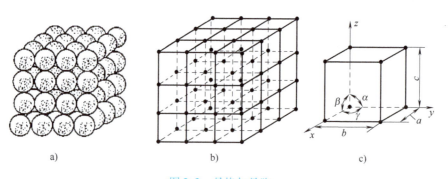

图 2-2 晶格与晶胞
a）晶体中原子排列 b）晶格 c）晶胞

（3）晶格常数 晶胞的大小用晶胞各棱边长度 a、b、c 和棱边夹角 α、β、γ 表示。其中，a、b、c 称为晶格常数，单位是 nm（$1nm = 10^{-9}m$）。当棱边 $a = b = c$，棱边夹角 $\alpha = \beta = \gamma = 90°$ 时，这种晶胞称为简单立方晶胞。

3. 常见的金属晶格类型

不同金属具有不同的性能，主要是因为它们具有不同的晶格类型。金属的晶格类型很多，但最常见的晶格类型有以下 3 种。

（1）体心立方晶格 体心立方晶格的晶胞是一个立方体，如图 2-3 所示，在立方体的中心和 8 个顶角上各有 1 个原子。晶胞顶角上的原子为相邻的 8 个晶胞所共有，因此每个晶胞中的原子数为 $1/8 \times 8 + 1 = 2$ 个。具有体心立方晶格的金属有 α-Fe、Cr、Mo、W、V、Nb

等约 30 种，这些金属都具有较高的强度和较好的塑性。

 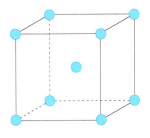 

图 2-3　体心立方晶格

（2）面心立方晶格　面心立方晶格的晶胞是一个立方体，如图 2-4 所示，在立方体的 6 个面的中心和 8 个顶角上各有 1 个原子。晶胞顶角上的原子为相邻的 8 个晶胞所共有，而每个面中心的原子为 2 个晶胞所共有，因此每个晶胞中的原子数为 1/8×8 + 1/2×6 = 4 个。具有面心立方晶格的金属有 γ-Fe、Al、Cu、Ni、Au、Ag、Pb 等约 20 种，这些金属都具有较好的塑性。

 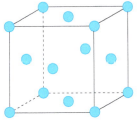 

图 2-4　面心立方晶格

（3）密排六方晶格　密排六方晶格的晶胞是一个六方柱体，如图 2-5 所示，在六方柱体的 12 个顶角和上、下底面中心各有 1 个原子，在晶胞的中间还有 3 个原子。晶胞顶角上的原子为相邻的 6 个晶胞所共有，上、下底面中心的原子为两个晶胞所共有，因此每个密排六方晶胞中的原子数为 1/6×12 + 1/2×2 + 3 = 6 个。具有面心立方晶格的金属有 α-Ti、Mg、Be、Cd、Zn 等，这类金属通常较脆。

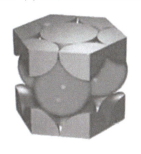 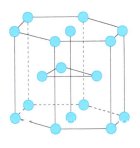 

图 2-5　密排六方晶格

晶格类型不同，原子在晶格中排列的紧密程度也不相同，通常用致密度（晶胞中原子所占体积与晶胞体积的比值）来比较。在常见晶格类型中，体心立方晶格的致密度为 68%，而面心立方晶格和密排六方晶格的致密度均为 74%。同一种金属在晶格类型发生变化时，其体积和性能将发生相应的变化。

4. 金属的同素异构转变

有些金属在固态下，其晶体结构会随着温度的变化而发生改变。这种金属在固态下随温度的改变，由一种晶格转变为另一种晶格的现象，称为同素异构转变。由同素异构转变所得到的不同晶格的晶体，称为同素异构体。一般常温下的同素异构体用α表示，较高温度下的同素异构体依次用β、γ、δ等表示。

图2-6所示为纯铁的冷却曲线。由图可见，液态纯铁冷却到1538℃时，结晶成具有体心立方晶格的δ-Fe，在1394℃和912℃时发生同素异构转变，分别转变成具有面心立方晶格的γ-Fe和具有体心立方晶格的α-Fe。这些转变可用下式表示：

$$L \xrightarrow{1538℃} \delta\text{-Fe} \xrightarrow{1394℃} \gamma\text{-Fe} \xrightarrow{912℃} \alpha\text{-Fe}$$

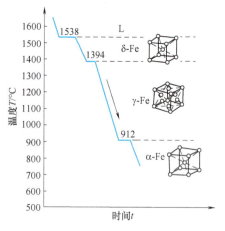

图2-6 纯铁的冷却曲线

金属的同素异构转变与液态金属的结晶过程相似，也遵循晶核形成和晶核长大的结晶规律，故称为二次结晶或重结晶。由于不同晶格类型原子排列紧密程度不同，晶格变化将导致金属的体积发生变化，因此，同素异构转变时会产生较大的内应力。例如γ-Fe转变为α-Fe时，铁的体积会膨胀约1%，它可以引起钢淬火时产生内应力，严重时会导致工件变形和开裂。

纯铁的同素异构转变是钢铁材料能通过热处理方法改变其内部组织结构从而改变其性能的依据。

2.1.2 合金的晶体结构

纯金属虽然具有良好的导电性、导热性，但由于纯金属强度、硬度较低，无法满足生产中对金属材料的一些高性能的要求，且纯金属冶炼困难、价格较高，所以实际生产中大量使用的很少是纯金属，绝大多数是合金。

（1）合金　由两种或两种以上金属元素或金属元素与非金属元素组成的具有金属特性的物质，称为合金。例如，工业上广泛应用的碳钢和铸铁就是铁和碳组成的合金。

（2）组元　组成合金的最基本的、独立的物质称为组元。组元一般是组成合金的元素，也可以是稳定的化合物。根据组元的多少，合金可分为二元合金、三元合金和多元合金。例如，黄铜是由铜和锌组成的二元合金。

（3）相　合金中化学成分、晶体结构和物理性能相同的均匀组成部分称为相。液态物质称为液相，固态物质称为固相。合金在固态下，由一个固相组成时称为单相合金，由两个以上固相组成时称为多相合金。

（4）组织　组织泛指用金相观察方法看到的由形态、尺寸和分布方式不同的一种或多种相构成的总体。只由一种相构成的组织称为单相组织；由几种相构成的组织称为多相组织。相是组织的基本单元，组织是相的综合体。

合金的性能取决于组织，而组织的性能首先取决于其组成相的性能。因此，为了了解合金的组织与性能，有必要先了解构成合金组织的相结构及其性能。

根据合金中各组元之间相互作用的不同，固态合金中的相可分为固溶体和金属化合物两类。

1. 固溶体

将糖溶于水中，可以得到糖在水中的"液溶体"，其中水是溶剂，糖是溶质。如果糖水结成冰，便得到糖在固态水中的"固溶体"。合金也有类似的现象。合金在固态下一种组元的晶格内溶解了另一组元的原子而形成的均匀相，称为固溶体。各组元中，与固溶体晶格类型相同的组元称为溶剂，其他组元称为溶质。按溶质原子在溶剂中所占位置的不同，固溶体分为以下两类。

（1）置换固溶体 溶质原子占据溶剂晶格部分结点而形成的固溶体，称为置换固溶体，如图 2-7a 所示。按照溶质原子在溶剂中的溶解度不同，置换固溶体可分为有限固溶体和无限固溶体。形成无限固溶体的条件是溶质与溶剂原子的半径接近，且具有相同的晶格类型。例如，铜镍合金可以形成无限固溶体，而铜锌合金只能形成有限固溶体。

（2）间隙固溶体 溶质原子分布在溶剂晶格间隙而形成的固溶体，称为间隙固溶体，如图 2-7b 所示。由于溶剂晶格的间隙有限，所以只有原子半径较小的溶质（碳、氮、硼等非金属元素）才能溶入原子半径较大的溶剂晶格的间隙。间隙固溶体能溶解的溶质的数量是有限的。

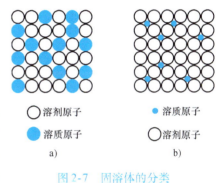

图 2-7 固溶体的分类
a) 置换固溶体　b) 间隙固溶体

无论是置换固溶体还是间隙固溶体，都会因溶质原子的溶入而使溶剂晶格发生歪扭，从而使合金对塑性变形的抗力增加。这种通过溶入溶质原子形成固溶体，使金属材料强度、硬度增加的现象，称为固溶强化。固溶强化是提高金属材料力学性能的重要途径之一。

实践证明，适当控制固溶体中的溶质含量，可以在显著提高金属材料强度、硬度的同时，仍能保持良好的塑性和韧性。

2. 金属化合物

金属化合物是指合金组元间相互作用而形成的具有金属特性的一种新相，可以用分子式（如 Fe_3C、$CuZn$）表示。其晶格类型不同于任一组元，性能也与组元不同，一般熔点高、硬而脆。

由于金属化合物硬而脆，所以单相金属化合物的合金很少使用。当金属化合物呈细小的颗粒弥散分布在固溶体基体上时，能显著提高合金的强度、硬度和耐磨性，这种现象称为弥散强化。金属化合物通常是碳钢、合金钢、硬质合金和非铁金属的重要组成相及强化相。

固溶体、金属化合物均是组成合金的基本相。由两相或两相以上组成的多相组织，称为机械混合物。在机械混合物中各组成相仍保持它原有的晶格类型和性能，而机械混合物的性能介于各组成相性能之间，并与各组成相的性能以及相的数量、形状、大小和分布状况等密切相关。

2.1.3 金属实际的晶体结构

前面讨论的金属晶体结构是把晶体内部原子排列的位向看成是完全一致时理想的单晶体

结构。实际上金属材料不都是这样的理想结构，而是一个多晶体结构，并存在有很多缺陷。

1. 多晶体结构

工业上使用的金属材料除专门制作外，即使体积很小，其内部仍包含许多不同晶格位向及形状的小晶体，每个小晶体的内部晶格位向基本一致。多晶体结构示意图如图2-8所示。每个小晶体的外形多为不规则的颗粒状，通常把它们称为晶粒。晶粒与晶粒之间的界面称为晶界。

在钢铁材料中，晶粒的尺寸一般为 $10^{-3} \sim 10^{-1}$ mm，故必须在显微镜下才能观察到。通常把在显微镜下观察到的金属晶粒的大小、形态和分布称为"显微组织"。非铁金属的晶粒一般都比钢铁材料的晶粒大些，有时甚至不用显微镜就能直接观察到，例如镀锌钢板表面的锌晶粒，其尺寸通常达到几毫米至十几毫米。

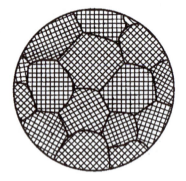

图2-8 多晶体结构示意图

2. 晶体缺陷

金属实际的晶体结构不仅是多晶体结构，而且其内部还存在着各种晶体缺陷。金属实际晶体结构中，局部原子排列的不规则性，统称晶体缺陷。这些缺陷对金属的性能会产生很大影响。根据缺陷的几何形态特征，晶体缺陷分为点缺陷、线缺陷和面缺陷。

（1）点缺陷 点缺陷是指晶体中呈点状的缺陷。最常见的点缺陷是空位和间隙原子（图2-9）。当晶格中的某些原子由于某种原因（热振动的偶然偏差）脱离其晶格结点，而其结点未被其他原子占有，这种空着的位置就称为"空位"；若同时有个别原子出现在晶格间隙处，则这种不占有正常晶格位置的原子称为"间隙原子"。

在空位和间隙原子附近，由于原子间作用力的平衡被破坏，使其周围的其他原子发生靠拢或撑开的现象称为晶格畸变。晶格畸变将使晶体性能发生改变，例如强度、硬度和电阻的增加等。

（2）线缺陷 线缺陷是指晶体中呈线状分布的缺陷。常见的线缺陷是各种类型的位错。位错实际上就是在晶体中有一列或若干列原子发生了某种有规律错排的现象。其中比较简单的一种位错形式是刃型位错（图2-10）。刃型位错是在规则排列的晶体中间多出了一层多余的原子面，这个多余的原子面像刀刃一样切入晶体，使晶体中上、下两部分的原子产生了错排现象，因而称为"刃型位错"。在刃型位错线附近，由于原子错排而产生了晶格畸变，从而会影响金属的性能。

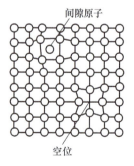

图2-9 空位和间隙原子示意图

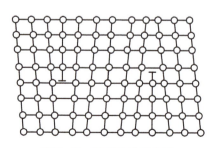

图2-10 刃型位错示意图

（3）面缺陷　面缺陷是指晶体中呈面状分布的缺陷。常见的面缺陷是晶界和亚晶界。晶界是两相邻晶粒间相互接触的边界。由于各晶粒的位向不同，相邻晶粒间存在 30°～40° 的位向差，故晶界是不同位向晶粒之间原子无规则排列的过渡层，如图 2-11a 所示。晶界处原子的不规则排列使晶格处于畸变状态，当金属进行塑性变形时晶界起到一定的阻碍作用，表现出强度、硬度升高的现象。晶界越多、晶粒越细，常温下金属的强度、硬度和塑性就越高。

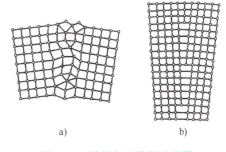

图 2-11　晶界与亚晶界示意图
a）晶界　b）亚晶界

在实际金属的每个晶粒内部，其晶格位向并不像理想晶体那样完全一致，而是存在许多尺寸很小、位向相差很小的小晶块，这些小晶块称为"亚晶粒"。两个相邻亚晶粒的界面称为"亚晶界"，如图 2-11b 所示。亚晶界实际上是由一系列刃型位错组成的小角度晶界，其原子排列不规则，因此会产生晶格畸变。

由上述点、线、面缺陷可知，各种晶体缺陷处晶格均处于畸变状态，畸变状态将引起晶格内部产生内应力，导致材料塑性变形抗力增大，从而使金属材料在常温下的强度、硬度提高。例如，生产中常用的压力加工工艺就是通过金属材料的塑性变形使晶体产生缺陷，从而达到强化金属的目的。用产生塑性变形使金属得到强化的方法称为形变强化。

2.2　纯金属与合金的结晶

金属由液体状态转变为晶体状态的过程称为结晶。金属的组织结构与结晶过程密切相关，因此，研究纯金属与合金的结晶规律有利于探索和改善金属材料的性能。

2.2.1　纯金属的结晶

1. 纯金属的冷却曲线

纯金属的结晶过程可以用冷却曲线来描述。冷却曲线是通过热分析法测定的，即首先将纯金属加热到熔化状态，然后将其以极其缓慢的速度冷却，在冷却过程中，每隔一定时间测定一次温度，直到冷却至室温。最后将测量数据标注在温度-时间坐标上，便可得到纯金属的冷却曲线，如图 2-12a 所示。

由冷却曲线可见，液态金属随着时间的延长，温度不断下降。当温度降低到 a 点时，液态金属开始结晶。由于金属结晶时释放出结晶潜热，补偿了冷却时散失在空气中的热量，因而在结晶过程中液态金属的温度并不随着时间的延长而下降，直至 b 点结晶终止时才继续下降，在冷却曲线上表现为一水平线段，它所对应的温度就是纯金属的理论结晶温度 T_0。但在实际生产中，金属的冷却不可能极其缓慢，致使实际结晶温度 T_1 低于理论结晶温度 T_0。实际结晶温度低于理论结晶温度的现象称为过冷现象。理论结晶温度与实际结晶温度之差 $(T_0 - T_1)$ 称为过冷度，用 ΔT 表示，如图 2-12b 所示。

过冷度不是一个恒定值，它与液态金属的冷却速度有关。冷却速度越快，金属的实际结晶温度越低，过冷度越大。过冷是结晶的必要条件。

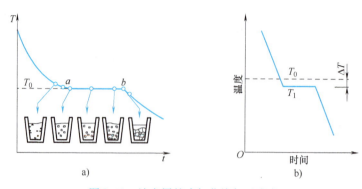

图 2-12　纯金属的冷却曲线与过冷度

a）纯金属冷却曲线　b）过冷度 ΔT

2. 纯金属的结晶过程

纯金属的结晶过程是在冷却曲线上的水平线段内发生的，是晶核的不断形成和长大的过程。

当液态金属冷却时，随着温度的下降，原子的运动能力减弱，其活动范围变小。当温度降到 T_1 时，某些局部原子将按照金属固有的晶格，有规则地排列成小晶体，这些小晶体称为晶核。晶核的形成过程称为形核。晶核形成以后，会吸附周围液体中的原子而长大。与此同时，又有一批新的晶核形成并长大。如此继续，直到全部液态金属转变成固态为止，结晶过程结束，最后形成由许多外形不规则、位向不同的小晶体组成的多晶体。纯金属结晶过程示意图如图 2-13 所示。

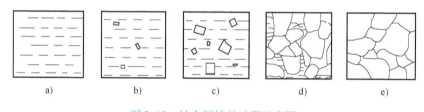

图 2-13　纯金属结晶过程示意图

a）熔液　b）形核　c）形核与晶核长大　d）晶核长大　e）结晶结束

3. 金属晶粒大小与控制

晶粒的大小是影响金属材料性能的重要因素之一。一般来说，晶粒越细，金属材料的强度、硬度越高，塑性、韧性越好，这种现象称为细晶强化。因为随着晶粒的细化，晶界越多、越曲折，晶粒与晶粒之间咬合的机会就越多，越不利于裂纹的发展和传播。因此，生产中大多希望通过使金属材料的晶粒细化来提高金属材料的力学性能。

凡是能促进形核，抑制长大的因素，都能使结晶后的晶粒数目增多，晶粒细化。生产中细化晶粒的途径有以下几种。

（1）增大过冷度　形核率 N 和晶核长大速率 G 都会随过冷度的增大而增大，但在很大范围内形核率比晶核长大速率增长得快，它们与过冷度的关系如图 2-14 所示。所以过冷度越大、单位体积内晶粒数目越多，晶粒越细化。但过冷度过大或温度过低时，原子的扩散能力降低，形核的速率反而会减小。通过增大过冷度来细化晶粒的方法只适用于中小型和薄壁铸件。

（2）变质处理 大型铸件由于散热较慢，要获得较大的过冷度很困难，而且过大的冷却速度往往导致铸件开裂而报废。因此，生产中常采用变质处理来细化晶粒。即在浇注前，向液态金属中加入某些物质（称为变质剂），使它形成的微粒起到晶核的作用，从而使晶核数目增多，增加结晶后晶粒数目，达到细化晶粒的目的。例如，向铝或铝合金中加入微量的钛或钠盐；向铸铁中加入硅铁、硅钙合金等。变质处理操作容易，效果好，在生产中得到了广泛的应用。

（3）附加振动 在液态金属结晶过程中，采用机械振动、超声波振动或电磁振动等方法，不仅可以使已经生长的小晶体破碎，而且破碎的小晶体可以起到晶核的作用，增加了形核率，从而可使晶粒细化。

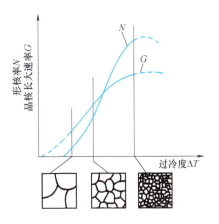

图2-14 形核率和晶核长大速率与过冷度的关系

2.2.2 合金的结晶

合金的结晶与纯金属一样，遵循形核和晶核长大规律，但由于合金成分中包含两个或两个以上的组元，所以合金的结晶过程比纯金属复杂得多，要借助于合金相图才能表示清楚。

合金相图是表示在十分缓慢的加热或冷却条件（平衡条件）下，合金的状态与温度和成分之间关系的图形，也称为状态图或平衡图。在生产实践中，合金相图可作为正确制订铸造、锻压、焊接及热处理工艺的重要依据。

1. 二元合金相图的建立

合金的结晶过程不仅与温度有关，还与成分有关，因此，二元合金相图需要用温度和成分两个坐标表示，通常纵坐标表示温度，横坐标表示合金的成分。合金相图是用试验方法测得的，下面以Cu—Ni二元合金为例，说明用热分析法测定二元合金相图的过程。

1）配制不同成分的Cu—Ni合金。
2）用热分析法测出所配制各合金的冷却曲线，如图2-15a所示。
3）找出各冷却曲线中的相变点（开始结晶温度和结晶终了温度）。
4）将各合金的相变点分别标注在温度—成分坐标图中相应成分的位置上。
5）连接各相同意义的相变点，即得到图2-15b所示的Cu—Ni二元合金相图。

Cu—Ni合金相图是最简单的二元合金相图，任何复杂相图都是由若干简单的基本相图组成的，下面介绍两种最基本的二元相图，即匀晶相图和共晶相图。

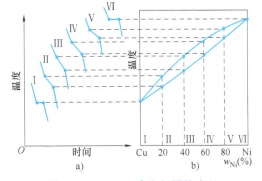

图2-15 Cu—Ni合金相图的建立

2. 匀晶相图

合金的两组元在液态和固态下均可以任意比例互相溶解的合金相图称为匀晶相图。Cu—Ni、Fe—Cr等合金都具有这类相图。

（1）相图分析　图 2-16a 所示为 Cu—Ni 二元合金相图，图中 A 点是纯铜的熔点（1083℃），B 点是纯镍的熔点（1452℃）。上面一条为液相线，代表各种成分的 Cu—Ni 合金在冷却过程中开始结晶（或加热过程中熔化终了）的温度；下面一条为固相线，代表各种成分的 Cu—Ni 合金在冷却过程中结晶终了（或加热过程中开始熔化）的温度。液相线以上的区域为液相区，用 L 表示；固相线以下的区域是固相区，用 α 表示；液相线与固相线之间是液、固两相共存区，用 L+α 表示。

（2）合金的平衡结晶过程　现以图 2-16a 中合金 I 为例，分析 Cu—Ni 合金的平衡结晶过程。当液态合金缓慢冷却到 t_1 温度时，开始从液相中结晶出 α 固溶体，随着温度的下降，α 相的量不断增加，剩余液相量不断减少。当合金冷却到 t_4 温度时，结晶结束，得到与原合金成分相同的 α 固溶体。温度继续下降，合金组织不再变化。合金 I 结晶时的冷却曲线及组织转变如图 2-16b 所示。

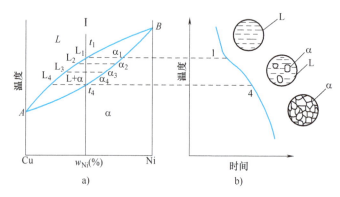

图 2-16　Cu—Ni 二元合金相图

在结晶过程中，不仅液相和固相的量不断变化，而且液相和固相的成分通过原子的扩散也在不断变化。液相成分沿着液相线由 L_1 变化至 L_4，固相成分沿固相线由 $α_1$ 变化至 $α_4$。由此可见，液、固相线不仅是相区分界线，也是结晶时两相成分变化线。

3. 共晶相图

合金的两组元在液态能完全互溶，在固态下相互有限溶解或不溶，并发生共晶转变的相图称为共晶相图。例如 Pb—Sn、Pb—Sb、Al—Si 等都属于这类相图。下面以图 2-17 所示 Pb—Sn 合金相图为例进行分析。

（1）相图分析　图中 A 点是纯铅的熔点（327.5℃），B 点是纯锡的熔点（232℃），C 点是共晶点（183℃，$w_{Sn}=61.9\%$），E 点（183℃，$w_{Sn}=19.2\%$）和 F 点（183℃，$w_{Sn}=97.5\%$）分别是锡在铅中和铅在锡中的最大溶解度。ACB 是液相线，$AECFB$ 是固相线，ED 和 FG 分别表示锡在铅中和铅在锡中的溶解度曲线，也称固溶线。可以看出，随温度降低，固溶体的溶解度下降。相图中有 3 个单相区，即液相区 L、固相区 α 和固

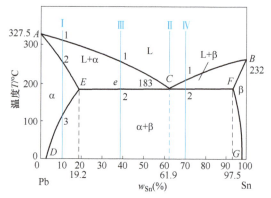

图 2-17　Pb—Sn 合金相图

相区 β；3 个两相区，即 L+α 相区、L+β 相区和 α+β 相区。

凡成分位于 EF 之间的合金，当温度降至 ECF 线时，其剩余液相的成分均会变为 C 点成分的液相 L_C，此时液相将同时结晶出 E 点成分的 α 固溶体和 F 点成分的 β 固溶体，其反应式为

$$L_C \xrightarrow{183℃} (\alpha_E + \beta_F)$$

这种在一定温度下，由一定成分的液相同时结晶出两种成分不同固相的转变，称为"共晶转变"。共晶转变是在恒温下进行的，发生共晶转变的温度称为共晶温度；发生共晶转变的成分是一定的，该成分（C 点成分）称为共晶成分；C 点称为共晶点；由共晶转变得到的两相混合物称为共晶体；ECF 称为共晶转变线。

(2) 典型 Pb—Sn 合金的平衡结晶过程

1) 合金Ⅰ（E 点~D 点之间的合金）。图 2-18 所示为合金Ⅰ的冷却曲线及组织转变示意图。当合金Ⅰ由液相缓慢冷却到 1 点时，从液相开始结晶出 Sn 溶于 Pb 的 α 固溶体。随着温度的降低，α 固溶体不断增多，液相不断减少，液相的成分沿着 AC 线变化，而 α 固溶体的成分沿着 AE 线变化。当冷却至 2 点时，液相合金全部结晶为 α 固溶体，这一结晶过程与匀晶相图合金相同。温度在 2~3 点之间时，α 固溶体不发生变化。当温度降至 3 点时，Sn 在 Pb 中的溶解度达到饱和。温度下降到 3 点以下时，多余的 Sn 以 β 固溶体的形式从 α 固溶体中析出。为了区别于从液相中结晶出的 β 固溶体，把从 α 固溶体中析出的 β 固溶体称为二次 β（或次生 β 相），用 $\beta_Ⅱ$ 表示。在 $\beta_Ⅱ$ 析出的过程中，α 固溶体的成分沿 ED 线变化，$\beta_Ⅱ$ 固溶体的成分沿 FG 线变化。故合金Ⅰ冷却到室温时的组织为 α + $\beta_Ⅱ$。

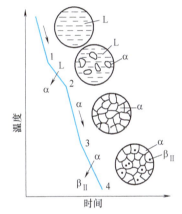

图 2-18 合金Ⅰ的冷却曲线及组织转变示意图

成分在 F 点~G 点之间的合金，其冷却过程与合金Ⅰ相似，冷却到室温时的组织为 $α_Ⅱ$ + β。

2) 合金Ⅱ（C 点成分的合金）。C 点成分的合金称为共晶合金，该合金缓慢冷却到 C 点时，将发生共晶转变，即由 C 点成分的液相在共晶温度（183℃）同时结晶出 E 点成分的 $α_E$ 固溶体和 F 点成分的 $β_F$ 固溶体组成的两相组织（$α_E$ + $β_F$）。

在 C 点温度以下，液相消失，共晶转变结束。随着温度继续下降，固溶体的溶解度随温度的降低而减少，所以共晶组织中的 α 固溶体和 β 固溶体的成分分别沿着 ED 线和 FG 线变化，析出 $β_Ⅱ$ 相和 $α_Ⅱ$ 相。由于从共晶体中析出的 $β_Ⅱ$ 相和 $α_Ⅱ$ 相与共晶体中的 α 相和 β 相混在一起，难以辨别出来，且 $β_Ⅱ$ 相和 $α_Ⅱ$ 相数量较少，所以一般不予考虑。合金Ⅱ（共晶合金）的室温组织为（α + β）。图 2-19 所示为合金Ⅱ的冷却曲线及结晶过程示意图。图 2-20 所示为共晶合金的显微组织。

3) 合金Ⅲ（E 点~C 点之间的合金）。成分在 E 点~C 点之间的合金称为亚共晶合金。当合金Ⅲ由液相缓慢冷却到 1 点时，开始从液相结晶出 α 固溶体。随着温度的降低，α 固溶体的量不断增多，成分沿着 AE 线变化；液相不断减少，成分沿着 AC 线变化。当冷却至 2 点温度时，α 固溶体的成分为 E 点成分，而剩余液相的成分达到 C 点成分（共晶成分），剩

余液相将发生共晶转变,转变为共晶体,此时合金由初生相α固溶体和共晶体(α+β)组成。共晶转变结束后,随着温度的下降,由于固溶体的溶解度降低,从初生的α固溶体和共晶体中的α固溶体中不断析出$β_{II}$,从共晶体中的β固溶体中不断析出$α_{II}$,直至室温时为止。在显微镜下除了在初生α固溶体中可以观察到$β_{II}$外,共晶体中析出的二次相很难辨认,所以亚共晶合金Ⅲ的室温组织为$α+β_{II}+(α+β)$。亚共晶合金的冷却曲线和结晶过程示意图以及其显微组织分别如图2-21和2-22所示。

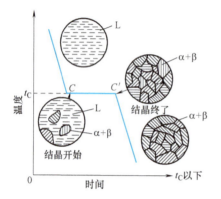

图2-19 合金Ⅱ的冷却曲线及结晶过程示意图

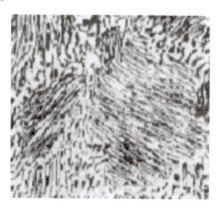

图2-20 共晶合金的显微组织

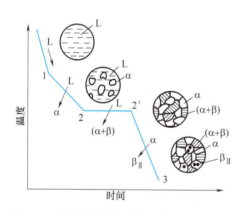

图2-21 合金Ⅲ的冷却曲线和结晶过程示意图

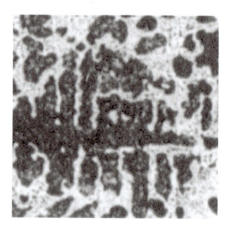

图2-22 亚共晶合金的显微组织

成分在E点~C点之间的所有亚共晶合金,其冷却过程都与合金Ⅲ相似,室温组织都是由$α+β_{II}+(α+β)$组成,所不同的是成分越接近C点,组织中初生相α量越少,而共晶体(α+β)越多。

4) 合金Ⅳ(C点~F点之间的合金)。成分在C点~F点之间的合金称为过共晶合金,其冷却曲线和结晶过程示意图如图2-23所示。过共晶合金的结晶过程与亚共晶合金相似,不同的是初生相为β固溶体,次生相为$α_{II}$,所以其室温组织为$α_{II}+β+(α+β)$。过共晶合金的显微组织如图2-24所示。

成分在C点~F点之间的所有过共晶合金,其冷却过程都与合金Ⅳ相似,室温组织都是由$α_{II}+β+(α+β)$组成,所不同的是成分越接近C点,组织中初生相β量越少,而共晶体(α+β)越多。

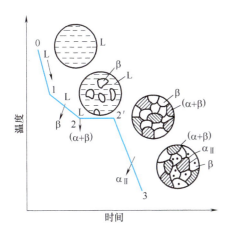

图 2-23　合金Ⅳ的冷却曲线和结晶过程示意图

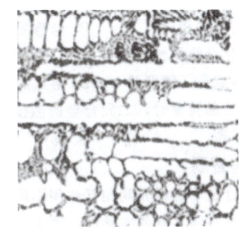

图 2-24　过共晶合金的显微组织

根据上述几种典型合金的结晶过程可见，Pb—Sn 合金结晶后所得组织中仅出现 α、β 两相，图 2-17 就是以相组分填写的 Pb—Sn 合金相图。由于不同合金中 α 和 β 的数量、形状、大小不同，就出现了初生相 α、β，次生相 $α_Ⅱ$、$β_Ⅱ$ 及共晶体（α+β），将这些组织分别填写在相图中，就形成了以组织组分填写的 Pb—Sn 二元合金相图，如图 2-25 所示。

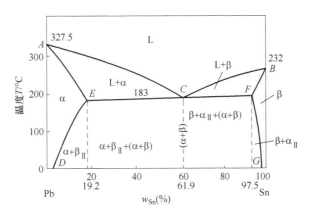

图 2-25　以组织组分填写的 Pb—Sn 二元合金相图

2.3　铁碳合金相图

钢铁材料的基本组元是铁和碳两种元素，故称为铁碳合金（图 2-26）。不同成分的铁碳合金，在不同的温度下具有不同的组织，因而表现出不同的性能。铁碳合金相图是研究平衡条件下，铁碳合金的成分、温度和组织之间关系的图形，是制订钢铁材料各种热加工工艺的重要依据。

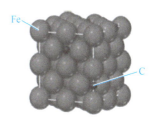

图 2-26　铁碳合金

2.3.1 铁碳合金的基本相及组织

在铁碳合金中,铁与碳两组元在液态下可以无限互溶,在固态下碳可以溶解在铁的晶格中形成固溶体,也可与铁发生化学反应形成金属化合物。铁碳合金的基本相有铁素体、奥氏体和渗碳体,另外还有由两种基本相组成的多相组织——珠光体和莱氏体。

1. 铁素体

铁素体是碳溶于 α-Fe 中形成的间隙固溶体,用符号 F 表示。由于体心立方晶格的间隙较小,所以碳在 α-Fe 中的溶解度很小,在727℃时 α-Fe 中最大溶碳量仅为 0.0218%。随着温度的降低,α-Fe 中溶碳量会减少,在600℃时约为 0.0057%,在室温下仅为 0.0008%。由于铁素体的溶碳量极少,因此铁素体在室温的性能与纯铁相似,即具有良好的塑性、韧性,而强度、硬度较低。

铁素体在显微镜下呈明亮的多边形晶粒组织(图2-27)。铁素体在770℃以下具有磁性。

2. 奥氏体

奥氏体是碳溶于 γ-Fe 中形成的间隙固溶体,用符号 A 表示。由于面心立方晶格的间隙较大,所以碳在 γ-Fe 中的溶解度较大,在1148℃时溶碳量最大,达到 2.11%。随着温度的降低,溶碳量会逐渐减少,在727℃时溶碳量为 0.77%。奥氏体的强度、硬度不高,但塑性、韧性较好,因此生产中常将钢加热到奥氏体状态进行压力加工。

奥氏体是一个高温相,存在于727℃以上时。奥氏体的显微组织呈明亮的多边形,但晶界较平直,并且晶粒内常出现孪晶(图2-28中晶粒内的平行线)。奥氏体无磁性。

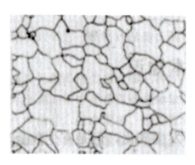

图2-27 铁素体的显微组织

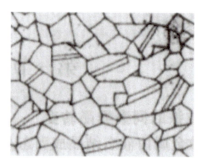

图2-28 奥氏体的显微组织

3. 渗碳体

铁和碳形成的金属化合物称为渗碳体,用化学式 Fe_3C 表示。渗碳体具有复杂的斜方晶格(图2-29),其碳的质量分数为 6.69%,具有很高的硬度(相当于800HBW),塑性和韧性几乎为零,脆性很大。在铁碳合金中,渗碳体常以片状、粒状或网状等形式与固溶体相共存,它是钢中的主要强化相,其数量、大小、分布和形态对钢的性能有很大影响。渗碳体在230℃以下具有弱磁性,在230℃以上时失去磁性。

4. 珠光体

珠光体是由铁素体和渗碳体相间排列而成的层片状的机

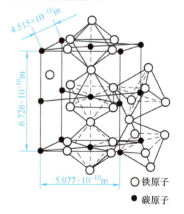

图2-29 渗碳体的晶体结构

械混合物，用 P 表示，其显微组织如图 2-30 所示。珠光体中碳的质量分数为 0.77%，其力学性能介于铁素体和渗碳体之间，强度较高，硬度适中，有一定的塑性。

5. 莱氏体

莱氏体是奥氏体和渗碳体的机械混合物，用 Ld 表示。莱氏体中碳的质量分数为 4.3%，存在于 727℃ 以上。在 727℃ 以下，莱氏体是由珠光体和渗碳体组成的机械混合物，称为低温莱氏体或变态莱氏体，用 L'd 表示。低温莱氏体的显微组织可以看成是在渗碳体的基体上分布着颗粒状的珠光体，如图 2-31 所示。莱氏体硬度很高，塑性很差。

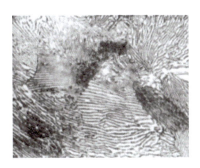
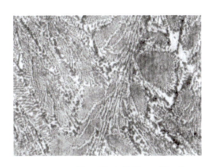

图 2-30　珠光体的显微组织　　　　　图 2-31　低温莱氏体的显微组织

铁碳合金的基本相及组织的力学性能见表 2-1。

表 2-1　铁碳合金的基本相及组织的力学性能

名 称	符 号	R_m/MPa	HBW	A（%）	A_k/J
铁素体	F	230	80	50	160
奥氏体	A	400	220	50	—
渗碳体	Fe_3C	30	800	≈0	≈0
珠光体	P	750	180	20~25	24~32
莱氏体	Ld（L'd）	—	700	—	—

2.3.2　铁碳合金相图

由于 w_C >6.69% 的铁碳合金脆性很大，加工困难，没有实用价值，而且 Fe_3C 是一个稳定的化合物，可以作为一个独立的组元，因此铁碳合金相图实际上是碳的质量分数在 0~6.69% 的 Fe—Fe_3C 相图，如图 2-32 所示。

1. 铁碳合金相图分析

为便于研究，在分析铁碳合金相图时，将图 2-32 所示相图中左上角（包晶转变）部分予以简化，简化后的 Fe—Fe_3C 相图如图 2-33 所示。

（1）Fe—Fe_3C 相图中的特性点　表 2-2 为 Fe—Fe_3C 相图中各主要特性点的温度、成分和含义。

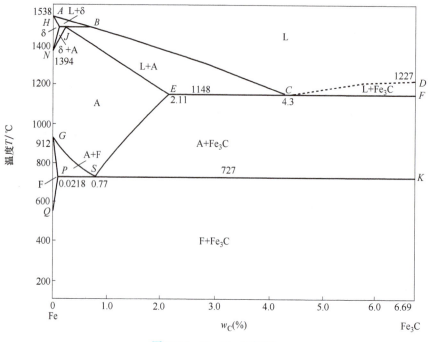

图 2-32　Fe—Fe₃C 相图

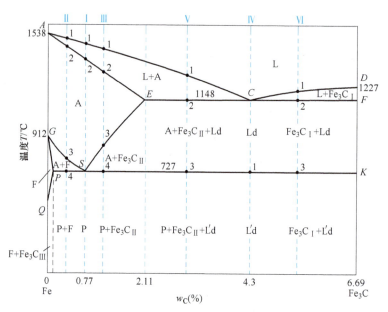

图 2-33　简化后的 Fe—Fe₃C 相图

表 2-2　Fe—Fe₃C 相图中各主要特性点的温度、成分和含义

特性点	温度/℃	w_C（%）	含　　义
A	1538	0	纯铁的熔点
C	1148	4.3	共晶点
D	1227	6.69	渗碳体的熔点
E	1148	2.11	碳在奥氏体（γ-Fe）中的最大溶解度，也是钢与铸铁的成分分界点

(续)

特性点	温度/℃	w_C（%）	含 义
F	1148	6.69	共晶渗碳体的成分
G	912	0	纯铁的同素异构转变点
K	727	6.69	共析渗碳体的成分
P	727	0.0218	碳在铁素体（α-Fe）中的最大溶解度
S	727	0.77	共析点
Q	600	0.0057	600℃时碳在α-Fe中的溶解度

（2）Fe—Fe_3C相图中的特性线　表2-3为Fe—Fe_3C相图中各主要特性线的名称和含义。

表2-3　Fe—Fe_3C相图中各主要特性线的名称和含义

特性线	名称	含 义
ACD	液相线	任何成分铁碳合金在此线以上均为液相，用L表示。液态铁碳合金缓慢冷却至AC线时，开始结晶出奥氏体，缓冷至CD线时结晶出渗碳体。从液态中析出的渗碳体称为一次渗碳体，表示为Fe_3C_I
AECF	固相线	液态合金冷却至此线时全部结晶为固相
ECF	共晶线	凡是w_C>2.11%的铁碳合金，缓冷至此线（1148℃）时，将发生共晶转变，同时从具有共晶成分的液相中结晶出奥氏体和渗碳体的机械混合物，即莱氏体（Ld）
PSK	共析线，又称A_1线	凡是w_C>0.0218%的铁碳合金，缓冷至此线（727℃）时，将发生共析转变，同时从具有共析成分的奥氏体中析出铁素体和渗碳体的机械混合物，即珠光体（P）
ES	碳在奥氏体中的溶解度曲线，又称A_{cm}线	在1148℃时，碳在奥氏体中的溶解度最大（2.11%），随着温度的下降，溶解度会减小，多余的碳将以渗碳体的形式从奥氏体中析出。从奥氏体中析出的渗碳体称为二次渗碳体，表示为Fe_3C_{II}
PQ	碳在铁素体中的溶解度曲线	在727℃时，碳在铁素体中的溶解度最大（0.0218%），随着温度的降低，溶解度会减小，多余的碳将以渗碳体的形式从铁素体中析出。从铁素体中析出的渗碳体称为三次渗碳体，表示为Fe_3C_{III}
GS	GS线，又称A_3线	冷却时奥氏体向铁素体转变的开始线
GP	GP线	冷却时奥氏体向铁素体转变的终了线

（3）铁碳合金的分类　铁碳合金根据其在Fe—Fe_3C相图中的位置可分为以下几种。

1）工业纯铁：w_C≤0.0218%的铁碳合金。

2）钢：0.0218%<w_C≤2.11%的铁碳合金。根据其室温组织不同可分为以下几种。

① 亚共析钢，0.0218%<w_C<0.77%。

② 共析钢，w_C=0.77%。

③ 过共析钢，0.77%<w_C≤2.11%。

3）白口铸铁：2.11%<w_C≤6.69%的铁碳合金称为白口铸铁。根据其室温组织不同可

分为以下几种。

① 亚共晶白口铸铁，$2.11\% < w_C < 4.3\%$。

② 共晶白口铸铁，$w_C = 4.3\%$。

③ 过共晶白口铸铁，$4.3\% < w_C \leq 6.69\%$。

2. 典型铁碳合金的平衡结晶过程及室温组织

（1）共析钢 图 2-33 中合金 I 为共析钢。当液态合金缓慢冷却到与液相线 AC 相交的 1 点时，开始从液相中结晶出奥氏体。随着温度的下降，奥氏体量将逐渐增多，其成分沿 AE 线变化，而剩余液相逐渐减少，成分沿 AC 线变化。冷却至 2 点时，液相全部结晶为与原合金成分相同的奥氏体。在 2 点~S 点温度范围内为单一的奥氏体。待冷却至 S 点时，奥氏体将发生共析转变，同时析出 P 点成分的铁素体和 K 点成分的渗碳体，转变成铁素体和渗碳体层片相间的机械混合物，即珠光体。在 S 点以下继续冷却时，铁素体成分沿 PQ 线变化，将析出三次渗碳体，三次渗碳体与共析渗碳体混在一起，不易分辨，且数量极少，可忽略不计。因此共析钢在室温下的组织是珠光体。共析钢在冷却过程中的组织转变情况如图 2-34 所示。

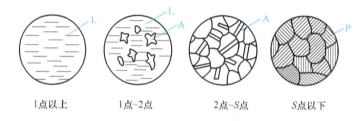

图 2-34　共析钢在冷却过程中的组织转变情况

（2）亚共析钢 图 2-33 中合金 II 为亚共析钢。亚共析钢在 3 点以上温度冷却过程与共析钢在 S 点以上相似。当缓慢冷却到与 GS 线相交的 3 点时，开始从奥氏体中析出铁素体，随着温度的降低，铁素体量逐渐增多，其成分沿 GP 线变化，而奥氏体量逐渐减少，成分沿 GS 线向共析成分接近。当冷却到与 PSK 线相交的 4 点时，剩余奥氏体达到共析成分，将在共析温度下发生共析转变而形成珠光体。温度继续下降，从铁素体中析出极少量三次渗碳体可忽略不计。因此亚共析钢在室温下的组织是铁素体＋珠光体。亚共析钢在冷却过程中的组织转变情况如图 2-35 所示。

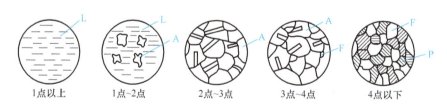

图 2-35　亚共析钢在冷却过程中的组织转变情况

所有亚共析钢的室温组织都是铁素体＋珠光体，但随着碳的质量分数的增加，组织中珠光体的量增多，铁素体的量减少。图 2-36 所示为不同成分亚共析钢的室温组织，图中白色部分为铁素体，黑色部分为珠光体。

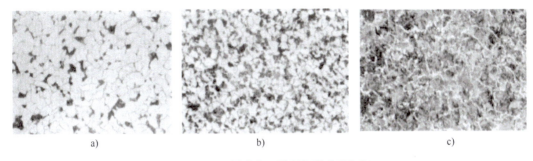

图 2-36 不同成分亚共析钢的室温组织

a) $w_C=0.2\%$ b) $w_C=0.4\%$ c) $w_C=0.6\%$

(3) 过共析钢　图 2-33 中合金Ⅲ为过共析钢。过共析钢在 3 点以上温度冷却过程与共析钢在 S 点以上相似。当缓慢冷却到与 ES 线相交的 3 点时，奥氏体中的溶碳量达到饱和，随着温度的降低，多余的碳以二次渗碳体的形式析出，并以网状形式沿奥氏体晶界分布。随着温度的降低，二次渗碳体量逐渐增多，而奥氏体量逐渐减少，奥氏体成分沿 ES 线向共析成分接近。当冷却到与 PSK 线相交的 4 点时，剩余奥氏体达到共析成分，将在共析温度下发生共析转变而形成珠光体。温度继续下降，组织不再变化。因此过共析钢在室温下的组织是珠光体+网状二次渗碳体。过共析钢在冷却过程中的组织转变情况如图 2-37 所示。

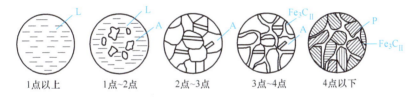

图 2-37 过共析钢在冷却过程中的组织转变情况

所有过共析钢的室温组织都是珠光体+网状二次渗碳体，但随着碳的质量分数的增加，组织中二次渗碳体的量逐渐增多，珠光体的量逐渐减少，当 $w_C=2.11\%$ 时，二次渗碳体的量达到最大，其值为 22.6%。图 2-38 所示为过共析钢的室温组织，图 2-38a 中呈片状黑白相间的部分为珠光体，白色网状部分为二次渗碳体。

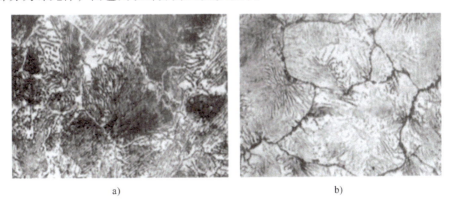

图 2-38 过共析钢的室温组织

a) 4%硝酸酒精腐蚀 b) 碱性苦味酸钠腐蚀

(4) 共晶白口铸铁　图 2-33 中合金Ⅳ为共晶白口铸铁。当共晶白口铸铁缓慢冷却到 C 点时将发生共晶转变，即从液态合金中同时结晶出 E 点成分的奥氏体和 F 点成分的渗碳体的机械混合物，即莱氏体。在 C 点以下继续冷却时，莱氏体中奥氏体将析出二次渗碳体，随着温度的下降，二次渗碳体的量不断增多，而奥氏体的量不断减少，其成分沿 ES 线向共析成分接近。当温度下降至与 PSK 线相交的 1 点时，奥氏体达到共析成分，将发生共析转变形成珠光体，二次渗碳体保留到室温。因此共晶白口铸铁在室温下的组织是珠光体和渗碳体（共晶渗碳体 + 二次渗碳体）组成的两相组织，即低温莱氏体。共晶白口铸铁冷却过程中的组织转变情况如图 2-39 所示。

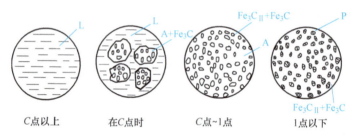

图 2-39　共晶白口铸铁冷却过程中的组织转变情况

(5) 亚共晶白口铸铁　图 2-33 中合金Ⅴ为亚共晶白口铸铁。当亚共晶白口铸铁缓慢冷却到与 AC 线相交的 1 点时，开始从液相中结晶出奥氏体。随着温度的下降，奥氏体量逐渐增多，其成分沿 AE 线变化，而剩余液相量逐渐减少，其成分沿 AC 线向共晶成分接近。当冷却到与共晶线 ECF 相交的 2 点时，剩余液相达到共晶成分，将发生共晶转变形成莱氏体，此时的组织为奥氏体 + 莱氏体。随着温度的继续下降，奥氏体的成分将沿着 ES 线向共析成分接近，并不断从先结晶出来的奥氏体和莱氏体中的奥氏体析出二次渗碳体。当温度下降至与 PSK 线相交的 3 点时，奥氏体达到共析成分，将发生共析转变形成珠光体，二次渗碳体保留到室温。因此亚共晶白口铸铁室温下的组织是珠光体 + 二次渗碳体 + 低温莱氏体。亚共晶白口铸铁冷却过程中的组织转变情况如图 2-40 所示。其显微组织如图 2-41 所示，图中黑色块状或树枝状部分为珠光体，珠光体周围白色网状部分为二次渗碳体，黑白相间的基体为低温莱氏体。

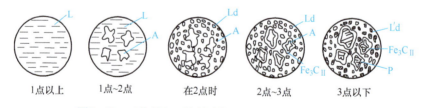

图 2-40　亚共晶白口铸铁冷却过程中的组织转变情况

所有亚共晶白口铸铁的室温组织都是珠光体 + 二次渗碳体 + 低温莱氏体，但随着碳的质量分数的增加，低温莱氏体的量增多，珠光体量减少。

(6) 过共晶白口铸铁　图 2-33 中合金Ⅵ为过共晶白口铸铁。当过共晶白口铸铁缓慢冷却到与 CD 线相交的 1 点时，开始从液相中结晶出一次渗碳体。随着温度的下降，一次渗碳体量逐渐增多，剩余液相量逐渐减少，其成分沿 CD 线向共晶成分接近。当冷却到与共晶线 ECF 相交的 2 点时，剩余液相达到共晶成分，将发生共晶转变形成莱氏体，此时的组织由莱氏体和一次渗碳体组成。随着温度的继续下降，合金的组织变化与共晶、亚共晶白口铸铁基本相同，即冷却至 3 点时莱氏体转变成低温莱氏体，继续冷却合金组织不再变化。过共晶白口铸铁室温下的组织是低温莱氏体 + 一次渗碳体。过共晶白口铸铁冷却过程中的组织转变情况如图 2-42 所示。图 2-43 所示为过共晶白口铸铁的显微组织，图中白色条状部分为一次渗碳体，基体为低温莱氏体。

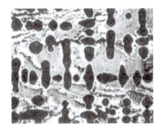

图 2-41　亚共晶白口铸铁的显微组织

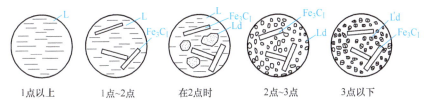

图 2-42　过共晶白口铸铁冷却过程中的组织转变情况

所有过共晶白口铸铁的室温组织都是低温莱氏体 + 一次渗碳体，但随着碳的质量分数的增加，一次渗碳体的量增多，低温莱氏体量减少。

3. 铁碳合金的成分与组织、性能间的关系

（1）铁碳合金的成分与组织间的关系　由上述分析可知，随着碳的质量分数的提高，铁碳合金室温下的平衡组织依次为

F + Fe$_3$C$_\mathrm{III}$→F→F + P→P→P + Fe$_3$C$_\mathrm{II}$→P + Fe$_3$C$_\mathrm{II}$ + L'd→L'd→L'd + Fe$_3$C$_\mathrm{I}$

图 2-43　过共晶白口铸铁的显微组织

任何成分的铁碳合金在室温下均是由铁素体和渗碳体两相组成的，并且随着碳的质量分数的增加，铁素体的相对量在减少，而渗碳体的相对量在增加。铁碳合金的成分与组织组成物和相组成物相对量的关系如图 2-44 所示。

钢铁分类 组织与相项目	工业纯铁	钢		白口铸铁	
		亚共析钢	过共析钢	亚共晶白口铸铁	过共晶白口铸铁
成分及组织特征	w_C=0.0218%	w_C=0.77%	w_C=2.11%	w_C=4.3%	w_C=6.69%
	高温固态组织为单相固溶体			组织中有共晶莱氏体	
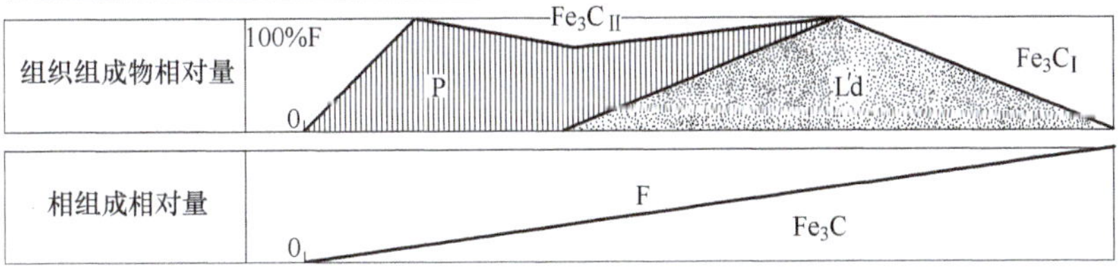 组织组成物相对量	100%F　P　Fe$_3$C$_\mathrm{II}$　L'd　Fe$_3$C$_\mathrm{I}$				
相组成相对量	F　Fe$_3$C				

图 2-44　铁碳合金的成分与组织组成物和相组成物相对量的关系

（2）铁碳合金的成分与性能间的关系　在铁碳合金中，渗碳体是一种强化相，所以渗碳体数量越多、分布越均匀，则铁碳合金的强度、硬度越高，塑性、韧性越低；但当渗碳

分布在晶界或作为基体存在时，则铁碳合金的塑性和韧性将大大下降，且强度也随之降低。图 2-45 所示为铁碳合金中碳的质量分数对钢力学性能的影响。从图中可以看出，当 $w_C < 0.9\%$ 时，随着碳的质量分数的增加，钢的强度和硬度"直线"上升，而塑性和韧性却不断降低；当 $w_C > 0.9\%$ 时，由于二次渗碳体不断在晶界析出并形成完整的网状，不仅使钢的塑性、韧性进一步下降，而且强度开始明显下降。因此，在机械制造中，为了保证钢既具有足够高的强度，同时具有一定的塑性和韧性，钢中碳的质量分数一般都不超过 1.4%。

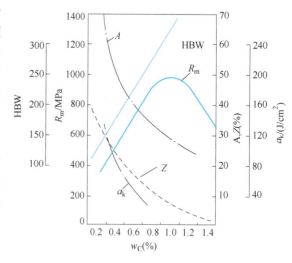

图 2-45　铁碳合金中碳的质量分数对钢力学性能的影响

对于 $w_C > 2.11\%$ 的白口铸铁，由于组织中含有大量的硬而脆的渗碳体，难以切削加工，因此在机械制造中很少直接应用。

2.3.3　铁碳相图的应用

Fe—Fe_3C 相图表明了钢铁材料的成分、组织与性能的变化规律，为生产中的选材及制订加工工艺提供了重要依据。

1. 在选材方面的应用

由 Fe—Fe_3C 相图可知，不同成分的铁碳合金在室温下的组织不同，导致其力学性能也不同。因此，可根据零件的不同性能要求来合理地选择材料。例如，要求塑性、韧性好的金属构件（如汽车上的油底壳、气缸盖罩），应选碳的质量分数较低的钢；要求强度、硬度、塑性和韧性都较高的机械零件（如汽车发动机曲轴），则应选用碳的质量分数为 0.25% ~ 0.60% 的中碳钢；对于汽车上承受交变载荷的弹簧，要求具有较高的弹性和韧性，则需选用碳的质量分数为 0.60% ~ 0.85% 的中高碳钢；对于要求有高硬度、高耐磨性的切削刀具和测量工具，则应选用碳的质量分数为 0.7% ~ 1.3% 的高碳钢。

2. 在制订热加工工艺方面的应用

（1）铸造方面　铸造生产中，可以根据 Fe-Fe_3C 相图确定钢铁材料的浇注温度，一般为液相线以上 50 ~ 100℃。由相图可知，共晶成分的合金结晶温度最低，结晶区间最小，流动性好，体积收缩小，易获得组织致密的铸件，所以通常选择共晶成分的合金作为铸造合金。

（2）锻压方面　相图可以作为确定钢的锻造温度范围的依据。通常把钢加热到单相奥氏体区，此时钢的塑性好，变形抗力小，易于成形。一般始锻温度控制在固相线以下 100 ~ 200℃，而终锻温度控制在 GS 线以上，过共析钢应控制在稍高于 PSK 线。

（3）焊接方面　在焊接工艺上，焊缝及周围热影响区受到不同程度的加热和冷却，组织和性能会发生变化，相图可作为研究变化规律的理论依据。铁碳合金的焊接性与碳的质量分数有关，随着碳的质量分数的增加，钢的脆性增加，塑性下降，导致钢的冷裂倾向增加、焊接性变差。碳的质量分数越高，焊接性越差，故焊接用钢主要是低碳钢或低碳合金钢。

（4）热处理方面　在热处理工艺中，相图是制订各种热处理工艺加热温度的重要依据。例如，钢的退火、正火、淬火加热温度都是依据铁碳相图来确定的。

拓展知识

铋金属结晶体，美到无法想象

铋主要用于制造易熔合金，熔点范围是47～262℃，最常用的是铋同铅、锡、锑、铟等金属组成的合金，用于消防装置、自动喷水器、锅炉的安全塞。一旦发生火灾，一些水管的活塞会"自动"熔化，喷出水来。在消防和电气工业中，易熔合金用作自动灭火系统和电器熔丝、焊锡。铋合金具有凝固时不收缩的特性，常用于铸造印刷铅字和高精度铸型。碳酸氧铋和硝酸氧铋用于治疗皮肤损伤和肠胃病。铋金属是无毒的，并且具有许多非常有趣的性质。

将大块的铋金属放进容器中进行加热，随着温度的升高，铋金属慢慢熔化。随后将一块固态金属放进液体中，并且停止加热，液面会很快凝结了一层薄膜，当拨开这层膜，液面像是镜子一样泛着光亮。

等待一段时间，翻开表面凝结的固体，在近镜头的观察下，铋金属泛着蓝色和粉色光芒，简直比水晶还要美丽。

当在碗中进行结晶实验时，大片的铋金属结晶体像高低的山峰一样错落有致，泛着五彩的光芒（图2-46）。

图2-46　铋金属结晶体

本章小结

1. 金属材料的性能取决于其化学成分和组织结构，金属的组织结构与其结晶过程密切相关，因此研究金属的晶体结构与结晶，有利于探索和改善金属材料的性能，对于合理选用材料、充分发挥材料的性能潜力十分必要。

2. 常见的金属晶格类型有体心立方晶格、面心立方晶格和密排六方晶格。固态合金中的相分为固溶体和金属化合物两大类，固溶强化和弥散强化是提高金属材料力学性能的重要途径。金属实际的晶体结构是一个多晶体，并存在晶体缺陷，晶体缺陷处晶格处于畸变状态，这将引起晶格内部产生内应力，导致金属塑性变形抗力增大，从而使金属材料在常温下强度、硬度提高。

3. 晶粒大小是影响金属材料性能的重要因素之一。一般来说，晶粒越细，金属材料的强度、硬度越高，塑性、韧性越好，这种现象称为细晶强化。生产中大多希望通过使金属材料的晶粒细化来提高金属的力学性能。

4. 铁碳合金相图是研究平衡条件下，铁碳合金的成分、温度和组织之间关系的图形，是研究钢铁材料的基础，也是制订钢铁材料各种热加工工艺的重要依据。

测 试 题

一、名词解释

相　组织　固溶强化　弥散强化　过冷度　变质处理　铁素体　奥氏体　渗碳体　珠光体　低温莱氏体

二、填空题

1. 常见的金属晶格类型有_____晶格、_____晶格和_____晶格 3 种。α-Fe 属于_____晶格，γ-Fe 属于_____晶格，铬属于_____晶格，铜属于_____晶格，锌属于_____晶格。

2. 根据缺陷的几何形态特征，实际金属的晶体缺陷分为_____、_____和_____。

3. 过冷度不是一个恒定值，它与液态金属的冷却速度有关。冷却速度越快，金属的实际结晶温度越_____，过冷度越_____。

4. 金属结晶过程是一个_____和_____的过程。

5. 金属的晶粒越细小，其强度、硬度_____，塑性、韧性_____，这种现象称为细晶强化。

6. 按溶质原子在溶剂中所占位置的不同，固溶体分为_____和_____两类。

7. 奥氏体在 1148℃ 时，碳的质量分数为_____，在 727℃ 时，碳的质量分数为_____。

8. 根据室温下的组织的不同，钢分为_____钢，其室温下的组织为_____和_____；_____钢，其室温下的组织为_____；_____钢，其室温下的组织为_____和_____。

三、选择题

1. 位错是一种（　　）。
A. 点缺陷　　　　　　B. 线缺陷　　　　　　C. 面缺陷

2. 在20℃时，纯铁的晶体结构类型为（　　）。
   A. 体心立方晶格　　　B. 面心立方晶格　　　C. 密排六方晶格
3. 固溶体的晶体结构与（　　）相同。
   A. 溶剂　　　　　　　B. 溶质　　　　　　　C. 溶剂和溶质都不
4. 金属化合物的性能特点是（　　）。
   A. 熔点高、硬度低　　B. 熔点高、硬而脆　　C. 熔点低、硬度高
5. 铁素体为（　　）晶格，奥氏体为（　　）晶格，渗碳体为（　　）晶格。
   A. 体心立方　　　　　B. 面心立方　　　　　C. 复杂斜方
6. 铁碳相图上的 ES 线是（　　），PSK 线是（　　）。
   A. A_1　　　　　　　B. A_3　　　　　　　C. A_{cm}

四、判断题

1. 纯铁在950℃时为体心立方晶格的α-Fe。（　　）
2. 实际金属的晶体结构不仅是一个多晶体，而且还存在很多缺陷。（　　）
3. 固溶体的晶格类型与溶剂相同。（　　）
4. 置换固溶体只能为有限固溶体，而间隙固溶体可以是无限固溶体。（　　）
5. 组织和相是两个不同的概念，它们之间没有任何联系。（　　）
6. 碳溶于α-Fe中所形成的间隙固溶体称为奥氏体。（　　）
7. 室温下 $w_C=0.9\%$ 的碳钢比 $w_C=1.2\%$ 的碳钢强度高。（　　）
8. 在1100℃时，$w_C=0.4\%$ 的钢能进行锻造，而 $w_C=4.0\%$ 的铸铁不能锻造。（　　）

五、简答题

1. 常见的金属晶格类型有哪几种？试画出铜、铬和锌的晶胞示意图。
2. 实际金属晶体中存在哪几种晶体缺陷？这些缺陷对金属的力学性能有什么影响？
3. 什么是过冷度？影响过冷度的因素有哪些？
4. 晶粒大小对金属的力学性能有什么影响？如何细化晶粒？
5. 铁碳合金根据其在相图中的位置可分为哪几种？说明它们的含碳范围和室温组织。
6. 为什么钢铆钉要用低碳钢制作，而锉刀一般用高碳钢制作？
7. 为什么绑扎物件一般用铁丝（镀锌的低碳钢丝），而起重机吊重物时却用钢丝绳（用60、65、70等钢制成）？
8. 同样形状和大小的3块铁碳合金，其碳的质量分数分别为 $w_C=0.2\%$、$w_C=0.65\%$、$w_C=4.0\%$，用什么方法可迅速将它们区分开来？

第3章

钢的热处理

知识目标

1. 了解钢在加热和冷却时的组织转变过程。
2. 掌握普通热处理和表面热处理的工艺特点及应用范围。

能力目标

具有根据工件的性能要求选择合适的热处理工艺的能力。

案例引入

据史书记载，三国时期蒲元为诸葛亮锻制出3000把"斩金断玉，削铁如泥"的"神刀"。蒲元在冶炼金属、制造刀具上所用方法与常人大不一样，当钢刀制成后，为了检验钢刀的锋利程度，他在大竹筒中装满铁珠，然后让人举刀猛劈，结果"应手而落"，如同斩草一样，竹筒豁然断成两截，而筒内的铁珠也一分为二。那么蒲元在冶炼金属、制造刀具时使用了什么方法呢？

其实"神刀"是蒲元对钢材进行了热处理，并在此基础上打造的，那么钢材在热处理后性能为什么会发生改变？他是如何提高钢的强度和硬度的呢？

钢的热处理是通过加热、保温和冷却等工序改变钢的内部组织结构，从而获得钢的预期性能的工艺。其目的是改善和提高材料的性能，充分发挥材料的性能潜力，延长其使用寿命。因此，热处理在机械制造业有着重要的地位和作用，在汽车、拖拉机制造过程中，80%的零件都要进行热处理，而刀具、量具、模具和滚动轴承等100%需要进行热处理。

根据加热和冷却方式的不同，热处理一般分为普通热处理和表面热处理。普通热处理又称为整体热处理，主要包括退火、正火、淬火和回火；表面热处理包括表面淬火和化学热处理。尽管热处理的种类很多，但都是由加热、保温和冷却3个阶段组成，因此要掌握各种热处理方法对钢的组织和性能的影响，就必须研究钢在加热、保温和冷却过程中的组织转变规律。图 3-1 所示为最基本的热处理工艺曲线。

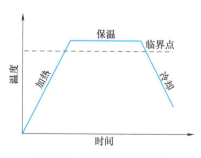

图 3-1　热处理工艺曲线

3.1 钢在加热和冷却时的组织转变

热处理工艺中加热和冷却的目的都是使钢的组织发生转变。在铁碳相图中，A_1、A_3、A_{cm}线都是平衡状态的相变温度（又称临界点），而在实际生产中加热和冷却过程不可能非常缓慢，因此往往造成相变点的实际位置与平衡状态时相比有所偏离，即加热时实际转变温度略高于平衡相变点，而冷却时却略低于平衡相变点。为了使两者有所区别，通常将加热时的实际相变点用 Ac_1、Ac_3、Ac_{cm} 表示；冷却时的实际相变点用 Ar_1、Ar_3、Ar_{cm} 表示，钢在加热或冷却时各临界点的实际位置如图3-2所示。

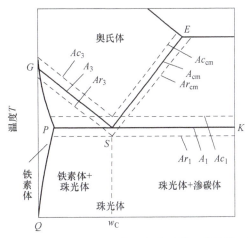

图3-2 钢在加热或冷却时各临界点的实际位置

3.1.1 钢在加热时的组织转变

钢进行热处理时首先要加热，其目的是获得均匀而细小的奥氏体组织。通常将这种加热转变称为钢的奥氏体化。加热时奥氏体化的程度及晶粒大小，对其冷却转变过程及最终的组织和性能都有极大的影响。因此了解奥氏体的形成规律，是掌握热处理工艺的基础。

以共析钢为例，其室温平衡组织为珠光体，当把共析钢加热到 Ac_1 点以上温度时，就要发生珠光体向奥氏体转变。这一转变是由成分相差悬殊、晶格类型截然不同的两相 $F+Fe_3C$ 混合物转变成另一种晶格类型的单相奥氏体 A 的过程。因此在此过程中必然进行晶格的改组和铁碳原子的扩散，并遵循形核和长大的基本规律。该过程可归纳为奥氏体晶核的形成、奥氏体晶核的长大、残余渗碳体的溶解和奥氏体成分均匀化 4 个阶段（图3-3）。

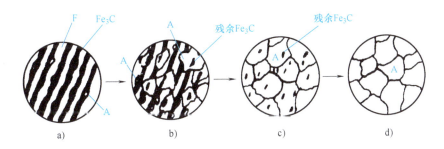

图3-3 共析钢奥氏体形成过程
a) A 晶核形成 b) A 晶核长大 c) 残余 Fe_3C 溶解 d) A 均匀化

由以上分析可知，热处理的保温阶段不仅是为了让工件热透，也是为了获得均匀的奥氏体组织，以便冷却后获得良好的组织和性能。

亚共析钢和过共析钢的奥氏体形成过程与共析钢基本相同,但其完全奥氏体化的过程有所不同。亚共析钢加热到 Ac_1 以上温度时还存在有铁素体,这部分铁素体只有继续加热到 Ac_3 以上时才能完全转变为奥氏体;过共析钢则只有在加热温度高于 Ac_{cm} 时,才能获得单一的奥氏体组织。

加热时形成奥氏体晶粒的大小直接影响到冷却转变产物的晶粒大小和力学性能。奥氏体晶粒越细小,其冷却转变产物的晶粒越细小,力学性能越高。因此在加热时,为了获得均匀而细小的奥氏体晶粒,必须选取合适的加热温度并严格控制保温时间。

3.1.2 钢在冷却时的组织转变

冷却过程是热处理的关键工序,其冷却方式不同,冷却后的组织和性能也不同。热处理生产中有等温冷却和连续冷却两种方式。等温冷却是将奥氏体化后的钢迅速冷却至 Ar_1 以下某一温度并保温,使其在该温度下发生组织转变,然后冷却到室温的热处理工艺,如图3-4中虚线所示;连续冷却是指将奥氏体化的钢自加热温度连续冷却至室温的热处理工艺,如图3-4中实线所示。

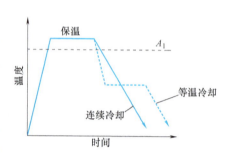

图3-4 两种冷却方式示意

1. 过冷奥氏体的等温转变

奥氏体在 A_1 温度以上是稳定的,能够长期存在而不发生转变,一旦冷却到 Ar_1 温度以下就处于不稳定状态,即将发生转变。在 Ar_1 温度以下暂存的、不稳定的奥氏体称为过冷奥氏体。过冷奥氏体在不同温度下的等温转变产物可以用等温转变曲线来确定。

(1) 过冷奥氏体等温转变曲线的建立 现以共析钢为例来说明过冷奥氏体等温转变曲线的建立。

1)将共析钢制成若干小圆形薄片试样,加热至奥氏体化后,分别迅速放入 Ar_1 以下不同温度的恒温盐浴槽中进行等温转变。

2)分别测出在各温度下过冷奥氏体转变开始时间、终了时间以及转变产物量。

3)将测得的参数画在温度—时间坐标图上,并将各转变开始点和终了点分别用光滑曲线连接起来,便得到共析钢过冷奥氏体等温转变曲线,如图3-5a所示。

因过冷奥氏体在不同过冷度下,转变所需时间相差很大,故图中用对数坐标表示。由于曲线与字母C相似,故又称为C曲线。

图3-5b中左边曲线为过冷奥氏体等温转变开始线,右边曲线为过冷奥氏体等温转变终了线。A_1 线以上是稳定的奥氏体区。A_1 线以下、转变开始线左边的区域为过冷奥氏体区;转变终了线右边的区域是转变产物区;两线之间是过冷奥氏体和转变产物共存区。纵坐标到转变开始线之间的水平距离表示过冷奥氏体等温转变前所经历的时间,称为孕育期。孕育期越长,表示过冷奥氏体越稳定。对于共析钢,过冷奥氏体在550℃附近等温时,孕育期最短,即过冷奥氏体最不稳定,转变速度最快,这里被形象地称为C曲线的"鼻尖"。C曲线的下部有两条水平线,上边一条是马氏体转变开始线,用 M_s 表示;下边一条是马氏体转变终了线,用 M_f 表示。

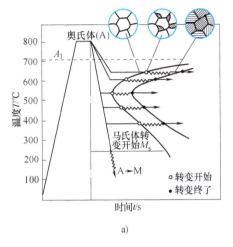
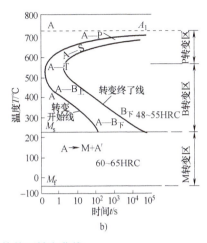

图 3-5 共析钢过冷奥氏体等温转变曲线

a）共析钢等温转变曲线的建立　b）共析钢等温转变曲线

（2）过冷奥氏体等温转变产物的组织形态及性能

1）珠光体转变。共析钢在 $Ar_1 \sim 550℃$ 区间进行等温时，过冷奥氏体的转变产物为珠光体型组织，它是由铁素体与渗碳体组成的层片相间的机械混合物。等温温度越低，铁素体和渗碳体的片层间距越小。根据片层的厚薄不同，珠光体型组织可细分为 3 种。珠光体型组织的形态和性能见表 3-1。

表 3-1 珠光体型组织的形态和性能

等温温度/℃	组织名称	符　号	片层间距/μm	硬度 HRC
$Ar_1 \sim 650$	珠光体	P	>0.4	10～20
650～600	索氏体	S	0.2～0.4	20～30
600～550	托氏体	T	<0.2	30～40

实际上这 3 种组织都是珠光体，其差别只是珠光体的片层间距大小不同，等温温度越低，片层间距越小，片层间距越小，强度、硬度越高，塑性、韧性越好。

2）贝氏体转变。共析钢在 $550℃ \sim M_s$ 区间进行等温时，过冷奥氏体的转变产物为贝氏体。贝氏体是含过饱和碳的铁素体和碳化物组成的机械混合物，用 B 表示。根据形成温度和组织形态，可将贝氏体分别为上贝氏体和下贝氏体。贝氏体的显微组织如图 3-6 所示。

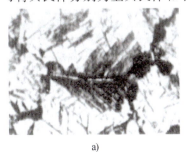
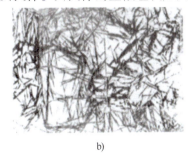

图 3-6 贝氏体的显微组织

a）上贝氏体显微组织（600×）　b）下贝氏体显微组织（600×）

共析钢在 550~350℃ 区间等温时，将形成黑色羽毛状的上贝氏体。上贝氏体强度很低，脆性很大，基本没有实用价值。共析钢在 350℃ ~ M_s 区间等温时，将形成黑色竹叶状的下贝氏体。下贝氏体具有较高的强度、硬度和良好的塑性、韧性。因此生产中常用等温淬火的方法来获得下贝氏体组织，以获得良好的综合力学性能。

3）马氏体转变。马氏体转变是在 $M_s \sim M_f$ 之间连续冷却过程中进行的。当过冷奥氏体被快速冷却到 M_s 点以下时，转变产物是马氏体。马氏体是碳在 α-Fe 中的过饱和固溶体。

马氏体的组织形态主要与碳含量有关。当碳质量分数低于 0.2% 时，可获得板条状的马氏体，它具有较高的强度、硬度和较好的塑性、韧性；当碳质量分数大于 1.0% 时，可获得针片状马氏体，它具有很高的硬度，但塑性差，脆性大；当碳质量分数在 0.2% ~ 1.0% 时，可获得板条马氏体和针片状马氏体的混合组织。图 3-7 所示为板条马氏体和针片状马氏体的显微组织。

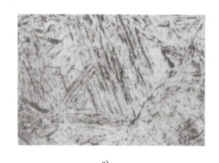

a) b)

图 3-7 板条马氏体和针片状马氏体的显微组织

a）板条马氏体的显微组织 b）针片状马氏体的显微组织

2. 过冷奥氏体的连续冷却转变

在实际生产中，过冷奥氏体大多是在连续冷却中转变的，因此研究过冷奥氏体连续冷却时的组织转变规律有着重要的意义。

图 3-8 所示为共析钢的连续冷却转变曲线。由图可见，连续冷却转变曲线只有 C 曲线的上半部分，因此连续冷却时只发生珠光体和马氏体转变，而不会发生贝氏体转变。图中，P_s 线为过冷奥氏体向珠光体转变的开始线；P_f 线为过冷奥氏体向珠光体转变的终了线；KK' 线为过冷奥氏体向珠光体转变的终止线，它表示冷却曲线与 KK' 线相交时，过冷奥氏体即停止向珠光体转变，剩余部分一直冷却到 M_s 线以下后才发生马氏体转变；v_k 是过冷奥氏体在连续冷却过程中不发生分解，全部转变为马氏体的最小冷却速度，也称为马氏体临界冷却速度；v_k' 是获得全部珠光体型组织的最大冷却速度。

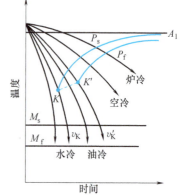

图 3-8 共析钢的连续冷却转变曲线

3.2 钢的普通热处理

3.2.1 钢的退火和正火

在机械制造过程中,一般机械零件的加工路线是:毛坯(铸、锻)→预备热处理→切削加工→最终热处理→磨削加工。退火和正火经常作为预备热处理,安排在铸造、锻造和焊接之后或粗加工之前,用以消除前一工序所造成的某些组织缺陷及内应力,为随后的切削加工及热处理做好组织准备。正火也可用于性能要求不高的机械零件的最终热处理。

1. 钢的退火

退火是将钢加热到适当温度,保温一定时间,然后缓慢冷却(一般是随炉冷却,也可埋砂冷却或灰冷)的热处理工艺。根据钢的成分和退火目的的不同,退火分为完全退火、等温退火、球化退火、扩散退火和去应力退火等。各类退火的工艺特点及适用范围见表3-2。

表3-2 各类退火的工艺特点及适用范围

退火的分类	加热温度/℃	冷却方式	目的	适用范围
完全退火	$Ac_3 + (30 \sim 50)$	随炉冷却到600℃以下,出炉空冷	消除残余应力,改善组织,细化晶粒,降低钢的硬度,为切削加工和最终热处理做准备	亚共析钢的铸、锻、焊接件的预备热处理
等温退火	Ac_3(Ac_1)$+(30 \sim 50)$	快速冷却到Ar_1以下某一温度,等温一定时间,出炉空冷	与完全退火相同。但等温退火可缩短生产周期,提高生产效率	合金钢工件
球化退火	$Ac_1 + (30 \sim 50)$	经充分保温后,随炉冷却到600℃出炉空冷	使珠光体中的片状渗碳体和网状二次渗碳体球化,变成在铁素体基体上弥散分布着粒状渗碳体的组织,即球状珠光体。降低硬度,改善切削加工性,为后续热处理做组织准备	具有共析或过共析成分的碳钢或合金钢
扩散退火	固相线以下100~200	长时间保温后,随炉冷却	消除铸件中的偏析,使钢的化学成分和组织均匀化	质量要求高的合金钢铸锭或铸件
去应力退火	Ac_1以下某一温度(一般为500~650)	随炉冷却到200~300℃出炉空冷	消除铸件、锻件、焊接件、冷冲压件以及机加工件的残余应力,稳定工件尺寸,减少变形	所有钢件

2. 钢的正火

正火是将钢加热到Ac_3(或Ac_{cm})以上30~50℃,保温一定时间,然后出炉在空气中冷却的热处理工艺。

正火和退火的主要区别是正火的冷却速度稍快,得到的组织较细小,强度和硬度有所提高,操作简便,生产周期短,成本较低。正火主要应用于以下几个方面:

1)改善低碳钢和低碳合金钢的可加工性。由于正火后的组织为细珠光体,其硬度有所提高，从而改善了切削加工中的"粘刀"现象，降低了工件的表面粗糙度。

2) 消除网状渗碳体。对于过共析钢可消除网状二次渗碳体，为球化退火做组织准备。

3) 作为中碳钢零件的预备热处理。通过正火可以消除钢中粗大的晶粒，消除内应力，为最终热处理做组织准备。

4) 作为普通结构件的最终热处理。对于某些大型或结构复杂的普通零件，当淬火有可能产生裂纹时，往往用正火代替淬火、回火作为这类零件的最终热处理。

退火和正火加热温度范围及热处理工艺曲线如图 3-9 所示。

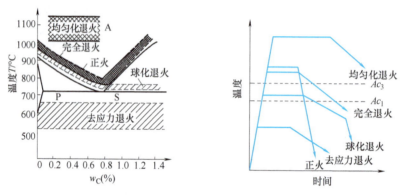

图 3-9　退火和正火加热温度范围及热处理工艺曲线

3.2.2　钢的淬火

淬火是将钢加热到 Ac_3（或 Ac_1）以上 30~50℃，保温一定时间，然后以大于马氏体临界冷却速度的速度快速冷却，以获得马氏体或下贝氏体组织的热处理工艺。其目的是提高钢的硬度和耐磨性。淬火是强化钢材最重要的工艺方法。淬火必须与适当的回火工艺相配合，才能使钢具有不同的力学性能，以满足各类零件或工模具的使用要求。

1. 淬火加热温度的确定

淬火加热温度应以获得均匀而细小的奥氏体晶粒为原则。钢的成分不同，其淬火加热温度也不同。碳钢的淬火加热温度范围如图 3-10 所示。一般亚共析钢的淬火加热温度为 $Ac_3+(30~50)℃$；共析钢及过共析钢为 $Ac_1+(30~50)℃$。对于合金钢，由于合金元素对奥氏体化有延缓作用，加热温度应比碳钢高，尤其是高合金钢淬火加热温度应远高于 Ac_1，合金钢同样能获得均匀而细小的奥氏体晶粒，这与合金元素在钢中的作用有关。

淬火保温时间是根据工件的有效厚度及成分来确定的，生产中常用经验公式来进行估算。

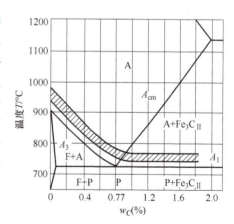

图 3-10　碳钢的淬火加热温度范围

2. 淬火冷却介质

工件进行淬火时所用的介质称为淬火冷却介质。为了保证淬火后获得马氏体组织，淬火冷却速度必须大于马氏体临界冷却速度，但过快的冷却速度必然产生较大的淬火内应力，导致工件产生变形或裂纹，所以，淬火时在获得马氏体组织的前提下，应尽量选用较缓和的冷却介质。理想的冷却介质应保证：在 C 曲线鼻尖附近快冷，以避免过冷奥氏体发生转变；在 C 曲线鼻尖以上或以下温度缓冷，以降低工件的热应力和组织应力，图 3-11 所示为理想的淬火冷却速度。但到目前为止，还没有找到完全理想的淬火冷却介质。

生产中常用的淬火冷却介质有水、盐或碱的水溶液、油。

（1）水及水溶液　水在 500～650℃ 范围内需要快冷时，冷却速度相对较小；而在 200～300℃ 范围内需要慢冷时，冷却速度相对较大，容易引起工件的变形和开裂。为了提高水在 500～650℃ 范围内的冷却能力，常在水中加入 5%～10% 的盐或碱，制成盐或碱的水溶液。盐水、碱水常用于形状简单、截面尺寸较大的碳钢工件的淬火。

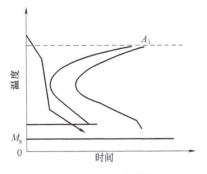

图 3-11　理想的淬火冷却速度

（2）油　常用的淬火油有机械油、变压器油、柴油、植物油等。其优点是在 200～300℃ 范围冷却较缓慢，有利于减小工件的变形；缺点是在 500～650℃ 范围冷却也较慢，不利于淬硬，所以一般用于合金钢和尺寸较小的碳钢工件的淬火。

（3）盐浴或碱浴　为了减小零件淬火时的变形，可采用盐浴或碱浴作为淬火冷却介质，例如熔化的 $NaNO_3$、KNO_3 等，用于形状复杂、尺寸较小、变形要求严格工件的分级淬火和等温淬火，它们的冷却能力介于水和油之间。

3. 常用的淬火方法

常用的淬火方法有单介质淬火、双介质淬火、分级淬火和等温淬火等，如图 3-12 所示。

（1）单介质淬火　是将钢加热到淬火温度，保温一定时间，放入一种淬火介质中一直冷却到室温的淬火方法，如图 3-12 中曲线 1 所示。例如碳钢在水中、合金钢在油中淬火。此方法操作简便，容易实现机械化和自动化，但水冷易变形，油冷不易淬硬；适用于形状简单的碳钢和合金钢工件。

（2）双介质淬火　是将钢加热到淬火温度，保温一定时间，先浸入冷却能力强的淬火介质中，待零件冷却到稍高于 M_s 温度时，立即转入冷却能力弱的淬火介质中冷却到室温的淬火方法，如图 3-12 中曲线 2 所示。例如碳钢的水-油淬火、合金钢的油-空气淬火等。此方法能有效地防止淬火变形和裂纹，但要求操作工人有较高的技术水平；适用于形状复杂的高碳钢和尺寸较大的合金钢工件。

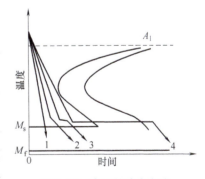

图 3-12　常用的淬火方法

（3）分级淬火　是将钢加热到淬火温度后，先浸入温度稍高于 M_s 点的盐浴或碱浴槽中，短时保温，待工件整体达到介质温度后取出空冷，以获得马氏体组织的淬火方法，如图 3-12 中曲线 3 所示。分级淬火比双介质淬火容易控制，能有效减小工件的变形和开裂；适用于形状复杂、尺寸较小的工件。

（4）等温淬火　是将钢加热到淬火温度后，快冷到下贝氏体转变温度区间等温，使奥氏体转变为下贝氏体组织的淬火方法，如图 3-12 中曲线 4 所示。等温淬火时内应力及变形很小，而且能获得较高的综合力学性能，但生产周期长、效率低；主要用于形状复杂、尺寸要求精确、强度和韧性要求高的小型工件。

4. 钢的淬透性和淬硬性

（1）淬透性　钢淬火的目的是获得马氏体组织，但并非任何钢种、任何成分的钢在淬火时都能在整个截面上得到马氏体，这是由于淬火冷却时表面与心部冷却速度有差异所致。显然只有冷却速度大于临界冷却速度的部分才有可能获得马氏体。钢的淬透性是指钢在淬火时获得淬硬层深度的能力，其大小通常用规定条件下淬硬层的深度来表示。淬硬层越深，其淬透性越好。凡是能增加过冷奥氏体稳定性（即使 C 曲线右移）、减小钢的临界冷却速度的因素，都能提高钢的淬透性；反之，则降低淬透性。所以，钢的化学成分和奥氏体化条件是影响其淬透性的基本因素。

（2）淬硬性　淬硬性是指钢在淬火后所能达到的最高硬度的能力。淬硬性主要取决于马氏体的含碳量，而合金元素对淬硬性没有显著影响，但对淬透性却有很大影响，因此淬透性好的钢，其淬硬性不一定高。

3.2.3　钢的回火

回火是将淬火后的钢重新加热到 A_1 以下某一温度，保温一定时间后冷却到室温的热处理工艺。

淬火后的工件不宜直接使用，必须及时进行回火。回火决定了钢的组织和性能，是重要的热处理工序；其目的是减少或消除淬火应力，防止工件变形开裂，稳定工件尺寸及获得必要的力学性能。

1. 回火的种类和应用

生产中根据回火温度不同将回火分为低温回火、中温回火和高温回火 3 类。淬火后进行高温回火，称为调质。回火的工艺特点及应用范围见表 3-3。

表 3-3　回火的工艺特点及应用范围

回火工艺	回火温度/℃	回火组织及硬度	特　点	用　途
低温回火	100~250	回火马氏体（58~64HRC）	保持了淬火马氏体的高硬度和高耐磨性，内应力和脆性有所降低	主要用于工具、滚动轴承及表面处理件
中温回火	350~500	回火托氏体（38~50HRC）	具有较高的弹性和一定的韧性	主要用于各种弹性零件，如弹簧和热作模具
高温回火	500~650	回火索氏体（25~35HRC）	具有较好的综合力学性能，即强度、硬度、塑性、韧性都比较好	广泛用于汽车、拖拉机的轴类零件、齿轮、高强度螺栓、连杆等

2. 回火脆性

淬火钢回火时，随着温度的升高，通常强度、硬度降低，而塑性、韧性提高。但在某些温度范围内钢的韧性有下降的现象，这种现象称为回火脆性。按回火脆性的温度范围，可将回火脆性分为不可逆回火脆性和可逆回火脆性。

（1）不可逆回火脆性　淬火钢在 250~350℃ 之间回火时出现的回火脆性，称为不可逆回火脆性或第一类回火脆性。几乎所有的钢都存在这类脆性,这类回火脆性是不可逆的,因此,一般应避免在此温度范围内回火。

(2)可逆回火脆性 一些合金钢,尤其是含 Cr、Mn、Ni 等合金元素的钢,淬火后在 450~650℃ 之间回火时也会产生回火脆性,称为可逆回火脆性或第二类回火脆性。这类回火脆性是可逆的,生产中可采用快速冷却或在钢中加入 W、Mo 等合金元素来有效抑制这类回火脆性。

3.3 钢的表面热处理

生产中很多机械零件要求其表面具有较高的强度、硬度和耐磨性,而心部则要求具有足够的塑性和韧性,这种情况可以通过表面热处理,仅使工件表面强化来满足以上性能要求。表面热处理是指为改变工件表面的组织和性能,仅对工件表层进行的热处理工艺,包括表面淬火和化学热处理。

3.3.1 钢的表面淬火

表面淬火是指在不改变钢的化学成分及心部组织的情况下,利用快速加热,将表层加热到奥氏体化温度后进行淬火,使表层获得硬而耐磨的马氏体组织,而心部组织仍然不变的热处理工艺。目前生产中广泛应用的是感应淬火和火焰淬火。

1. 感应淬火

(1)感应淬火的原理 感应淬火的原理如图 3-13 所示,将工件放入铜管制成的感应器(线圈)中,并通入一定频率的交流电,在感应器周围将产生一个频率相同的交变磁场,于是在工件表面就会产生频率相同、方向相反的感应电流,这个电流在工件内形成的回路称为涡流。涡流在工件内分布是不均匀的,表层电流密度大,心部电流密度小,这种现象称为趋肤效应。由于钢本身具有电阻,因而集中于工件表层的涡流将产生电阻热使工件表层迅速加热到淬火温度,然后立即喷水快速冷却,工件表层即被淬硬,从而达到表面淬火的目的。图 3-14a 是感应淬火的淬火机床,图 3-14b 是感应器。

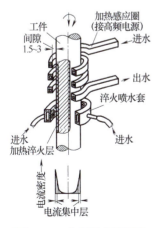

图 3-13 感应淬火的原理

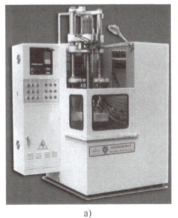 

图 3-14 感应淬火的淬火机床及感应器
a)淬火机床 b)感应器

感应淬火后,要进行180~200℃的低温回火,以降低淬火应力,保持高硬度和高耐磨性。

（2）感应淬火的种类及应用范围　根据所用电流频率的不同,感应淬火可分为高频感应淬火、中频感应淬火和工频感应淬火3种。感应淬火的种类及应用范围见表3-4。

表3-4　感应淬火的种类及应用范围

感应淬火的种类	常用频率/kHz	淬硬深度/mm	应用范围
高频感应淬火	200~300	0.5~2	淬硬层要求较薄的中、小模数齿轮和中、小尺寸的轴类零件
中频感应淬火	2.5~8	2~10	大、中模数齿轮和较大直径的轴类零件
工频感应淬火	0.05	10~20	大直径零件,如轧辊、火车车轮等

（3）感应淬火的特点　与普通淬火相比,感应淬火具有加热速度快、加热温度高、淬火质量好、生产效率高等特点,但感应加热设备较贵,维修调整较困难,形状复杂的零件不易制作感应器,不适用于单件生产。

感应淬火最适宜的钢种是中碳钢和中碳合金钢,也可用于高碳工具钢、低合金工具钢及铸铁等。一般表面淬火前应对工件进行正火或调质,以保证心部有良好的力学性能。

2. 火焰淬火

火焰淬火是利用氧-乙炔或煤气-氧的混合气体燃烧的火焰,将工件表层快速加热到淬火温度,然后立即喷水快速冷却的热处理工艺。火焰淬火示意图如图3-15所示。火焰淬火的淬硬层深度一般为2~8mm。

火焰淬火具有操作简便、设备简单、成本低等优点,但加热温度不够均匀,淬火质量较难控制；适用于单件、小批生产以及大型零件的表面淬火。

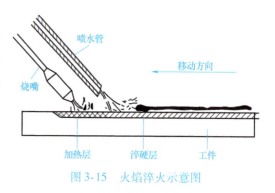

图3-15　火焰淬火示意图

3.3.2　钢的化学热处理

化学热处理是将工件置于一定温度的活性介质中,使一种或几种元素渗入工件的表层,以改变其化学成分、组织和性能的热处理工艺。与表面淬火相比,化学热处理不仅改变表层的组织,而且还改变其化学成分,能获得一般表面淬火达不到的特殊性能（如耐热性、耐蚀性、减摩性等）,从而提高钢的使用性能,延长使用寿命。

化学热处理的方法很多,目前最常用的方法有渗碳、渗氮和碳氮共渗等。

1. 钢的渗碳

渗碳是将工件在渗碳介质中加热并保温,使碳原子渗入工件表层的化学热处理工艺。

（1）渗碳的目的及应用　渗碳用钢为低碳钢和低碳合金钢。渗碳的目的是提高工件表层碳的质量分数,经淬火和低温回火后,提高工件表面的硬度和耐磨性,而心部仍然保持良好的塑性和韧性。渗碳一般用于在较大冲击载荷和在严重磨损条件下工作的零件,例如汽变速齿轮、活塞销、摩擦片、套筒等。

（2）渗碳方法　根据渗碳剂的不同，渗碳方法可分为固体渗碳、液体渗碳和气体渗碳3种。常用的渗碳方法是气体渗碳。图3-16所示为气体渗碳示意图，将工件置于密封的井式气体渗碳炉中，加热到930℃左右，滴入容易分解和汽化的有机液体（煤油、甲醇、苯等）并保温一定时间，使渗碳介质在高温下分解出碳原子并被工件表面吸收，被吸收的碳原子由表面逐渐向工件内部扩散，形成具有一定深度的渗碳层。渗碳后，渗层深度可达0.2~2.5mm，表层碳的质量分数以0.85%~1.05%为最佳。

（3）渗碳件的热处理及性能　工件渗碳后必须进行淬火和低温回火才能达到预期的性能。经渗碳、淬火、低温回火处理后，工件表面硬度可达58~64HRC，耐磨性较好，心部硬度可达30~45HRC，具有较高的强度、韧性和一定的塑性。

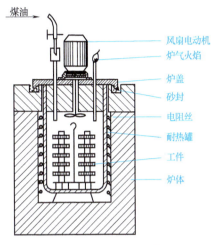

图3-16　气体渗碳示意图

2. 钢的渗氮

渗氮是将工件在渗氮介质中加热并保温，使氮原子渗入工件表层的化学热处理工艺。其目的是提高工件表面的硬度、耐磨性、疲劳极限和耐蚀性。

常用的渗氮方法有气体渗氮和离子渗氮两种。气体渗氮是将工件置于通入氨气的井式渗氮炉中，加热到500~570℃，使氨气分解出活性氮原子，活性氮原子被工件表面吸收并向内部逐渐扩散形成具有一定深度的渗氮层。渗氮层深度一般为0.1~0.4mm，其渗氮时间为40~70h，故气体渗氮生产周期很长。

与渗碳相比，气体渗氮工件表面硬度更大，可达到1000~1200HV（相当于69~72HRC）；渗氮温度较低，且渗氮后不需要进行其他热处理即可达到较高的硬度，因此渗氮件变形较小；渗氮层的耐磨性、耐蚀性、热硬性及疲劳极限均高于渗碳层。但渗氮层薄而脆，渗氮周期较长，生产效率低，因此渗氮主要应用于耐磨、耐高温、耐腐蚀的精密零件，例如精密齿轮、精密机床主轴、汽轮机阀门及阀杆、发动机气缸和排气阀等。

3. 钢的碳氮共渗

碳氮共渗是在一定温度下，同时将碳、氮原子渗入工件表层的化学热处理工艺，以中温气体碳氮共渗和低温气体碳氮共渗应用较为广泛。

中温气体碳氮共渗实质上是以渗碳为主的共渗工艺，零件经共渗后须进行淬火及低温回火。中温气体碳氮共渗主要用于低碳及中碳结构钢零件，例如汽车和机床上的各种齿轮、蜗轮、蜗杆和轴类零件等。

低温气体碳氮共渗实质上是以渗氮为主的共渗工艺，与一般渗氮相比渗层脆性较小。这种工艺生产周期短，成本低，零件变形小，不受钢材限制，常用于汽车、机床上的小型轴类、齿轮以及模具、量具和刃具等。

拓展知识

柯俊——钢铁大师的报国情怀

中国共产党优秀党员，我国著名科学家、教育家，中国科学院院士，我国金属物理、冶金史学科奠基人，北京科技大学教授柯俊于2017年8月8日7时29分因病在北京逝世，享年101岁。

他曾是北京科技大学校园中，一个清瘦低调却引人注目的身影；是三尺讲台上，一位温和谦厚却博学睿智的名师。在70多载的漫长岁月中，他都致力于对钢铁科学领域的研究。

柯俊生于1917年，年少求学时的他笼罩在抗日战争的烽火中。1944年，他获得赴英国留学的机会，师从英国第一代金属物理学家汉森教授。5年后，新中国成立，柯俊婉拒了国外多家知名研究机构的邀请，义无反顾地回到祖国。图3-17所示为柯俊生前手稿。

图3-17 柯俊生前手稿

柯俊先后担任过英国伯明翰大学终身讲师，北京钢铁学院教授、物理化学系主任和副院长，北京科技大学校长顾问等职。20世纪50年代，他创立了中国第一个金属物理专业，参与创办了第一个冶金物理化学专业，并且培养了大批理工结合的优秀专业人才；20世纪70年代后，他创办了科学技术史专业。这几个学科后来都被评为国家重点学科。

1951年，柯俊首次发现了钢中贝氏体切变位移运动，引起国际学术界的高度重视。借助这一成果，柯俊利用我国富裕的钒硼资源，发展了高强度、高韧性贝氏体结构用钢。他还带领团队首次观察到钢中马氏体形成时基体的形变和对原子簇马氏体长大的阻碍作用。20世纪80年代，柯俊等人系统研究了铁镍合金中原子簇团导致蝶状马氏体的形成，发展了马氏体相变动力学，在国际学术界产生了广泛影响。

由于他在阐释钢中无碳贝氏体形成的切变机制方面的卓越贡献，《钢铁金相学》以他的姓氏将无碳贝氏体命名为"柯氏贝茵体"（贝氏体又称贝茵体），柯俊本人则被国外同行称为Mr. Bain（"贝茵体先生"）。

除了在学术上的突出贡献和承担大量社会工作外，柯俊还是一位不断创新的教育家。他将科技前沿引入课堂，悉心培养并提携举荐过许多科技人才，其中不少已经成为院士、长江学者或优秀的科学家。

"我国金属物理专业奠基人""古代冶金现代实验方法开拓者""我国工程教育改革领航员"——已故"两院"资深院士师昌绪曾一连用这3个身份概括柯俊一生的科研成就与贡献。

中国工程院原院长徐匡迪说："柯俊先生是一位坚定的爱国者，是一位具有战略思想的科学家、教育家。柯俊先生学风严谨、淡泊名利、提携后学，为广大科技工作者做出了光辉榜样。"

本章小结

1. 热处理是将固态金属或合金通过加热、保温、冷却以获得所需要的组织和性能的工艺，其目的是提高或改善金属材料的性能，充分挖掘金属材料的性能潜力。

2. 热处理工艺中加热和冷却的目的都是使钢的组织发生改变，从而获得所需要的性能。

3. 退火和正火经常作为预备热处理安排在铸造、锻造和焊接之后或粗加工之前，用以消除前一工序所造成的某些组织缺陷及内应力，为随后的切削加工及热处理做好组织准备，也可用于性能要求不高的机械零件的最终热处理。

4. 淬火和回火常作为最终热处理，淬火是强化钢材最重要的方法。淬火必须与回火工艺相配合，才能使钢具有不同的力学性能，以满足各类零件或工模具的使用要求。

5. 表面热处理是指为改变工件表面的组织和性能，仅对工件表层进行的热处理工艺，用于要求表面有较高强度、硬度和耐磨性，而心部要求有足够塑性和韧性的零件。

测 试 题

一、名词解释

热处理 马氏体 退火 正火 淬火 回火 调质 淬透性 淬硬性

二、填空题

1. 热处理工艺过程都是由_____、_____和_____3个阶段组成的。
2. 奥氏体形成过程可归纳为_____、_____、_____和_____4个阶段。
3. 普通热处理又称为整体热处理，主要包括_____、_____、_____和_____。
4. 常用的淬火方法有_____淬火、_____淬火、_____淬火和_____淬火等。
5. 常用的淬火冷却介质有_____、_____和_____。
6. 按回火温度范围可将回火分为_____回火、_____回火和_____回火3类，淬火后进行高温回火，称为_____。

三、选择题

1. 过冷奥氏体是在（ ）温度下暂存的、不稳定的、尚未转变的奥氏体。
   A. M_s B. M_f C. Ar_1
2. 亚共析钢的淬火加热温度应选择在（ ），过共析钢应选择在（ ）。
   A. $Ac_1 + (30 \sim 50)$ ℃   B. $Ac_3 + (30 \sim 50)$ ℃   C. A_{cm} 以上
3. 调质处理就是（ ）的热处理。
   A. 淬火 + 低温回火   B. 淬火 + 中温回火   C. 淬火 + 高温回火
4. 汽车变速齿轮渗碳后，一般须经（ ）处理，才能达到表面高硬度和高耐磨性的目的。

A. 淬火 + 低温回火　　B. 正火　　　　　　C. 调质

5. 为了保证气门弹簧的性能要求，65Mn 钢制的气门弹簧最终要进行（　　）处理。

A. 淬火和低温回火　　B. 淬火和中温回火　　C. 淬火和高温回火

四、判断题

1. 当冷却速度小于 v_k 时，过冷奥氏体的冷却速度越快，钢冷却后的硬度越高。（　　）
2. 淬火后的钢，随回火温度的升高，其强度和硬度升高。（　　）
3. 钢中合金元素含量越多，则淬火后硬度越高。（　　）
4. 共析钢经奥氏体化后，冷却所形成的组织主要取决于钢的加热温度。（　　）
5. 淬透性好的钢淬火后硬度一定高，淬透性好的钢淬硬性一定好。（　　）

五、简答题

1. 什么是热处理？其目的是什么？
2. 如何保证钢在热处理加热时获得均匀而细小的奥氏体晶粒？
3. 简述共析钢过冷奥氏体在 $A_1 \sim M_s$ 之间不同温度下等温时，转变产物的名称和性能。
4. 退火和正火有什么区别？确定下列工件的预备热处理工艺：

1）经冷轧后的 15 钢板；2）锻造过热的 60 钢坯；3）具有网状渗碳体的 T12 钢坯；4）20 钢齿轮。

5. 今有经退火后的 45 钢，室温组织为 F+P，在 700℃、760℃、840℃分别加热，保温一段时间后水冷至室温，所得到的组织各是什么？
6. 下列工件淬火后，分别选择哪种回火工艺才能满足其性能要求？

1）45 钢制的汽车曲轴正时齿轮（要求综合力学性能好）；2）60 钢弹簧；3）T12 钢锉刀。

7. 钢的淬透性与淬硬性有何区别？其影响因素分别是什么？
8. 用低碳钢（20 钢）和中碳钢（45 钢）制造齿轮，为了使表面具有高硬度和高耐磨性，心部具有一定的强度和韧性，各需要采取怎样的热处理工艺？

第4章

汽车用钢铁材料

知识目标

1. 了解常存杂质对钢性能的影响。
2. 掌握常用碳素钢、合金钢、铸铁的牌号、性能及其在汽车上的应用。

能力目标

1. 能够识别汽车上使用的钢铁材料。
2. 具有根据汽车零件的工作条件和性能要求合理选择钢铁材料的能力。

案例引入

国家体育场"鸟巢"的结构设计奇特新颖,建筑顶面呈鞍形,长轴为332.3m,短轴为296.4m,最高点高度为68.5m,最低点高度为42.8m,外形主要由巨大的门式钢架组成。搭建它的钢结构材料型号为Q460E,是由我国河南舞钢特种钢厂的科研人员,经过长达半年多的科技攻关,前后3次试制、自主创新、具有知识产权的特种钢材。这种钢材集强度、韧性于一体,强度是普通钢的两倍,且抗低温性、焊接性能优良。"鸟巢"共使用了4.2万t厚度为110mm的Q460E钢板,这是国内在建筑结构上首次使用Q460E规格的钢材。

由于钢铁材料具有良好的使用性能和工艺性能,并且加工方便,因此在汽车制造工业中被广泛应用。尽管近年来为节省能源、实现汽车轻量化,不少钢铁材料制造的零件被非铁金属材料和其他材料制造的零件替代,但钢铁材料仍是汽车用材的主体,其使用量超过汽车用材总量的60%。钢铁材料主要包括碳素钢、合金钢和铸铁。

4.1 碳 素 钢

碳素钢简称碳钢,通常指碳的质量分数小于2.11%的铁碳合金。因其具有较好的力学性能和工艺性能,而且冶炼方便、价格低廉,因此是制造各种机器、工程结构、量具和刀具等最主要的材料,在汽车零件制造中也得到广泛的应用。图4-1所示为常见碳素钢制造的汽车零件。

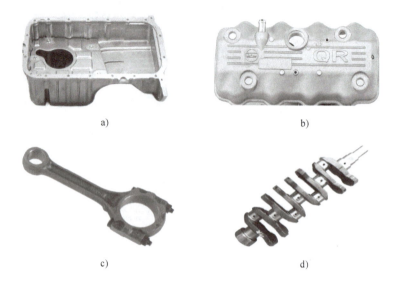

图 4-1 常见碳素钢制造的汽车零件

a）低碳钢制造的油底壳　b）低碳钢制造的气缸盖罩　c）中碳钢制造的连杆　d）中碳钢制造的曲轴

4.1.1 常存杂质对钢性能的影响

实际生产中使用的碳钢，不只是铁碳合金，还包含有锰、硅、硫、磷等常规杂质元素，它们对钢的性能有一定影响。

1. 锰（Mn）

锰是钢中的有益元素。锰是炼钢时作为脱氧去硫的元素加入钢中的。锰溶于铁素体，形成置换固溶体，具有固溶强化的作用，能提高钢的强度和硬度；锰还能和钢中的硫形成高熔点（1620℃）的 MnS，可减轻硫的有害作用，改善钢的热加工性能；同时，锰还能增加钢中珠光体的相对质量分数，使珠光体细化，从而提高钢的强度。碳钢中，锰的质量分数一般在 0.25%～0.80% 之间。

2. 硅（Si）

硅也是钢中的有益元素。硅是炼钢时用硅铁脱氧而残留在钢中的，硅既能脱氧还能促进钢液的流动。硅能溶于铁素体，提高钢的强度、硬度和弹性。但硅的质量分数超过 0.8% 时，钢的塑性和韧性显著下降。碳钢中，硅的质量分数一般在 0.17%～0.37% 之间。

3. 硫（S）

硫是钢中的有害元素。硫是炼钢时由矿石和燃料带入的杂质，难以除尽。硫在钢中常以 FeS 的形式存在，而 FeS 和 Fe 能形成熔点较低（985℃）的共晶体分布在奥氏体晶界上，当钢加热到 1000～1200℃ 进行热加工时，共晶体将熔化使钢材变得极脆，这种现象称为热脆。硫对钢的焊接性能有不良影响，会导致焊缝的热裂现象；对于铸钢件，硫的质量分数高时，也会出现热裂现象。因此，必须严格控制钢中硫的质量分数，一般应小于 0.05%。

4. 磷（P）

磷是钢中的有害元素。它是炼钢时由矿石带入钢中的。磷能全部溶于铁素体，提高钢的强度、硬度，但极少量的磷就能显著降低钢的塑性与韧性，在低温时更为严重。这种在低温时使钢严重变脆的现象，称为冷脆。因此，必须严格控制钢中磷的质量分数，一般应小于0.045%。

在某些情况下，硫、磷对钢也有有利的一面。例如，易切钢就是含硫、磷较高的钢，由于硫、磷含量较高，钢的塑性、韧性差，切削加工时切屑易碎断，不易磨损刀具，因此，适宜高速切削；在炮弹钢中加入较多的磷，可使炮弹爆炸时碎片增多，提高杀伤力。

4.1.2 碳钢的分类

1. 按碳的质量分数分类

（1）低碳钢——$w_C \leq 0.25\%$ 的钢。
（2）中碳钢——$0.25\% < w_C \leq 0.60\%$ 的钢。
（3）高碳钢——$w_C > 0.60\%$ 的钢。

2. 按钢的质量分类

根据钢中有害元素硫、磷的质量分数可分为以下几种。
1）普通碳素钢——$w_S < 0.055\%$，$w_P < 0.045\%$。
2）优质碳素钢——$w_S < 0.040\%$，$w_P < 0.040\%$。
3）高级优质碳素钢——$w_S < 0.030\%$，$w_P < 0.035\%$。
4）特级优质碳素钢——$w_S < 0.025\%$，$w_P < 0.030\%$。

3. 按钢的用途分类

1）碳素结构钢——用于制造汽车零件和工程构件，多为低碳钢和中碳钢。
2）碳素工具钢——用于制造刀具、量具和模具，多为高碳钢。

此外，按炼钢的脱氧程度分类，可分为镇静钢（脱氧程度完全）、沸腾钢（脱氧程度不完全）和半镇静钢（脱氧程度不十分完全）等。

4.1.3 碳钢的牌号、性能和用途

1. 普通碳素结构钢

（1）牌号　我国碳素结构钢标准（GB/T 700—2006《碳素结构钢》）规定，普通碳素结构钢的牌号由钢材屈服强度"屈"字汉语拼音首位字母"Q"+屈服强度数值+质量等级符号+脱氧方法符号四部分组成。其中，质量等级分A、B、C、D四级，质量依次提高。脱氧方法符号F、b、Z、TZ表示钢材的不同脱氧方法，F表示沸腾钢，b表示半镇静钢，Z表示镇静钢，TZ表示特殊镇静钢。例如Q235AF表示屈服强度为235MPa的A级沸腾钢。常用普通碳素结构钢的牌号、化学成分及力学性能见表4-1。

（2）性能及用途　由于普通碳素结构钢碳的质量分数较低，而硫、磷等有害元素含量较多，故强度不够高。但这类钢塑性、韧性好，焊接性能优良，通常轧制成板材（图4-2）、线材（图4-3）、各种型钢（图4-4），广泛应用于建筑、桥梁、船舶、车辆等工程构件，也可用于制造不重要的机器零件。例如，汽车传动轴间支架、发动机前后支架、后视镜支架（图4-5）、3/4/5档同步器锥盘、差速器螺栓锁片、车轮轮毂（图4-6）、轮辋（图4-7）、驻车制动器操纵杆棘爪和齿板等要求不高的汽车零件，都是由普通碳素结构钢制造的。表4-2是常用普通碳素结构钢在汽车上的应用。

表 4-1 常用普通碳素结构钢的牌号、化学成分及力学性能（摘自 GB/T 700—2006）

牌号	等级	化学成分（%）≤					力学性能									
							屈服强度 R_{eH}/MPa，不小于					抗拉强度 R_m/MPa	断后伸长率 A（%），不小于				
							钢材厚度（直径）/mm						钢材厚度（直径）/mm				
		C	Mn	Si	S	P	≤16	>16~40	>40~60	>60~100	>100~150	>150		≤40	>40~60	>60~100	>100~150	>150
Q195	—	0.12	0.50	0.30	0.040	0.035	195	185	—	—	—	—	315~430	33	—	—	—	—
Q215	A	0.15	1.20	0.35	0.050	0.045	215	205	195	185	175	165	335~450	31	30	29	27	26
	B				0.045													
Q235	A	0.22	1.40	0.35	0.050	0.045	235	225	215	215	195	185	370~500	26	25	24	22	21
	B	0.20			0.045													
	C	0.17			0.040	0.040												
	D				0.035	0.035												
Q275	A	0.24	1.50	0.35	0.050	0.045	275	265	255	245	225	215	410~540	22	21	20	18	17
	B	0.21			0.045	0.045												
	C	0.22			0.040	0.040												
	D	0.20			0.035	0.035												

图 4-2 板材

图 4-3 线材

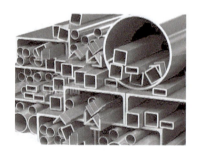

图 4-4 型钢

图 4-5 后视镜支架

图 4-6 轮毂

图 4-7 轮辋

表4-2 常用普通碳素结构钢在汽车上的应用

牌　　号	应 用 举 例
Q235A	传动轴中间轴承支架、发动机支架、后视镜支架、车轮轮毂等
Q235AF	机油滤清器法兰、发动机连接板、前钢板弹簧夹箍、后视镜支架等
Q235B	同步器锥盘、差速器螺栓锁片、驻车制动器操纵杆棘爪和齿板等
Q235BF	消声器后支架、百叶窗叶片等

2. 优质碳素结构钢

优质碳素结构钢是应用极为广泛的机械制造用钢。与普通碳素结构钢相比，其硫、磷等有害元素含量较少，因而强度较高，塑性和韧性较好，经过热处理后可以进一步调整和改善其力学性能，因此，常用于制造较重要的机械零件。

（1）牌号　优质碳素结构钢的牌号用两位数字表示，数字表示钢中平均碳的质量分数的万分之几。例如牌号45表示其平均碳的质量分数为万分之45，即0.45%。对于较高含锰量（$w_{Mn}=0.70\% \sim 1.00\%$）的优质碳素结构钢，在对应牌号后加"Mn"表示，例如45Mn、65Mn等。若为沸腾钢，则在对应牌号后加"F"表示，例如08F、10F等。常用优质碳素结构钢牌号、化学成分及力学性能见表4-3。

表4-3 常用优质碳素结构钢牌号、化学成分及力学性能

牌号	化学成分（%）					力学性能					钢材交货状态硬度 HBW	
	C	Si	Mn	S	P	R_{eL}/MPa	R_m/MPa	A（%）	Z（%）	K/J	未热处理钢	退火钢
						≥						
10	0.07~0.13	0.17~0.37	0.35~0.65	≤0.035	≤0.035	205	335	31	55	—	137	—
15	0.12~0.18	0.17~0.37	0.35~0.65	≤0.035	≤0.035	225	375	27	55	—	143	—
20	0.17~0.23	0.17~0.37	0.35~0.65	≤0.035	≤0.035	245	410	25	55	—	156	—
25	0.22~0.29	0.17~0.37	0.50~0.80	≤0.035	≤0.035	275	450	23	50	71	170	—
30	0.27~0.34	0.17~0.37	0.50~0.80	≤0.035	≤0.035	295	490	21	50	63	179	—
35	0.32~0.39	0.17~0.37	0.50~0.80	≤0.035	≤0.035	315	530	20	45	55	197	—
40	0.37~0.44	0.17~0.37	0.50~0.80	≤0.035	≤0.035	335	570	19	45	47	217	187
45	0.42~0.50	0.17~0.37	0.50~0.80	≤0.035	≤0.035	355	600	16	40	39	229	197
50	0.47~0.55	0.17~0.37	0.50~0.80	≤0.035	≤0.035	375	630	14	40	31	241	207
55	0.52~0.60	0.17~0.37	0.50~0.80	≤0.035	≤0.035	380	645	13	35	—	255	217
60	0.57~0.65	0.17~0.37	0.50~0.80	≤0.035	≤0.035	400	675	12	35	—	255	229
65	0.62~0.70	0.17~0.37	0.50~0.80	≤0.035	≤0.035	410	695	10	30	—	255	229
70	0.67~0.75	0.17~0.37	0.50~0.80	≤0.035	≤0.035	420	715	9	30	—	269	229
75	0.72~0.80	0.17~0.37	0.50~0.80	≤0.035	≤0.035	880	1080	7	30	—	285	241
80	0.77~0.85	0.17~0.37	0.50~0.80	≤0.035	≤0.035	930	1080	6	30	—	285	241

(续)

牌号	化学成分（%）					力学性能					钢材交货状态硬度 HBW	
	C	Si	Mn	S	P	R_{eL}/MPa	R_m/MPa	A（%）	Z（%）	K/J	未热处理钢	退火钢
						≥						
85	0.82~0.90	0.17~0.37	0.50~0.80	≤0.035	≤0.035	980	1130	6	30	—	302	255
15Mn	0.12~0.18	0.17~0.37	0.70~1.00	≤0.035	≤0.035	245	410	26	55	—	163	—
20Mn	0.17~0.23	0.17~0.37	0.70~1.00	≤0.035	≤0.035	275	450	24	50	—	197	—
25Mn	0.22~0.29	0.17~0.37	0.70~1.00	≤0.035	≤0.035	295	490	22	50	71	207	—
30Mn	0.27~0.34	0.17~0.37	0.70~1.00	≤0.035	≤0.035	315	540	20	45	63	217	187
35Mn	0.32~0.39	0.17~0.37	0.70~1.00	≤0.035	≤0.035	335	560	18	45	55	229	197
40Mn	0.37~0.44	0.17~0.37	0.70~1.00	≤0.035	≤0.035	355	590	17	45	47	229	207
45Mn	0.42~0.50	0.17~0.37	0.70~1.00	≤0.035	≤0.035	375	620	15	40	39	241	217
50Mn	0.47~0.56	0.17~0.37	0.70~1.00	≤0.035	≤0.035	390	645	13	40	31	255	217
60Mn	0.57~0.65	0.17~0.37	0.70~1.00	≤0.035	≤0.035	410	690	11	35	—	269	229
65Mn	0.62~0.70	0.17~0.37	0.90~1.20	≤0.035	≤0.035	430	735	9	30	—	285	229
70Mn	0.67~0.75	0.17~0.37	0.90~1.20	≤0.035	≤0.035	450	785	8	30	—	285	229

（2）性能及用途　由表4-3可知，优质碳素结构钢中的低碳钢强度、硬度不高，但是塑性、韧性以及焊接性能良好，常用于制作各种冲压件、焊接件和强度要求不高的零件，例如发动机油底壳、燃油箱、车身外壳（图4-8）、离合器盖、变速叉、轮胎螺栓和螺母等；中碳钢具有较高的强度和硬度，可加工性良好，经过热处理后具有良好的综合力学性能，常用于制作受力较大的汽车零件，例如机油泵齿轮（图4-9）、飞轮齿轮、万向节叉、离合器从动盘、连杆等；高碳钢具有高的强度、硬度和良好的弹性，常用于制作各种弹性件和耐磨件，例如气门弹簧（图4-10）、离合器压盘弹簧、活塞销卡簧、空气压缩机阀片、弹簧垫圈等。

表4-4是常用优质碳素结构钢在汽车上的应用。

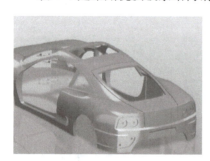
图4-8　车身外壳

图4-9　机油泵齿轮

图4-10　气门弹簧

表 4-4 常用优质碳素结构钢在汽车上的应用

牌 号	种 类	主 要 性 能	应 用 举 例
08F、10F、15F	低碳沸腾钢	强度、硬度很低，焊接性能良好	驾驶室外壳、油底壳、燃油箱、离合器盖等冲压件
10、15、20、25	低碳钢	强度、硬度低，塑性、韧性和焊接性能良好	轮胎螺栓、螺母、发动机气门调整螺钉、离合器调整螺栓、曲轴箱调整螺栓、离合器分离杠杆、风扇叶片、驻车制动器手柄等
30、35、40、45、50、55	中碳钢	综合力学性能良好	曲轴正时齿轮、半轴螺栓锥形套、机油泵齿轮、连杆螺母、气缸盖定位销、气门推杆、同步器锁销、变速杆、凸轮轴、曲轴、离合器踏板轴及分离叉、离合器从动盘等
60、65、70	高碳钢	经热处理后有较高的强度、硬度和弹性	气门弹簧、转向纵拉杆弹簧、离合器压盘弹簧、活塞销卡簧、拖曳钩弹簧等

3. 碳素工具钢

（1）牌号　碳素工具钢的牌号用"碳"字汉语拼音首位字母"T"加上数字表示，数字表示钢中平均碳的质量分数（以千分之几计）。例如牌号 T8、T12 分别表示其平均碳的质量分数为 0.8% 和 1.2%。若是高级优质碳素工具钢，则在数字后面加符号"A"，例如 T10A。

（2）性能及用途　碳素工具钢价廉易得，易于锻造成形，可加工性较好。但碳素工具钢的热硬性（即在高温时仍保持切削所需硬度的能力）较差，热处理变形开裂倾向大，因此，仅适用于制造小型手工刀具、木工工具以及精度要求不高、形状简单、尺寸小、载荷小的小型冷作模具，例如剪刀（图 4-11）、锉刀（图 4-12）、锯条、手用丝锥（图 4-13）等。常用碳素工具钢牌号、化学成分及用途见表 4-5。

图 4-11　剪刀

图 4-12　锉刀

图 4-13　手用丝锥

表 4-5　常用碳素工具钢牌号、化学成分及用途

| 牌号 | 化学成分（%） | | | 硬　度 | | 应用举例 |
	C	Si	Mn	供应状态 HBW ≤	淬火后 HRC ≥	
T7 T7A	0.65～0.74	≤0.35	≤0.40	187	62	承受冲击、韧性较好、硬度适当的工具，例如扁铲、钳子、锤子、螺钉旋具、木工工具等
T8 T8A	0.75～0.84	≤0.35	≤0.40	187	62	承受冲击、要求较高硬度的工具，例如冲头、压缩空气工具、木工工具等

（续）

牌号	化学成分（%）			硬度		应用举例
	C	Si	Mn	供应状态 HBW ≤	淬火后 HRC ≥	
T9 T9A	0.85~0.94	≤0.35	≤0.40	192	62	韧性中等、硬度要求较高的工具，例如冲头、木工工具、凿岩工具等
T10 T10A	0.95~1.04			197	62	不受剧烈冲击、要求高硬度、高耐磨性的工具，例如车刀、刨刀、丝锥、钻头、手锯条等
T12 T12A	1.15~1.24			207	62	不受冲击、要求高硬度、高耐磨性的工具，例如锉刀、刮刀、精车刀、螺钉旋具、量具等
T13 T13A	1.25~1.35			217	62	同上。要求更耐磨的工具，例如刮刀、剃刀等

4. 铸造碳钢

（1）牌号　铸造碳钢简称为铸钢。其牌号有两种表示方法。①用力学性能表示时，用"铸钢"两字汉语拼音首位字母"ZG"后边加两组数字表示，第一组数字表示屈服强度的最低值，第二组数字表示抗拉强度的最低值。例如 ZG200-400，表示 $R_{eL} \geq 200MPa$，$R_m \geq 400MPa$ 的铸钢。②用化学成分表示时，在"ZG"后面的一组数字表示铸钢平均碳的质量分数（以万分之几计），其后面排列的是各主要合金元素符号及其质量分数。例如 ZG37SiMn2MoV 钢，表示其碳的平均质量分数为 0.37%，锰的质量分数为 2%，硅、钼、钒的质量分数均小于 1.5%。

（2）性能及用途　铸钢是冶炼后直接铸造成形的钢种。生产中形状复杂的零件，常用铸造方法成形，若用铸铁铸造难以满足力学性能要求，这时常采用铸钢铸造，例如汽车的变速器壳、驱动桥壳（图4-14）、火车的车钩、车轮（图4-15）、联轴器等。常用铸钢的牌号、性能及用途见表4-6，常用铸钢在汽车上的应用见表4-7。

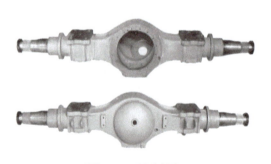

图4-14　驱动桥壳

图4-15　车轮

表 4-6 常用铸钢的牌号、力学性能与用途

种类	牌号	对应旧牌号	力学性能（≥）					应用举例
			R_{eL}/MPa	R_m/MPa	$A(\%)$	$Z(\%)$	K/J	
一般工程用铸钢	ZG200-400	ZG15	200	400	25	40	30	良好的塑性、韧性和焊接性能，用于受力不大、要求高韧性的零件
	ZG230-450	ZG25	230	450	22	32	25	一定的强度、较好的韧性和焊接性能，用于受力不大、要求高韧性的零件
	ZG270-500	ZG35	270	500	18	25	22	较高的强度、韧性，用于受力较大且有一定韧性要求的零件，例如连杆、曲轴
	ZG310-570	ZG45	310	570	15	21	15	较高的强度和较低的韧性，用于载荷较大的零件，例如大齿轮、制动轮
	ZG340-640	ZG55	340	640	10	18	10	高的强度、硬度和耐磨性，用于齿轮、棘轮、联轴器叉头等
焊接结构用铸钢	ZG200-400H	ZG15	200	400	25	40	30	由于碳的质量分数偏下限，故焊接性能优良，其用途基本与 ZG200-400、ZG230-450、ZG270-500 相同
	ZG230-450H	ZG20	230	450	22	35	25	
	ZG275-485H	ZG25	275	485	20	35	22	

表 4-7 常用铸钢在汽车上的应用

牌号	应用举例
ZG270-500	机油管法兰、车门限制器限制块等
ZG310-570	进排气歧管压板、风扇过渡法兰、前减振器下支架、变速叉、起动爪等
ZG340-640	齿轮、棘轮等

4.2 合 金 钢

汽车上一些受力复杂的重要零件，例如变速器齿轮、半轴、活塞销、气门等，如果采用碳素钢制造，并不能满足其性能要求。因此，在汽车制造中还广泛应用了合金钢。所谓合金钢，是指在碳素钢的基础上，为了改善钢的某些性能，在冶炼时有目的地加入一些合金元素炼成的钢。常用的合金元素有硅（Si）、锰（Mn）、铬（Cr）、镍（Ni）、钨（W）、钼（Mo）、钒（V）、硼（B）、铝（Al）、钛（Ti）和稀土元素（RE）等。

合金钢和碳素钢相比有许多优点：在相同的淬火条件下，能获得更深的淬硬层；具有良好的综合力学性能；具有良好的耐磨性、耐蚀性和耐高温性等特殊性能。但合金钢冶炼成本高，价格昂贵，焊接和热处理工艺性也较为复杂。为保证使用的可靠性，汽车上的重要零件大多采用合金钢制造。常见的用合金钢制造的汽车零件如图 4-16 所示。

图 4-16 常见的用合金钢制造的汽车零件

a) 变速器齿轮 b) 半轴 c) 连杆 d) 滚动轴承 e) 活塞销 f) 十字轴 g) 气门 h) 保险杠

4.2.1 合金钢的分类及牌号

1. 合金钢的分类

（1）按合金钢的用途分类

1）合金结构钢——用来制造各种重要机械零件和工程结构件。

2）合金工具钢——用来制造各种重要的加工工具，例如刃具、量具和模具等。

3）特殊性能钢——用来制造具有特殊性能要求的结构件和机械零件。

（2）按合金元素的含量分类

1）低合金钢——合金元素总质量分数小于5%。

2）中合金钢——合金元素总质量分数为5%～10%。

3）高合金钢——合金元素总质量分数大于10%。

此外，还可以按合金元素的种类分类，有锰钢、铬钢、硅锰钢等。

2. 合金钢的牌号

根据国家标准的规定，合金钢的牌号采用"数字＋合金元素符号＋数字"的方法表示。

（1）合金结构钢 合金结构钢牌号的前两位数字表示钢中碳的平均质量分数，以万分数计。合金元素符号后面的数字表示该元素的平均质量分数，若合金元素的质量分数小于1.5%，一般不标出。例如：60Si2Mn 表示碳的平均质量分数为0.60%，硅的平均质量分数为2%，锰的平均质量分数小于1.5%的合金结构钢。

低合金高强度钢的新牌号由屈服强度的"屈"字汉语拼音首位字母"Q"＋屈服强度值＋质量等级符号（A、B、C、D、E）三部分按顺序组成。例如：Q345A 表示屈服强度为345MPa，质量等级为A级的低合金高强度钢。如果是专用结构钢，一般在低合金高强度钢表示方法的基础上附加钢产品的用途符号。例如：Q345HP 表示焊接气瓶用钢；Q345R 表示压力容器用钢；Q390G 表示锅炉用钢；Q420Q 表示桥梁用钢。

（2）合金工具钢　合金工具钢牌号的前一位数字表示钢中碳的平均质量分数，以千分数计。若碳的平均质量分数超过1%，一般不标出。合金元素质量分数的表示方法同合金结构钢。例如：9SiCr表示碳的平均质量分数为0.9%，硅和铬的平均质量分数均小于1.5%的合金工具钢；Cr12MoV表示碳的平均质量分数大于1%，铬的平均质量分数为12%，钼和钒的平均质量分数均小于1.5%的合金工具钢。

高速钢的碳的质量分数的表示方法有所不同，虽然其碳的质量分数小于1%，但也不标出，例如W18Cr4V。

（3）滚动轴承钢　滚动轴承钢牌号的表示方法和合金工具钢基本相同，要注意的是铬元素后面的数字是表示含铬量（以千分之几计），并在牌号前冠上字母"G"。例如：GCr15SiMn表示铬的平均质量分数为1.5%，硅和锰的平均质量分数均小于1.5%的滚动轴承钢。

（4）特殊性能钢　特殊性能钢牌号的表示方法与合金结构钢基本相同。例如：20Cr13表示碳的平均质量分数为0.20%，铬的平均质量分数为13%的特殊性能钢；06Cr18Ni9表示碳的平均质量分数为0.06%，铬的平均质量分数为18%，镍的平均质量分数为9%的特殊性能钢。

4.2.2　合金结构钢

合金结构钢是在优质或高级优质碳素结构钢的基础上加入适量合金元素的钢，按其用途可分为工程用钢和机械制造用钢两大类。工程用钢主要用于制造汽车大梁等各种工程构件，工程用钢的合金元素含量较少，所以又称为低合金结构钢，常用的有低合金高强度结构钢。机械制造用钢主要用于制造各种机械零件，按其用途和热处理特点不同，可分为合金渗碳钢、合金调质钢、合金弹簧钢和滚动轴承钢等。

1. 低合金高强度结构钢

低合金高强度结构钢是在低碳钢的基础上加入少量合金元素（一般小于3%）得到的，具有较高的强度。

（1）化学成分　低合金高强度结构钢碳的质量分数在0.12%~0.25%之间，合金元素的含量一般小于3%，其成分特点为低碳、低合金元素含量，所加入的合金元素主要有锰、钒、钛等。由于合金元素的存在，低合金高强度结构钢比相同碳的质量分数的碳素钢的强度高30%~50%，并且具有良好的塑性、韧性、耐蚀性和焊接性，还具有比碳素结构钢更低的韧脆转变温度（一般为-30°左右），这对北方高寒地区使用的构件及运输工具具有十分重要的意义。

（2）性能及用途　低合金高强度结构钢一般是经过热轧，在空气中冷却后而成，加工成构件后不需要热处理就可以直接使用。用低合金高强度结构钢替代碳素钢可以提高构件强度，减轻构件重量，延长使用寿命。低合金高强度结构钢广泛用于制造桥梁（图4-17）、船舶（图4-18）、车辆和高压容器（图4-19）等。

常用低合金高强度结构钢的牌号、力学性能及用途见表4-8。低合金高强度结构钢在汽车上主要用于汽车大梁（图4-20）、汽车保险杠（图4-21）等，在汽车上的应用见表4-9。

图 4-17　桥梁

图 4-18　船舶

图 4-19　高压容器

图 4-20　汽车大梁

图 4-21　汽车保险杠

表 4-8　常用低合金高强度结构钢的牌号、力学性能及用途

牌号	质量等级	力学性能				相当于旧牌号	应用举例
		R_{eL}/MPa	R_m/MPa	A（%）	K/J		
Q295	A B	295	390~570	23 23	— 34（20°）	09MnV 09MnVNb 09Mn2 12Mn	车辆冲压件，建筑金属构件，输油管，储油罐，低压锅炉锅筒，低、中压容器，有低温要求的金属构件
Q345	A B C D E	345	470~630	21 21 22 22 22	— 34（20°） 34（0°） 34（-20°） 27（-40°）	12MnV 14MnNb 16Mn 18Nb 16MnRE	各种大型船舶，铁路车辆，桥梁，管道，锅炉、压力容器，石油储罐，起重及矿山机械，建筑结构
Q390	A B C D E	390	490~650	19 19 20 20 20	— 34（20°） 34（0°） 34（-20°） 27（-40°）	15MnV 15MnTi 16MnNb	中、高压锅筒，中、高压石油化工设备，大型船舶、桥梁、车辆及其他承受较高载荷的大型焊接结构
Q420	A B C D E	420	520~680	18 18 19 19 19	— 34（20°） 34（0°） 34（-20°） 27（-40°）	15MnVN 14MnVTiRE	中、高压锅炉及压力容器，大型船舶、车辆、电站设备
Q460	C D E	460	550~720	17 17 17	34（0°） 34（-20°） 27（-40°）	14MnMoV 18MnMoNb	中温高压容器（<120℃），锅炉、化工、石油高压厚壁容器（<100℃），鸟巢

注：表中各牌号试样尺寸（厚度或直径）小于16mm。

表4-9 常用低合金高强度结构钢在汽车上的应用

牌　号	应 用 举 例
Q295A	散热器固定架底板、风扇叶片、车架横梁等
Q345B	车架纵梁、车架横梁、油箱托架、车架角撑、蓄电池固定厚板等
Q390B	车架前横梁、车架中横梁、前保险杠、车架角撑等

2. 合金渗碳钢

合金渗碳钢是指经渗碳、淬火、低温回火的钢。

（1）化学成分及性能　这类钢中碳的质量分数在0.10%~0.25%之间。通过渗碳处理使表面达到高碳（w_C=0.85%~1.05%），而心部仍是较低的含碳量，使这类钢经热处理后可以达到"表硬心韧"的性能，即能保证钢的表面具有高的强度和硬度，而心部具有足够的塑性和韧性。钢中常加入铬、镍、锰、硼等合金元素以提高钢的强度和淬透性，加入钒、钛等元素以细化晶粒，提高渗碳层的耐磨性。

（2）用途　汽车上有许多零件是在高速、重载荷、强烈冲击和剧烈摩擦的状态下工作的，例如变速齿轮（图4-22）、万向节十字轴（图4-23）、活塞销（图4-24）、气门挺杆等。它们的表面要求具有高硬度、高耐磨性，而心部则要求具有高的强度和韧性，这些零件大多采用合金渗碳钢制造。

图4-22　变速齿轮

图4-23　万向节十字轴

图4-24　活塞销

合金渗碳钢种类很多，在汽车上用量也很大，15Cr、20Cr、18CrMnTi、20CrMnTi及20MnTiB使用得最为广泛。近几年，含硼的渗碳钢（20Mn2B、20MnVB）在汽车上也被广泛采用，并用来代替20CrMnTi以节约贵重合金元素铬。常用合金渗碳钢的牌号、力学性能及用途见表4-10。表4-11是常用合金渗碳钢在汽车上的应用。

表4-10 常用合金渗碳钢的牌号、力学性能及用途

牌　号	热处理工艺				力学性能（不小于）					应用举例
	渗碳/℃	第一次淬火温度/℃	第二次淬火温度/℃	回火温度/℃	R_{eL}/MPa	R_m/MPa	A(%)	Z(%)	K/J	
20Mn2	900~950	850（水、油）	—	200（水、空气）	590	785	10	40	47	代替20Cr等
15Cr		880（水、油）	780（水）~820（油）		490	735	11	45	55	船舶主机螺钉、活塞销、凸轮、机车小零件及心部韧性高的渗碳零件

（续）

牌号	热处理工艺				力学性能（不小于）					应用举例
	渗碳/℃	第一次淬火温度/℃	第二次淬火温度/℃	回火温度/℃	R_{eL}/MPa	R_m/MPa	$A(\%)$	$Z(\%)$	K/J	
20Cr	900~950	880（水、油）	780（水）~820（油）	200（水、空气）	540	835	10	40	47	机床齿轮、齿轮轴、蜗杆、活塞销及气门顶杆等
20MnV		880（水、油）	—		590	735	10	40	55	代替20Cr等
20CrMnTi		880（油）	870（油）		853	1080	10	45	55	汽车、拖拉机的齿轮、凸轮，是Cr-Ni钢代用品
20Mn2B		880（油）	—		885	1080	10	50	55	代替20Cr、20CrMnTi等
12CrNi3		860（油）	780（油）		685	930	11	50	71	大齿轮、轴
20CrMnMo		850（油）	—		885	1175	10	45	55	代替含镍较高的渗碳钢作为大型拖拉机齿轮、活塞销等大截面渗碳件
20MnVB		860（油）	—		885	1080	10	45	55	代替20CrMnTi、20CrNi等
12Cr2Ni4		860（油）	780（油）		835	1080	10	50	71	大齿轮、轴
20Cr2Ni4		880（油）	780（油）		1080	1175	10	45	63	大型渗碳齿轮、轴及飞机发动机齿轮
18Cr2Ni4WA		950（空气）	850（空气）		835	1175	10	45	78	坦克齿轮、高速柴油机、飞机发动机曲轴、齿轮

注：表中各牌号力学性能试验用试样尺寸（厚度或直径）为15mm。

表4-11 常用合金渗碳钢在汽车上的应用

牌号	应用举例
15Cr	活塞销、气门挺杆及调整螺栓、气门弹簧座等
20CrMnTi	变速齿轮、齿套、半轴齿轮、万向节和差速器十字轴等
15MnVB	变速轴、变速齿轮、齿套、钢板弹簧中心螺栓等
20MnVB	减速器齿轮、万向节十字轴、差速器十字轴、传动轴十字轴等

3. 合金调质钢

合金调质钢是指经调质处理的钢。

（1）用途　汽车结构中的某些重要零件，如发动机的连杆（图4-25）、重载汽车曲轴（图4-26）、汽车底盘的万向节、半轴（图4-27）等，都是在多种载荷下工作，承受载荷情况较为复杂，因此，既要求零件具有良好的综合力学性能（良好的强韧性配合），又要求有较高的韧性。这类零件通常由合金调质钢制造。

图 4-25　连杆　　　　图 4-26　重载汽车曲轴　　　　图 4-27　汽车半轴

（2）化学成分及性能　合金调质钢中碳的质量分数一般在 0.25%~0.50% 之间，属于中碳钢。其中常加入铬、锰、镍、硼等合金元素以增加钢的淬透性，提高钢的强度，其中镍还可以提高钢的韧性。加入钨、钼、钒、钛等合金元素可细化晶粒，提高钢的回火稳定性。

40Cr 钢是最常用的合金调质钢，其强度比 40 钢提高了 20%，并具有良好的塑性，常用于制造转向节、气缸盖螺栓等。为节约铬元素，可用 40MnB 或 40MnVB 代替 40Cr。合金调质钢的热处理是调质（淬火 + 高温回火），如果要求零件表面有较高的硬度和耐磨性，可以在调质后进行表面热处理。

常用合金调质钢的牌号、力学性能及用途见表 4-12。表 4-13 是常用合金调质钢在汽车上的应用。

表 4-12　常用合金调质钢的牌号、力学性能及用途

牌号	热处理工艺				力学性能≥					应用举例
	淬火		回火		R_{eL}/MPa	R_m/MPa	A (%)	Z (%)	K/J	
	温度/℃	介质	温度/℃	介质						
40Mn	840	水	600	水、油	335	590	15	45	47	轴、曲轴、连杆、螺栓、螺母、万向接头轴
40Cr	850	油	520	水、油	785	980	9	45	47	汽车后半轴、机床齿轮、花键轴、顶尖套、曲轴、连杆、转向节臂
45Mn2	840	油	550	水、油	735	885	10	45	47	轴、蜗杆、连杆等
40MnB	850	油	500	水、油	785	980	10	45	47	汽车转向轴、半轴、蜗杆
40MnVB	850	油	520	水、油	785	980	10	45	47	半轴、转向节臂、转向节主销
35SiMn	900	水	570	水、油	735	885	15	45	47	除要求低温（-20℃）韧性很高的情况外，可全面代替 40Cr 作为调质件
40CrNi	820	油	520	水、油	785	980	10	45	55	重型机械齿轮、轴、燃气轮机叶片、转子和轴
40CrMn	840	油	550	水、油	835	980	9	45	47	在高速、高载荷下工作的轴、齿轮、离合器

（续）

牌号	热处理工艺				力学性能≥					应用举例
	淬火		回火		R_{eL}/MPa	R_m/MPa	A(%)	Z(%)	K/J	
	温度/℃	介质	温度/℃	介质						
35CrMo	850	油	550	水、油	835	980	12	45	63	主轴、大电机轴、曲轴、锤杆
30CrMnSi	880	油	520	水、油	885	1080	10	45	39	高压鼓风机叶片、联轴器、砂轮轴、齿轮、螺栓、螺母、轴套
38CrMoAlA	940	水、油	640	水、油	835	980	14	50	71	氮化件如镗杆、蜗杆、高压阀门、精密齿轮、精密丝杠等
37CrNi3	820	油	500	水、油	980	1130	10	50	47	活塞销、凸轮轴、齿轮、重要螺栓、拉杆
25Cr2Ni4WA	850	油	550	水	930	1080	11	45	71	截面φ=200mm以下要求淬透的大截面重要零件
40CrNiMoA	850	油	600	水、油	835	980	12	55	78	重型机械中高载荷的轴类，例如汽轮机轴、锻压机的偏心轴、压力机曲轴、航空发动机轴
40CrMnMo	850	油	600	水、油	785	980	10	45	63	8t货车的后桥半轴、齿轮轴、偏心轴、齿轮、连杆等

表 4-13 常用合金调质钢在汽车上的应用

牌号	应用举例
40Cr	发动机支架固定螺栓、差速器壳螺栓、气缸盖螺栓、减振器销、水泵轴、连杆盖、曲轴、连杆等
40MnB	半轴、水泵轴、变速器轴、转向节、转向臂、传动轴花键、万向节叉、气缸盖螺栓、连杆螺栓等
45Mn2	进气门、半轴套管、钢板弹簧U形螺栓等
50Mn2	离合器从动盘、减振盘等

4. 合金弹簧钢

合金弹簧钢是用于制造弹簧和弹性元件的专用钢。

（1）用途 弹簧是汽车、机械和仪表中的重要零件，它利用弹性变形时所储存的能量，缓和机械设备的振动和冲击作用。例如，汽车上的钢板弹簧（图4-28）、离合器压紧弹簧（图4-29），火车上的缓冲弹簧（图4-30）、钟表发条、阀门弹簧等。

图 4-28 钢板弹簧

图 4-29 离合器压紧弹簧

图 4-30 火车上的缓冲弹簧

（2）化学成分及性能　合金弹簧钢中碳的质量分数比调质钢的高，一般为0.46%～0.70%。钢中常加入锰、硅、铬等合金元素以提高钢的强度和弹性极限，有重要用途的弹簧钢还加入少量的钼、钨、钒等合金元素，以提高其韧性和回火稳定性。

弹簧是汽车的重要构件，它具有能量储存、自动控制、缓冲平衡、固定复位、安全减振等作用。通常一辆汽车上装有50～60种、100多件弹簧，用于悬架、发动机、离合器、制动器等重要部位。

常用合金弹簧钢的牌号、力学性能及用途见表4-14。表4-15是常用合金弹簧钢在汽车上的应用。

表4-14　常用合金弹簧钢的牌号、力学性能及用途

牌号	热处理工艺		力学性能≥				应用举例
	淬火温度/℃	回火温度/℃	R_{eL}/MPa	R_m/MPa	A(%)	Z(%)	
65Mn	830（油）	540	430	750	8	30	气阀弹簧、离合器弹簧、摇臂轴定位弹簧
55Si2Mn	870（油）	480	1200	1300	6	30	汽车、拖拉机、机车上的减振板簧和螺旋弹簧
60Si2Mn	870（油）	480	1200	1300	5	25	汽车、拖拉机、机车上的减振板簧和螺旋弹簧
55SiMnVB	860（油）	460	1226	1373	5	30	代替60Si2Mn钢制作汽车板簧和其他中等截面的板簧和螺旋弹簧
50CrVA	850（油）	500	1150	1300	10	40	用作高载荷重要弹簧及工作温度＜300℃的阀门弹簧、活塞弹簧、安全阀弹簧等

表4-15　常用合金弹簧钢在汽车上的应用

牌号	应用举例
65Mn	气门弹簧、制动室复位弹簧、摇臂轴定位弹簧、离合器压紧弹簧
55Si2Mn	钢板弹簧
60Si2Mn	钢板弹簧、牵引钩弹簧
55SiMnVB	钢板弹簧

5. 滚动轴承钢

滚动轴承钢用来制造各种滚动轴承（图4-31）元件，例如轴承内、外套圈和滚动体（滚珠、滚柱、滚针）（图4-32），属于专用结构钢。滚动轴承工作时承受很大的局部交变载荷，滚动体与套圈间接触应力较大，易使轴承工作表面产生接触疲劳破坏和磨损。因此，要求轴承钢具有高的硬度、耐磨性、弹性极限和接触疲劳极限，足够的韧性和耐蚀性。

（1）化学成分　滚动轴承钢中碳的质量分数较高，一般为0.95%～1.15%，以保证钢有高的硬度和耐磨性。其中常加入0.45%～1.65%的铬，以提高钢的淬透性和耐磨性；对于大型轴承用钢还加入硅、锰等合金元素，以使钢具有足够的韧性和疲劳极限。滚动轴承钢对硫、磷的含量要求严格（$w_S<0.025\%$，$w_P<0.030\%$），因此它是一种高级优质钢，但其牌号后面没有符号"A"。

（2）用途　滚动轴承钢除用于轴承外，还用于制造其他耐磨零件，例如汽车的油泵柱塞（图4-33）、喷油嘴、针阀等，也可制造形状复杂的工具、冲压模具和精密量具。常用滚

动轴承钢的牌号、热处理及用途见表 4-16。

图 4-31 滚动轴承

图 4-32 滚动轴承元件

图 4-33 油泵柱塞

表 4-16 常用滚动轴承钢的牌号、热处理及用途

牌 号	热 处 理			应 用 举 例
	淬火温度/℃	回火温度/℃	回火后硬度/HRC	
GCr9	810 ~ 830	150 ~ 170	62 ~ 66	直径小于 20mm 的滚珠、滚柱及滚针
GCr15	825 ~ 845	150 ~ 170	62 ~ 66	中、小型轴承
GCr15SiMn	820 ~ 840	150 ~ 170	≥62	大型轴承或特大轴承的滚动体和内外套
GSiMnV	780 ~ 810	150 ~ 170	≥62	可代替 GCr15 钢
GSiMnVRE	780 ~ 810	150 ~ 170	≥62	可代替 GCr15 及 GCr15SiMn 钢
GSiMnMoV	770 ~ 810	165 ~ 175	≥62	可代替 GCr15SiMn 钢

6. 超高强度钢

超高强度钢是指屈服强度大于 1400MPa、抗拉强度大于 1500MPa，兼有适当韧性的合金钢。它是在合金调质钢的基础上加入多种合金元素而形成和发展起来的。我国常用的超高强度钢有 30CrMnTiNi2A、4Cr5MoVSi 等。超高强度钢主要用作航空、航天工业的结构材料，例如飞机主梁、起落架、发动机结构零件等。

4.2.3 合金工具钢

碳素工具钢经热处理后能达到很高的硬度和耐磨性，但因其淬透性低，淬火变形倾向大，热硬性差，因此，仅适用于制造尺寸较小、形状简单、精度低的模具、量具和低速手用刀具。合金工具钢是在碳素工具钢的基础上加入适量合金元素制成的。由于合金元素的加入，提高了钢的强度、淬透性和热硬性，减小了变形开裂倾向。因此，尺寸较大、形状复杂、精度要求高的模具、量具以及切削速度较高的刀具，都应采用合金工具钢来制造。合金工具钢按其用途不同，可分为合金刃具钢、合金模具钢和合金量具钢。

1. 合金刃具钢

合金刃具钢主要用于制造各种切削工具，例如车刀、铣刀等。刀具在切削过程中承受着高温、高压和剧烈的摩擦，因此，要求刃具钢必须具有高的硬度、耐磨性、热硬性以及足够的强度和韧性。合金刃具钢分为低合金刃具钢和高速钢两种。

(1) 低合金刃具钢

① 化学成分。低合金刃具钢中碳的质量分数为 0.80%~1.50%，合金元素的质量分数为 3%~5%。其中常加入铬、锰、硅、钨、钒等合金元素，以提高钢的淬透性、回火稳定性和耐磨性。但由于钢中合金元素加入量较少，这类钢的工作温度一般不超过 300℃。低合金刃具钢主要用于制造切削速度较低，尺寸较大或形状复杂的切削刀具。

② 用途。常用的低合金刃具钢有 9SiCr、CrWMn 和 9Mn2V 等。其中，9SiCr 钢有较高的硬度和耐磨性，常用于制造丝锥（图 4-34）、板牙（图 4-35）、铰刀（图 4-36）等；CrWMn 钢的硬度高于 9SiCr 钢，可达到 64~66HRC，且热处理变形小，所以，常用于制造较精密的刀具，例如长丝锥、长铰刀等。

低合金刃具钢的热处理为球化退火，淬火后低温回火。

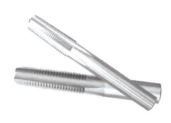  

图 4-34　丝锥　　　　　图 4-35　板牙　　　　　图 4-36　铰刀

(2) 高速钢　高速钢是一种高碳、高合金元素质量分数的刃具钢，它以能高速切削而得名。这类钢热处理后具有高的热硬性，在其切削温度高达 600℃ 时，仍能保持高硬度（60HRC 以上）和高耐磨性。高速钢还具有很高的淬透性，在空气中冷却也能淬硬，并且刃口锋利，故又称为"锋钢"，主要用于制造重要的、形状复杂的高速切削刀具。

① 化学成分。高速钢中碳的质量分数为 0.70%~1.65%，较高的含碳量主要是保证其具有高硬度和高耐磨性。其中常加入钨、钼、铬、钒等合金元素，其总量超过 10%，从而大大提高了钢的淬透性和回火稳定性，使高速钢在高速、高温下进行切削时仍有很高的热硬性和耐磨性。

② 用途。常用的高速钢有 W18Cr4V、W6Mo5Cr4V2 等。其中，W18Cr4V 钢是发展最早、应用最广泛的高速工具钢，其热硬性高，过热和脱碳倾向小，但韧性较差，主要用于制造中速切削刀具或结构复杂的低速切削的刀具，例如拉刀（图 4-37）、齿轮刀具（图 4-38）等；W6Mo5Cr4V2 钢可作为 W18Cr4V 钢的代用品，与 W18Cr4V 钢相比，其热硬性稍差，但韧性和耐磨性较高，主要用于制造耐磨性和韧性配合较好的刀具，尤其适宜制作麻花钻头（图 4-39）等薄刃刀具。

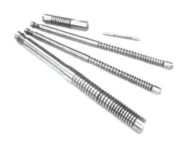  

图 4-37　拉刀　　　　　图 4-38　齿轮刀具　　　　　图 4-39　麻花钻头

高速钢的热处理为高温（1270～1280℃）淬火后进行3次高温（560℃）回火。

2. 合金模具钢

合金模具钢按使用条件不同，分为冷作模具钢、热作模具钢和塑料模具钢。

（1）冷作模具钢　冷作模具钢用于制造在冷态下变形或分离的模具，例如冷冲模（图4-40）、冷镦模、冷挤压模等。图4-41所示的汽车外板冷冲模和图4-42所示的汽车保险杠模具都是由冷作模具钢制作的。冷作模具工作时承受很大的压力、弯曲力、冲击载荷和摩擦力，因此要求模具工作部分有高的硬度（50～60HRC）、耐磨性、强度和韧性。

图4-40　冷冲模　　　　图4-41　汽车外板冷冲模　　　　图4-42　汽车保险杠模具

① 化学成分。冷作模具钢中碳的质量分数为1.0%～2.0%，较高的含碳量是为了保证其具有高硬度和高耐磨性。其中常加入铬、钨、钼、钒等合金元素，以提高钢的耐磨性、淬透性和回火稳定性。

② 用途　目前广泛应用的是Cr12型钢，例如Cr12、Cr12MoV、Cr12Mo1V1等。Cr12型钢具有很高的硬度（约1820HV）和耐磨性、较高的强度和韧性、热处理变形小等特点，主要用于制作大截面、形状复杂、变形要求严格的冷作模具。截面较大、形状较复杂、淬透性要求较高的冷作模具可以选用低合金工具钢9SiCr、9Mn2V或GCr15钢制造。

（2）热作模具钢　热作模具钢是用来制造使加热的金属或液体金属成形的模具，例如热锻模、热挤压模、压铸模等。热作模具工作时承受剧烈摩擦、较高温度和大的冲击载荷以及强烈的冷热循环，导致模具易出现崩裂、磨损、塌陷、龟裂等失效现象。因此，要求热作模具钢在高温下应具有高的热硬性、耐磨性、高的抗氧化能力、高的热强性和足够的韧性。此外，对尺寸较大的热作模具，还要求有高的淬透性，以保证模具整体性能均匀，且热处理变形要小。

① 化学成分。热作模具钢中碳的质量分数为0.3%～0.6%，以保证有良好的强度、硬度和韧性配合。加入镍、铬、钼、锰、硅等合金元素，可提高其强度、韧性、淬透性、抗热疲劳性及回火稳定性。

② 用途。5CrMnMo和5CrNiMo是最常用的热作模具钢，它们有较高的强度、耐磨性和韧性，优良的淬透性和良好的抗热疲劳性能，主要用于制作大中型热锻模。根据我国资源情况，应尽可能采用5CrMnMo钢。对于在静压下使金属变形的热挤压模、压铸模（图4-43），常选用高温性能较好的3Cr2W8V钢或4Cr5W2VSi钢制作。

（3）塑料模具钢　塑料模具包括塑料模和胶木模等。它们都用于在不超过200℃的低温加热状态下，将细粉或颗粒状塑料压制成形的模具。塑料模具在工作时，持续受热、受压，并受到一定程度的摩擦和有害气体的腐蚀，因此，塑料模具钢要求在200℃时具有足够的强度和韧性，并具有较高的耐磨性和耐蚀性。

 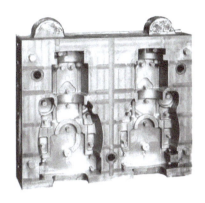

图 4-43　汽车四缸压铸模

目前常用的塑料模具钢主要为 3Cr2Mo，用于中型塑料模具。其 $w_C = 0.3\%$ 可保证热处理后获得良好的强韧性配合及较高的硬度和耐磨性，加入铬、钼等合金元素，可提高其淬透性，减小变形。

3. 合金量具钢

合金量具钢用来制作各种测量工具，例如游标卡尺（图 4-44）、千分尺（图 4-45）、量块、塞规（图 4-46）等。量具工作时主要受摩擦和磨损，承受外力很小，因此，要求合金量具钢有高的硬度（62~65HRC）、高的耐磨性和良好的尺寸稳定性。

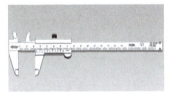  

图 4-44　游标卡尺　　　　图 4-45　千分尺　　　　图 4-46　塞规

① 化学成分。合金量具钢中碳的质量分数较高，一般为 0.9%~1.5%，以保证其具有高的硬度和耐磨性。加入铬、钨、锰等合金元素，可提高其淬透性，减小变形。

② 用途。最常用的合金量具钢为碳素工具钢和低合金刃具钢。碳素工具钢 T10A、T12A 常用于尺寸小、形状简单、精度要求不高的量具，例如样板、塞尺等；低合金刃具钢 9SiCr、CrWMn 和 9Mn2V 等因含有少量合金元素，热处理变形小，适合制作形状复杂、精度要求高的量具。

4.2.4　特殊性能钢

特殊性能钢指具有特殊的物理、化学性能的钢。特殊性能钢种类很多，常用的有不锈钢、耐热钢和耐磨钢。

1. 不锈钢

不锈钢是指在腐蚀介质中具有高抗腐蚀能力的钢。按正火组织不同，不锈钢分为马氏体不锈钢、铁素体不锈钢和奥氏体不锈钢。常用不锈钢的牌号、成分、热处理、力学性能及用途见表 4-17。

表 4-17 常用不锈钢的牌号、成分、热处理、力学性能及用途

种类	新牌号（旧牌号）	化学成分（%）				热处理/℃	力学性能				用途举例
		C	Cr	Ni	其他		R_m/MPa	R_{eL}/MPa	A(%)	Z(%)	
马氏体型	12Cr13（1Cr13）	0.08~0.15	12~14			1000~1050（油淬）700~790（回火）	≥540	≥345	≥20	≥60	制造承受冲击载荷的耐腐件，例如汽轮机叶片、水压机阀结构件、螺栓、螺母等
	20Cr13（2Cr13）	0.19~0.24	12~14			1000~1050（油淬）700~790（回火）	≥660	≥450	≥16	≥55	
	30Cr13（3Cr13）	0.25~0.34	12~14			1000~1050（油淬）200~300（回火）	≥735	≥540	≥12	≥40	制造轴承、量具、刃具、医疗器械等耐磨零件
	40Cr13（4Cr13）	0.35~0.45	12~14			1000~1050（油淬）200~300（回火）					
	95Cr18（9Cr18）	0.90~1.00	17~19			950~1050（油淬）200~300（回火）					制造剪切刀具、手术刀等耐磨、耐蚀件
铁素体型	10Cr17（1Cr17）	≤0.12	16~18			750~780（空冷）	≥400	≥250	≥20	≥50	耐蚀性良好的通用不锈钢，用于建筑装饰、家用电器部件、食品厂设备等
	06Cr13Al（0Cr13Al）	≤0.08	11.5~14.5		Al: ≤0.10~0.30	80~830（空冷）	≥410	≥177	≥20	≥60	制作汽轮机材料，淬火部件等
奥氏体型	06Cr18Ni9（0Cr18Ni9）	≤0.08	17~19	8~12		固溶处理 1050~1100 水淬	≥500	≥205	≥40	≥60	具有良好的耐蚀性及耐晶间腐蚀性能，为化学工业良好的耐蚀材料
	12Cr18Ni9（1Cr18Ni9）	≤0.15	17~19	8~12		固溶处理 1100~1150 水淬	≥560	≥200	≥45	≥60	耐硝酸、磷酸、有机酸及盐、碱溶液腐蚀的设备零件
	0Cr18Ni9Ti 1Cr18Ni9Ti	≤0.08 ≤0.12	17~19	8~11	Ti: ≤0.40~0.80	固溶处理 1100~1150 水淬	≥560	≥200	≥40	≥55	耐酸容器及衬里，输送管道等设备和零件、抗磁仪表、医疗器械
奥氏体铁素体型	1Cr21Ni5Ti	0.09~0.14	20~22	4.8~5.8	0.4~0.8	950~1100（水或空淬）	≥600	≥350	≥20	≥40	硝酸及硝酸工业设备及管道、尿素液蒸发部分设备及管道
	1Cr18Mn10Ni5Mo3N	≤0.10	17~19	4.0~6.0	Mo: 2.8~3.5	1100~1150（水淬）	≥700	≥350	≥45	≥65	尿素及尼龙生产的设备及零件，其他化工、化肥等部门的设备及零件

（1）马氏体不锈钢　马氏体不锈钢是指在室温下保持马氏体组织的一种铬不锈钢。常用的马氏体不锈钢是指 Cr13 型不锈钢，典型牌号有 12Cr13、20Cr13、30Cr13、40Cr13 等。这类不锈钢中碳的质量分数一般为 0.1%～0.4%，铬含量一般为 12%～14%。马氏体不锈钢随着钢中碳质量分数的增加，其强度、硬度和耐磨性增加，但耐蚀性下降；用于力学性能要求较高、耐蚀性要求不太高的零件，例如汽轮机叶片（图 4-47）、水压机阀、医疗器械（图 4-48）、轴承、量具、刃具等耐磨零件。

（2）铁素体不锈钢　铁素体不锈钢是指在使用状态下组织为铁素体的不锈钢。铁素体不锈钢中碳的质量分数小于 0.15%，铬的质量分数为 12%～30%，属于铬不锈钢。其耐蚀性、塑性、焊接性均优于马氏体不锈钢，但强度较低，可通过形变强化提高强度；典型牌号有 10Cr17、10Cr17Mo 等。

铁素体不锈钢主要用于对力学性能要求不高而耐蚀性要求较高的零件，广泛用于硝酸和氮肥工业、汽车装饰、汽车排气处理装置，也可用于厨房装备（图 4-49）、建筑装饰等。

图 4-47　汽轮机叶片

图 4-48　医疗器械

图 4-49　厨房装备

（3）奥氏体不锈钢　奥氏体不锈钢是指在常温下具有奥氏体组织的不锈钢。典型的奥氏体不锈钢为 18-8 型铬镍不锈钢。奥氏体不锈钢中碳的质量分数很低，一般小于 0.15%，钢中的合金元素以铬和镍为主，其铬的质量分数为 17%～19%，镍的质量分数为 8%～11%。奥氏体不锈钢无磁性，具有很好的耐蚀性和耐热性、优良的抗氧化性及较高的力学性能，其塑性、韧性及耐蚀性优于马氏体不锈钢，适宜于冷态成形，焊接性好，但可加工性较差，是目前应用最广泛的不锈钢。

常用的奥氏体不锈钢有 12Cr18Ni9、06Cr18Ni10Ti 等，主要用于制造在硝酸、磷酸、有机酸及碱水溶液等强腐蚀介质中工作的零件、容器、管道及医疗器械、抗磁仪表等。

不锈钢在汽车上可用于制作空气压缩机阀片（图 4-50）、外装饰件、汽车排气管（图 4-51）、三元催化转化器法兰、三元催化转化器支架、增压器垫片（图 4-52）、隔热罩等。

图 4-50　空气压缩机阀片

图 4-51　汽车排气管

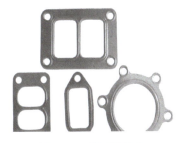
图 4-52　增压器垫片

2. 耐热钢

耐热钢是指在高温下不易发生氧化并具有较高强度的钢，包括抗氧化钢和热强钢两类。

(1) 抗氧化钢　抗氧化钢是指在高温下有良好的抗氧化能力并具有一定强度的钢，主要用于在高温下工作而强度要求不高的零件。这类钢中常加入足够的铬、硅、铝等合金元素，使钢在高温下与氧接触时表面形成致密的高熔点氧化膜，严密地覆盖在钢的表面，以隔绝高温氧化性气体对钢的继续腐蚀。

常用的抗氧化钢有 3Cr18Mn12Si2N、3Cr11Ni25Si2、2Cr20Mn9Ni2Si2N、1Cr13SiAl 等，其最高工作温度可达 1000℃，用于制造各种加热炉内结构件，例如加热炉底板、马弗罐、加热炉传送带料盘等。

(2) 热强钢　热强钢是指在高温下有良好的抗氧化能力并具有较高强度的钢。这类钢中常加入铬、镍、钨、钼、硅等合金元素，以提高钢的高温强度和高温抗氧化能力。

常用的热强钢有 15CrMo、4Cr9Si2、4Cr10Si2Mo 钢等。15CrMo 钢是典型的锅炉用钢，适于制造 500℃ 以下长期工作的零件；4Cr9Si2、4Cr10Si2Mo 钢常用于制造汽车发动机排气阀（图4-53）。

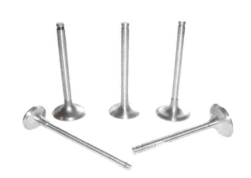
图4-53　发动机排气阀

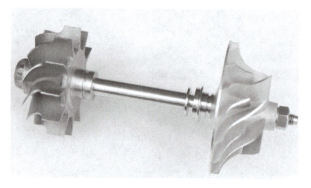
图4-54　涡轮增压器转子

汽车上用热强钢制造的零件有发动机的进气门、排气门、涡流室镶块、涡轮增压器转子（图4-54）、排气净化装置等。国产汽车的气门用钢主要有 4Cr10Si2Mo、45Cr9Si3、8Cr20Si2Ni 等。

3. 耐磨钢

耐磨钢是指在强烈的冲击和巨大的压力下才能产生硬化的钢，其碳的质量分数为 1.0% ~ 1.3%，锰的质量分数为 11% ~ 14%，因锰的质量分数高，故又称高锰耐磨钢。

耐磨钢经热处理后塑性和韧性好，硬度并不高。当它受到强烈的冲击和挤压时，表面会因塑性变形而迅速产生硬化，硬度大大提高，从而具有高的耐磨性。当表面磨损后，新露出的表面因受到冲击和挤压会提高耐磨性。耐磨钢不宜切削加工，但有良好的铸造性能，所以一般都采用铸造成形。

常用耐磨钢的牌号为 ZGMn13，广泛应用于制造在强烈冲击和严重磨损条件下工作的零件，例如坦克履带板（图4-55）、挖掘机铲齿（图4-56）、铁路道岔等。

图 4-55 坦克履带板

图 4-56 挖掘机铲齿

4.3 铸　　铁

铸铁是碳的质量分数大于 2.11%（一般为 2.5%～4.0%）的铁碳合金。 它是以铁、碳、硅为主要组成元素，并比碳钢含有较多的锰、硫、磷等杂质的多元合金。

铸铁在汽车制造业应用很广，据统计，汽车的铸铁用量占整车金属总质量的 50% 以上。汽车发动机的气缸体、气缸盖、活塞环，以及变速器的外壳、后桥壳等零件大部分都由铸铁制造。铸铁之所以能得到广泛应用，是因为其生产工艺简单、成本低，同时具有良好的铸造性能、可加工性、耐磨性和减振性。特别是由于采用了球化和变质处理，使铸铁的力学性能有了很大提高，很多原来用碳素钢、合金钢制造的零件，目前已被铸铁件代替，从而使铸铁的应用更为广泛。常见铸铁制造的汽车零件如图 4-57 所示。

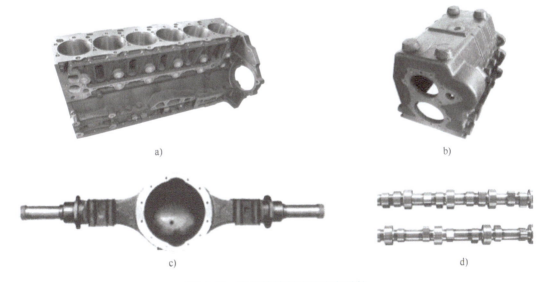

图 4-57 常见铸铁制造的汽车零件

a）合金铸铁制造的气缸体　b）灰铸铁制造的变速器壳　c）球墨铸铁制造的驱动桥壳　d）合金铸铁制造的凸轮轴

4.3.1 铸铁的石墨化

铸铁中石墨的形成过程称为石墨化。 铸铁中的碳以两种形式存在，即化合态的渗碳体

（Fe_3C）和游离态的石墨（G）。碳以哪种形式存在，取决于铸铁的化学成分和冷却速度。

1. 影响石墨化的因素

（1）化学成分　铸铁中影响石墨化的元素主要是碳、硅、锰、硫、磷。其中，碳和硅是强烈促进石墨化的元素，铸铁中碳和硅的质量分数越高，石墨化程度就越充分。锰是阻碍石墨化的元素，但锰能和硫化合形成硫化锰，减弱了硫对石墨化的不利影响。从某种意义上说，锰是间接促进石墨化的元素，所以铸铁中允许有适量的锰。硫是强烈阻碍石墨化的元素，硫还会降低液态铁的流动性，引起铸铁产生热裂，所以铸铁中硫含量越低越好。磷也是促进石墨化的元素，但作用不强烈，且磷的存在对铸铁的性能有不利影响，应严格控制磷的含量。

（2）冷却速度　铸铁在结晶过程中，冷却速度对石墨化影响很大。冷却速度越慢，越有利于石墨化。影响冷却速度的因素主要有造型材料的性能、浇注温度的高低、铸件壁厚的大小等。

由于石墨化程度的不同，铸铁的组织常见有以下几种：石墨化非常充分时，铸铁的最终组织为铁素体基体上分布着石墨（F+G）；石墨化比较充分时，铸铁的最终组织为珠光体基体上分布着石墨或铁素体与珠光体基体上分布着石墨（P+G 或 F+P+G）；石墨化不太充分时，铸铁的最终组织为莱氏体与珠光体基体上分布着石墨；当石墨化未进行时，铸铁的最终组织为莱氏体、珠光体和渗碳体。图 4-58 所示为化学成分（碳、硅含量）和冷却速度（壁厚）对石墨化的影响。可见，铸件壁越薄，碳、硅含量越低，越易形成白口组织（即碳以化合态渗碳体的形式存在）。

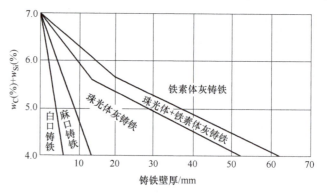

图 4-58　化学成分（碳、硅含量）和冷却速度（壁厚）对石墨化的影响

2. 铸铁的分类

根据石墨化程度及试样断口色泽的不同，铸铁可分为白口铸铁、灰口铸铁和麻口铸铁。

（1）白口铸铁　白口铸铁中的碳全部或大部分以化合态渗碳体的形式存在，因其断口呈白亮色，故称白口铸铁。白口铸铁硬度高，脆性大，很难切削加工，故很少直接用来制造机械零件，主要用作炼钢原料及可锻铸铁的毛坯。有时也利用它硬而耐磨的特性铸造出表面有一定深度的白口层，中心为灰口铸铁的铸件，称为冷硬铸铁件。冷硬铸铁应用于一些耐磨的零件，例如犁铧及球磨机的磨球等。EQ1092 发动机中的气门挺杆，为了得到表层的高硬度和耐磨性，常用激冷的方法使表层获得白口铸铁的组织，而心部由于冷却速度较慢仍为灰口铸铁组织。

（2）灰口铸铁　灰口铸铁中的碳主要以石墨的形式存在，因其断口呈暗灰色而得名。灰口铸铁由于有一定的力学性能和良好的可加工性，因此是工业生产中应用最广泛的一种铸铁。

根据石墨形态不同，灰口铸铁分为灰铸铁、球墨铸铁、可锻铸铁和蠕墨铸铁，灰铸铁中石墨的形状分别为片状、球状、蠕虫状及团絮状，如图 4-59 所示。

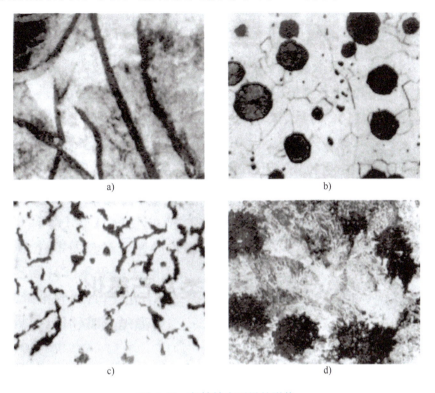

图 4-59　灰铸铁中石墨的形状

a）灰铸铁（片状石墨）　b）球墨铸铁（球状石墨）
c）蠕墨铸铁（蠕虫状石墨）　d）可锻铸铁（团絮状石墨）

（3）麻口铸铁　麻口铸铁中的碳一部分以石墨的形式存在，另一部分以渗碳体的形式存在，断口呈灰白相间的麻点。这类铸铁脆性大，硬度高，难以加工，工业上很少应用。

此外，为了进一步提高铸铁的性能或得到某种特殊性能，向铸铁中加入一种或多种合金元素（Cr、Cu、W、Al、B 等）可得到合金铸铁（特殊性能铸铁），例如耐磨铸铁、耐热铸铁、耐蚀铸铁等。

4.3.2　灰铸铁

1. 灰铸铁的组织和性能

（1）组织　灰铸铁的组织是由碳钢的基体加片状石墨组成的。按基体组织不同，灰铸铁分为铁素体灰铸铁、铁素体-珠光体灰铸铁和珠光体灰铸铁 3 类。

（2）性能　灰铸铁的性能取决于基体的组织和石墨的形态。由于石墨的强度极低，因此可以把铸铁看成是布满裂纹和孔洞的钢。石墨的存在不仅破坏了金属基体的连续性，而且减少了金属基体承受载荷的有效截面，使实际应力大大增加；另一方面在石墨尖角处易造成应力集中使尖角处的应力远大于平均应力。所以，灰铸铁的抗拉强度、塑性和韧性远低于钢。石墨片的数量越多、尺寸越大、分布越不均匀，对力学性能的影响越大。但石墨的存在对灰铸铁的抗压强度影响不大,因为抗压强度主要取决于灰铸铁的基体组织,灰铸铁的抗压强度与钢相近。因此,灰铸铁"抗压不抗拉"。

片状石墨虽然降低了灰铸铁的抗拉强度、塑性和韧性,但它却使灰铸铁具有一系列优良性能,例如良好的铸造性能、优良的可加工性、良好的耐磨性、减振性和低的缺口敏感性。

3种不同基体的灰铸铁中,铁素体灰铸铁的强度、硬度和耐磨性最低,但塑性较好;珠光体灰铸铁的强度、硬度、耐磨性较高,但塑性较差;铁素体-珠光体灰铸铁的性能介于以上两者之间。

2. 灰铸铁的变质处理(孕育处理)

灰铸铁组织中因有片状石墨的存在,导致它的力学性能较低。为了改善灰铸铁的组织,提高其力学性能,可对灰铸铁进行变质处理。

灰铸铁的变质处理就是在浇注前向液态铁中加入少量变质剂(硅铁或硅钙合金),改变液态铁的结晶条件,以获得细小的珠光体基体和细小均匀分布的片状石墨组织。经变质处理后的灰铸铁称为变质铸铁或孕育铸铁。灰铸铁经变质处理后强度有较大的提高,塑性和韧性也得到改善,常用于要求力学性能较高、截面尺寸较大的铸件。

3. 灰铸铁的牌号及用途

(1)牌号 灰铸铁的牌号由"HT+数字"表示,其中"HT"代表"灰铁"二字,后面的数字表示其最小抗拉强度值。例如HT250表示最小抗拉强度为250MPa的灰铸铁。常用灰铸铁的牌号与用途见表4-18。

表4-18 常用灰铸铁的牌号与用途

牌号	铸铁类别	铸件壁厚/mm	铸件最小抗拉强度/MPa	适用范围及应用举例
HT100	铁素体灰铸铁	2.5~10	130	适用于载荷小,对摩擦磨损无特殊要求的零件,例如盖、外罩、油底壳、手轮、支架、底板、重锤等
		10~20	100	
		20~30	90	
		30~50	80	
HT150	铁素体-珠光体灰铸铁	2.5~10	175	适用于承受中等应力的零件,例如普通机床的支柱、底座、齿轮箱、刀架、床身、轴承座、工作台、带轮等
		10~20	145	
		20~30	130	
		30~50	120	
HT200	珠光体灰铸铁	2.5~10	220	适用于承受大载荷的重要零件,例如汽车、拖拉机的气缸体、气缸盖、制动轮等
		10~20	195	
		20~30	170	
		30~50	160	
HT250		4.0~10	270	适用于承受大应力、重要的零件,例如联轴器盘、油缸、阀体、泵体、泵壳、化工容器及活塞等
		10~20	240	
		20~30	220	
		30~50	200	

（续）

牌号	铸铁类别	铸件壁厚/mm	铸件最小抗拉强度/MPa	适用范围及应用举例
HT300	孕育铸铁	10～20	290	适用于承受高载荷、高气密性和要求耐磨的重要零件，例如剪床、压力机等重型机床的床身、机座、机架以及受力较大的齿轮、凸轮、衬套、大型发动机的气缸体、气缸套、气缸盖、油缸、泵体、阀体等
HT300	孕育铸铁	20～30	250	
HT300	孕育铸铁	30～50	230	
HT350	孕育铸铁	10～20	340	
HT350	孕育铸铁	20～30	290	
HT350	孕育铸铁	30～50	260	

（2）用途　由于灰铸铁具有以上一系列性能特点，而且生产成本比钢低得多，因此被广泛地用来制作各种受力不大或以承受压应力为主和要求减振性好的机床床身与机架、结构复杂的壳体与箱体、承受摩擦的缸体与导轨等。灰铸铁是汽车制造工业中应用最多的一种铸铁，在汽车上多用于不镶缸套的整体气缸体、气缸盖（图4-60）等零件的制造，还可用以制造飞轮（图4-61）、飞轮壳、变速器壳及盖、离合器壳（图4-62）及压板、进气歧管、排气歧管、制动鼓以及液压制动总泵和分泵的缸体。灰铸铁在汽车上的应用见表4-19。

图4-60　气缸盖

图4-61　飞轮

图4-62　离合器壳

表4-19　灰铸铁在汽车上的应用

牌号	应用举例
HT150	进气歧管、排气歧管、变速器壳体、水泵叶轮
HT200	凸轮轴正时齿轮、飞轮壳、气缸体、气缸盖、气门导管、制动蹄等
HT250	气缸体、飞轮、曲轴带轮等

4. 灰铸铁的热处理

灰铸铁的热处理只能改变基体的组织，而不能改变石墨的形状、大小、数量和分布情况。所以，灰铸铁的热处理一般只用于消除铸件内应力和白口组织，稳定尺寸、提高工件表面硬度和耐磨性。

（1）去应力退火　在热处理炉中，将铸件加热到500～600℃，保温一段时间后随炉缓冷至150～200℃出炉空冷，用以消除铸件在凝固过程中因冷却不均匀而产生的铸造应力，防止铸件在加工和使用过程中产生变形和裂纹。有时把铸件在露天场地放置数月甚至一年以上，使铸造应力得到松弛，这种方法称为自然时效。大型灰铸铁件常常用此法来消除铸造应力。

(2) 消除铸件白口的高温退火　铸件在冷却过程中由于表层及薄壁处冷却速度较快，会出现白口组织，使铸件硬度和脆性增加，造成切削加工困难并影响正常使用。消除白口的高温退火工艺是：在热处理炉中，将铸件加热到800～950℃，保温1～3h，然后随炉冷却到400～500℃出炉后空冷，使Fe_3C分解为铁素体和石墨。

(3) 表面淬火　对于用灰铸铁制造的机床导轨表面和内燃机气缸套内壁等摩擦工作表面，需要有较高的硬度和耐磨性，可以采用表面淬火的方法来提高表面硬度，延长使用寿命。常用的表面淬火方法有火焰淬火、（高频/中频）感应淬火和接触电阻加热淬火。

4.3.3　可锻铸铁

可锻铸铁俗称马铁或玛钢，它是由白口铸铁经长时间的高温石墨化退火而获得的具有团絮状石墨组织的铸铁。因其塑性优于灰铸铁而得名，实际上可锻铸铁并不能进行锻造加工。

1. 可锻铸铁的组织及性能

(1) 组织　可锻铸铁的组织一般为铁素体基体加团絮状石墨或珠光体基体加团絮状石墨。铁素体基体的可锻铸铁因断口呈黑色，故称黑心可锻铸铁。

(2) 性能　可锻铸铁的基体组织不同，其性能也不相同。黑心可锻铸铁具有较高的塑性和韧性，而珠光体可锻铸铁则具有较高的强度、硬度和耐磨性，但塑性和韧性低于黑心可锻铸铁。

由于可锻铸铁中的石墨呈团絮状，因此，极大程度地减轻了对金属基体的割裂作用和应力集中现象，所以其强度比灰铸铁高很多，塑性和韧性也有较大的提高。

2. 可锻铸铁的牌号及用途

(1) 牌号　可锻铸铁的牌号是由"KTH"或"KTZ"和两组数字组成。其中，"KT"是可锻铸铁的代号，"H"表示黑心可锻铸铁，"Z"表示珠光体可锻铸铁；代号后面的两组数字分别表示最低抗拉强度值（MPa）和最低断后伸长率的百分数。例如，牌号KTH300-06表示最低抗拉强度为300MPa，最低断后伸长率为6%的黑心可锻铸铁。

(2) 用途　由于可锻铸铁既有较好的铸造性能，又有较高的强度和一定的塑性和韧性，因此主要用于制造形状复杂、强度和韧性要求较高的薄壁零件，例如汽车的后桥壳、差速器壳（图4-63）、轮毂、制动踏板、制动蹄片（图4-64）、供排水系统及煤气管道的管件接头（图4-65）和阀门壳体等。因为当铸件壁较厚、尺寸较大时，其心部的冷却速度不够快，铁液浇注时难以获得整个截面的白口组织，所以仅适用于薄壁和小型零件。

图4-63　差速器壳

图4-64　制动蹄片

图4-65　管件接头

虽然可锻铸铁的力学性能比灰铸铁好，但它所用的原料是白口铸铁，成本较高，而且仅适用于薄壁和小型零件，所以，随着球墨铸铁的发展，原来使用可锻铸铁制造的零件逐渐被球墨铸铁替代。

常用可锻铸铁的牌号、力学性能及应用举例见表4-20，可锻铸铁在汽车上的应用见表4-21。

表 4-20　常用可锻铸铁的牌号、力学性能及应用举例

种　类	牌　号	力学性能≥			适用范围及应用举例
		R_m/MPa	A（%）	硬度/HBW	
黑心可锻铸铁	KTH300-06	300	6	≤150	适用于在冲击载荷和静载荷作用下，要求气密性好的零件，例如管道配件、中低压阀门等
	KTH330-08	330	8		适用于承受中等冲击载荷和静载荷的零件，例如机床扳手、车轮壳、钢丝绳轧头等
	KTH350-10	350	10		适用于在较高的冲击、振动及扭转负荷下工作的零件，例如汽车的后桥壳、差速器壳、前轮毂、后轮毂、转向节壳、管道接头等
	KTH370-12	370	12		
珠光体可锻铸铁	KTZ450-06	450	6	150～250	适用于承受较高载荷、耐磨损，并要求有一定韧性的重要零件，例如曲轴、凸轮轴、连杆、车轮、摇臂、活塞环、万向节叉、棘轮、扳手等
	KTZ550-04	550	4	180～230	
	KTZ650-02	650	2	210～260	
	KTZ700-02	700	2	240～290	

表 4-21　可锻铸铁在汽车上的应用

牌　号	应 用 举 例
KTH350-10	后桥壳、差速器壳、减速器壳、轮毂、钢板弹簧吊架、制动蹄片等
KTZ450-06	曲轴、凸轮轴、连杆、车轮、活塞环、发动机摇臂等

4.3.4　球墨铸铁

球墨铸铁是在灰铸铁的铁液中加入球化剂（稀土镁合金）和孕育剂（硅铁），进行球化—孕育处理后得到的具有球状石墨的铸铁。

1. 球墨铸铁的组织及性能

（1）组织　球墨铸铁的组织可看成是碳钢的基体加球状石墨。按基体组织不同，常用的球墨铸铁分为铁素体球墨铸铁、铁素体—珠光体球墨铸铁、珠光体球墨铸铁、马氏体球墨铸铁和贝氏体球墨铸铁等。

（2）性能　由于球墨铸铁中石墨呈球状，对基体的割裂作用和引起应力集中现象减至最小，因此基体的强度利用率高。在所有铸铁中，球墨铸铁的力学性能最高，与相应组织的铸钢相似；冲击疲劳抗力高于中碳钢；屈强比是钢的两倍。但球墨铸铁的塑性和韧性均低于铸钢。

球墨铸铁的力学性能与基体组织和石墨的状态有关。石墨球越细小、越圆整、分布越均匀，则球墨铸铁的强度、塑性、韧性越好。铁素体基体具有较高的塑性和韧性；珠光体基体

强度、硬度和耐磨性较高；马氏体基体硬度最高，但韧性最低；贝氏体基体具有良好的综合力学性能。

球墨铸铁具有近似于灰铸铁的某些优良的铸造性能、减摩性、可加工性等。球墨铸铁也有一些缺点，例如化学成分要求严格，白口倾向大，凝固时收缩率大等，因而对熔炼、铸造工艺要求高，生产成本高。由于球状石墨对基体割裂作用不大，因此球墨铸铁可通过热处理进行强化。常用的热处理方法有退火、正火、调质、等温淬火等，也可以进行表面淬火、渗氮等。其工艺过程可参考有关热处理资料。

2. 球墨铸铁的牌号及用途

（1）牌号　球墨铸铁的牌号由"QT"和两组数字组成。其中，"QT"是球墨铸铁的代号，代号后面的两组数字分别表示最低抗拉强度值（MPa）和最低断后伸长率的百分数。例如，牌号 QT600-3 表示最低抗拉强度为 600MPa，最低断后伸长率为 3% 的球墨铸铁。常用球墨铸铁的牌号、力学性能及应用见表 4-22。

表 4-22　常用球墨铸铁的牌号、力学性能及应用

牌号	基体组织类型	力学性能 ≥				适用范围及应用举例
		R_m/MPa	$R_{r0.2}$/MPa	A（%）	硬度/HBW	
QT400-18	铁素体	400	250	18	130~180	承受冲击、振动的零件，例如汽车、拖拉机的轮毂、驱动桥壳、差速器壳、拨叉，农机具零件，中低压阀门，上、下水及输气管道，电机机壳，齿轮箱、飞轮壳等
QT400-15	铁素体	400	250	15	130~180	
QT450-10	铁素体	450	310	10	160~210	
QT500-7	铁素体+珠光体	500	320	7	170~230	机器座架、传动轴、飞轮、电动机架、内燃机的机油泵齿轮、铁路机车车辆轴瓦等
QT600-3	铁素体+珠光体	600	370	3	190~270	载荷大、受力复杂的零件，例如汽车、拖拉机的曲轴、连杆、凸轮轴、气缸套，部分磨床、铣床、车床的主轴，机床蜗杆、蜗轮，轧钢机轧辊、大齿轮，小型水轮机主轴，气缸体，桥式起重机大小滚轮等
QT700-2	珠光体	700	420	2	225~305	
QT800-2	珠光体或回火组织	800	480	2	245~335	
QT900-2	贝氏体或回火马氏体	900	600	2	280~360	高强度齿轮，例如汽车后桥弧齿锥齿轮，大型减速器齿轮，内燃机曲轴、凸轮轴等

（2）用途　曲轴是球墨铸铁在汽车上应用最成功的典型零件。东风 5t 载货汽车的 6100 汽油机采用球墨铸铁曲轴（图 4-66）已有几十年。此外，汽车上的驱动桥壳体、发动机齿轮、摇臂（图 4-67）、轮毂（图 4-68）等重要零件也常采用球墨铸铁制造。汽车工业是球墨铸铁的主要用户，在发达的工业化国家中，球墨铸铁件产量中约有 20%~40% 用于汽车。球墨铸铁在汽车上的应用见表 4-23。

图 4-66　球墨铸铁曲轴

图 4-67　摇臂

图 4-68　轮毂

表 4-23　球墨铸铁在汽车上的应用

牌　号	应 用 举 例
QT450-10	轮毂、转向器壳、制动蹄、牵引钩前支承座、辅助钢板弹簧支架等
QT600-03	曲轴、发动机摇臂、牵引钩支承座、钢板弹簧侧垫板及滑块等

4.3.5　蠕墨铸铁

蠕墨铸铁是近几年来发展起来的一种新型铸铁。它是在灰铸铁的铁液中加入适量的蠕化剂和孕育剂，经蠕化—孕育处理后获得的具有蠕虫状石墨的铸铁。目前常用的蠕化剂有稀土镁钛合金、稀土硅铁合金和稀土硅钙合金等。

1. 蠕墨铸铁的组织及性能

（1）组织　蠕墨铸铁的组织是由钢的基体和蠕虫状石墨组成的。其基体也有铁素体基体、铁素体—珠光体基体和珠光体基体 3 种。

（2）性能　由于蠕墨铸铁中的石墨呈蠕虫状（类似于片状，但片短而厚，头部较圆、较钝，形似蠕虫），对基体的割裂作用介于灰铸铁与球墨铸铁之间，因此其力学性能介于灰铸铁与球墨铸铁之间，既具有灰铸铁良好的导热性、减振性、可加工性和铸造性能，又有与球墨铸铁相近的抗拉强度、塑性和韧性。

2. 蠕墨铸铁的牌号及用途

（1）牌号　蠕墨铸铁的牌号由"RuT"和一组数字组成。其中，"RuT"是蠕墨铸铁的代号，代号后面的数字表示最低抗拉强度值（MPa）。例如，牌号 RuT300 表示最低抗拉强度为 300MPa 的蠕墨铸铁。蠕墨铸铁的牌号、力学性能及应用见表 4-24。

表 4-24　蠕墨铸铁的牌号、力学性能及应用

牌号	基体类型	力学性能 ≥				应用举例
		R_m/MPa	$R_{r0.2}$/MPa	A（%）	硬度/HBW	
RuT260	铁素体	260	195	3.0	121～197	制造活塞环、缸套、制动盘、制动鼓、玻璃模具、钢珠研磨盘、吸淤泵体等
RuT300	铁素体+珠光体	300	240	1.5	140～217	带导轨面的重型机床件、大型齿轮箱体、大型龙门铣横梁、盖、座、制动鼓、飞轮、玻璃模具、起重机卷筒、烧结机滑板等
RuT340		340	270	1.0	170～249	排气管、变速器壳、缸盖、纺织机械零件、液压件、小型烧结机齿轮等

(续)

牌号	基体类型	力学性能 ≥				应用举例
		R_m/MPa	$R_{r0.2}$/MPa	A（%）	硬度/HBW	
RuT380	珠光体	380	300	1.0	193~274	增压器废气进气壳体、汽车、拖拉机的某些底盘零件
RuT420		420	335	1.0	200~280	

（2）用途　蠕墨铸铁主要应用于经受热循环载荷、要求组织致密、强度较高、形状复杂的零件，例如大型柴油机的气缸体、制动鼓、大型电动机外壳（图4-69），阀体，机座等。在汽车上主要用于制造柴油机气缸盖，进、排气歧管（图4-70），制动盘和制动鼓等。

图4-69　大型电动机外壳

图4-70　进、排气歧管

4.3.6　特殊性能铸铁

为满足工业上对铸铁的特殊性能要求，可向铸铁中加入某些合金元素，从而获得具有特殊性能的铸铁，例如耐热铸铁、耐磨铸铁和耐蚀铸铁。汽车中常用的有耐热铸铁和耐磨铸铁。

1. 耐热铸铁

普通铸铁加热到450℃以上的高温时，会发生表面氧化和"热生长"现象。热生长是指铸铁在高温下氧化时空气中的氧沿石墨片边界和裂纹渗入铸铁内部，形成内氧化以及因渗碳体分解成石墨产生的体积不可逆膨胀现象，严重时可胀大10%左右，使铸铁体积变化，力学性能降低，出现显微变形和裂纹。

耐热铸铁是在铸铁中加入硅、铝、铬等元素，使铸件表面在高温下形成一层致密的氧化膜，将内层金属与氧化介质隔绝，使内层金属在高温时不被氧化，从而提高铸铁的耐热性。

常用耐热铸铁有高硅和铝硅耐热球墨铸铁。例如，RQTSi5是硅耐热球墨铸铁，使用温度可达850℃，应用于炉条、烟道挡板、换热器等；RQTAl5Si5是硅铝耐热球墨铸铁，使用温度可达1050℃，应用于加热炉底板、钩链、焙烧机构件等。耐热铸铁在汽车上主要用于制造高温下工作的发动机进、排气门座和排气管密封环等。

2. 耐磨铸铁

耐磨铸铁是在灰铸铁中加入铬、钼、铜、钛、磷等合金元素而形成的。磷在铸铁中能形成硬而脆的磷化物，从而提高铸铁的耐磨性；铬、钼、铜在铸铁中使组织细化，既能提高硬度和耐磨性，又能提高强度和韧性。

常用的耐磨铸铁有高磷耐磨铸铁和铬钼铜耐磨铸铁等，主要用于制造在高温下强烈摩擦的零件，例如汽车的气缸套、活塞环、排气门座圈等。

3. 耐蚀铸铁

耐蚀铸铁是指在腐蚀性介质中工作时，具有耐蚀能力的铸铁。提高铸铁耐蚀性的途径基本上与不锈钢相同，一般是加入一定量的硅、铝、铬、镍、铜等合金元素，使其在铸铁表面形成一层连续致密的保护膜，阻止腐蚀继续进行，并提高铸铁基体的电极电位，从而提高铸铁的耐蚀性。

耐蚀铸铁主要用于化工机械，例如制造容器、管道、泵、阀门等。

4.4 典型汽车零件的选材

在汽车制造过程中，从设计新产品、改造老产品，到维修、更换零件，都会涉及零件的选材、热处理工艺的确定和热处理工序的安排等问题，这对提高产品质量和生产率，降低成本有着重要的意义。下面以汽车上几个典型零件为例，介绍汽车零件选材的方法及步骤。

4.4.1 汽车齿轮的选材

齿轮是机械工业中应用最广泛的重要零件之一，主要用于传递动力、改变运动速度和运动方向。齿轮的选材要从齿轮的工作条件、失效形式及其对材料的性能要求等方面综合考虑。汽车变速齿轮如图4-71所示。

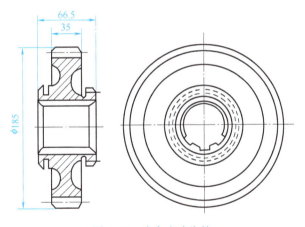

图4-71　汽车变速齿轮

汽车齿轮类零件的选材

（1）汽车齿轮的工作条件　汽车齿轮主要安装在变速器和差速器中。在变速器中，通过齿轮改变发动机、曲轴和主轴齿轮的速比；在差速器中，通过齿轮增加转矩，调节左、右轮的转速。发动机的动力均通过齿轮传给主轴，推动汽车运行。所以，汽车齿轮受力较大，受冲击频繁，对其耐磨性、疲劳极限、心部强度以及冲击韧性等的要求比一般机床齿轮高。齿轮工作时的受力情况：由于传递转矩，齿根承受很大的交变弯曲应力；换档、起动或咬合不均匀时，轮齿承受一定冲击载荷；因加工、安装不当或齿、轴变形等引起的齿面接触不良，以及外来灰尘、金属屑等硬质微粒的侵入都会成为附加载荷而使工作条件恶化。因此齿轮的工作条件和受力情况是较复杂的。

（2）汽车齿轮的主要失效形式　根据齿轮的工作条件，其主要失效形式是疲劳断裂、齿面磨损、齿面接触疲劳破坏以及过载断裂。汽车齿轮的主要失效形式见表4-25。

表 4-25 汽车齿轮的主要失效形式

失效形式	失 效 表 现
疲劳断裂	主要从根部发生，这是齿轮最严重的失效形式，常常一齿断裂会引起数齿甚至所有齿断裂
齿面磨损	由于齿面接触区摩擦，使齿厚变小
齿面接触疲劳破坏	在交变接触应力作用下，齿面产生微裂纹，微裂纹的发展引起点状剥落（或称麻点）
过载断裂	主要是冲击载荷过大造成的断齿

（3）对汽车齿轮的性能要求 根据工作条件及失效形式的分析，可以对齿轮材料提出如下性能要求：

1）高的弯曲疲劳极限，特别是齿根处要有足够的强度。

2）高的齿面硬度和耐磨性。

3）较高的心部强度和足够的冲击韧性。

4）热处理变形小。

（4）典型汽车齿轮的选材 在我国应用最多的汽车齿轮用材是合金渗碳钢 20Cr 和 20CrMnTi。它们经渗碳、淬火和低温回火等热处理强化后使用，渗碳后其表面碳含量大大提高，保证淬火后可得到高硬度、高耐磨性和高接触疲劳极限。由于合金元素提高了淬透性，淬火、低温回火后可使心部获得较高的强度和足够的冲击韧性。为了进一步提高齿轮的使用寿命，渗碳、淬火、低温回火后，还可以采用喷丸处理，增大表面压应力，这有利于提高齿面和齿根的疲劳极限，并清除氧化皮。

合金渗碳钢齿轮的工艺路线一般为下料→锻造→正火→切削加工→渗碳、淬火及低温回火→喷丸→磨削加工

汽车、拖拉机齿轮常用钢种及热处理见表 4-26。

表 4-26 汽车、拖拉机齿轮常用钢种及热处理

序号	齿轮类型	常用钢种	热 处 理 主要工序	技术要求
1	汽车变速器和分动器齿轮	20CrMnTi 20CrMnMo 等	渗碳	层　深：$m_n<3$ 时，$0.6\sim1.0$mm $3<m_n<5$ 时，$0.9\sim1.3$mm $m_n>5$ 时，$1.1\sim1.5$mm 齿面硬度：$58\sim64$HRC 心部硬度：$m_n\leqslant5$ 时，$32\sim45$HRC $m_n>5$ 时，$29\sim45$HRC
		40Cr	（浅层）碳氮共渗	层　深：>0.2mm 表面硬度：$51\sim61$HRC
2	汽车驱动桥主动及从动圆柱齿轮	20CrMnTi 20CrMo	渗碳	渗层深度按图样要求，硬度要求同序号 1 中渗碳工序 层　深：$m_s<5$ 时，$0.9\sim1.3$mm $5<m_s<8$ 时，$1.0\sim1.4$mm
	汽车驱动桥主动及从动锥齿轮	20CrMnTi 20CrMnMo		$m_s>8$ 时，$1.2\sim1.6$mm 齿面硬度：$58\sim64$HRC 心部硬度：$m_s\leqslant8$ 时，$32\sim45$HRC $m_s>8$ 时，$29\sim45$HRC

（续）

序号	齿轮类型	常用钢种	热处理	
			主要工序	技术要求
3	汽车驱动桥差速器行星及半轴齿轮	20CrMnTi 20CrMo 20CrMnMo	渗碳	同序号1中渗碳工序
4	汽车发动机凸轮轴齿轮	HT150 HT200		170～229HBW
5	汽车曲轴正时齿轮	35、40、45、40Cr	正火	149～179HBW
			调质	207～241HBW
6	汽车起动机齿轮	15Cr 20Cr 20CrMo 15CrMnMo 20CrMnTi	渗碳	层　深：0.7～1.1mm 表面硬度：58～634HRC 心部硬度：33～43HRC
7	汽车里程表齿轮	20 Q215	（浅层）碳氮共渗	层深：0.2～0.35mm
8	拖拉机传动齿轮，动力传动装置中的圆柱齿轮、锥齿轮及轴齿轮	20Cr 20CrMo 20CrMnMo 20CrMnTi 30CrMnTi	渗碳	层深：不小于模数的0.18倍，但不大于2.1mm 硬度要求同序号1、2
		40Cr 45Cr	（浅层）碳氮共渗	同序号1中碳氮共渗工序
9	拖拉机曲轴正时齿轮、凸轮轴齿轮、喷油泵驱动齿轮	45	正火	156～217HBW
			调质	217～255HBW
		HT150		170～229HBW
10	汽车、拖拉机油泵齿轮	40、45	调质	28～35HRC

注：1. m_n——法向模数。
　　2. m_s——端面模数。

4.4.2　汽车轴类零件的选材

轴是汽车上的最重要零件之一，主要用于支承传动零件（如齿轮、凸轮等）、传递运动和动力。根据轴类零件的工作条件和失效形式，对其材料有以下性能要求：

1）良好的综合力学性能，足够的强度、硬度、塑性和一定的韧性，以防止过载断裂和冲击断裂。

2）高的疲劳极限，对应力集中敏感性低，以防疲劳断裂。

汽车轴类零件的选材

3）足够的淬透性，热处理后表面要有高硬度、高耐磨性，以防磨损失效。

4）良好的可加工性，价格便宜。

轴类零件的选材既要考虑材料的强度，也要考虑冲击韧性和表面耐磨性。因此，轴一般用锻造或轧制的低、中碳钢或合金钢制造。

由于碳钢比合金钢便宜，并且有一定的综合力学性能，对应力集中敏感性小，所以一般轴类零件使用碳钢较多。常用的优质碳素结构钢有35钢、40钢、45钢、50钢等，其中45钢最常用。为改善其性能，这类钢一般要经过正火、调质或表面淬火热处理。

合金钢比碳钢具有更好的力学性能和热处理工艺性，但对应力集中敏感性较高，价格也较高，所以，当载荷较大并要求限制轴的外形、尺寸和重量，或轴颈的耐磨性要求高时，可采用合金钢。常用的合金钢有20Cr、40Cr、40CrNi、20CrMnTi、40MnB等。常用合金钢必须采用相应的热处理才能充分发挥其作用。

除了上述碳钢和合金钢外，还可以采用球墨铸铁和高强度灰铸铁作为轴的材料，特别是曲轴的材料。

1. 汽车发动机曲轴的选材

曲轴是汽车发动机中形状复杂的重要零件之一，如图4-72所示。汽车发动机曲轴的作用是输出动力，并带动其他部件运动。曲轴在工作中受到弯曲、扭转、剪切、拉压、冲击及交变应力的作用。曲轴的形状极不规则，其上的应力分布极

图4-72 汽车发动机曲轴

不均匀，曲轴颈与轴承还发生滑动摩擦。曲轴的主要失效形式是疲劳断裂和轴颈严重磨损两种。根据曲轴的工作条件和失效形式，要求曲轴应具备以下性能：

1）高的强度和一定的冲击韧性。

2）足够的抗弯、抗扭转能力和疲劳极限。

3）足够的刚度。

4）轴颈表面有高的硬度和耐磨性。

实际生产中，按照制造工艺，将汽车发动机曲轴分为锻造曲轴和铸造曲轴。锻造曲轴一般采用优质中碳钢和中碳合金钢制造，例如30、35、35Mn2、40Cr、35CrMo等，经模锻、调质、切削加工后对轴颈部进行表面淬火。铸造曲轴主要由铸钢、球墨铸铁、珠光体可锻铸铁及合金铸铁等制造，例如ZG230-450、QT600-3、KTZ450-5、KTZ500-4等。铸钢曲轴经铸造、高温正火、高温回火、切削加工后对轴颈进行气体渗碳、淬火、回火处理。

2. 汽车半轴的选材

汽车半轴是驱动车轮转动的直接驱动零件，也是汽车后桥中的重要受力部件，如图4-73所示。汽车运行时，发动机输出的转矩经过变速器、差速器和减速器传给半轴，再由半轴传给车轮，带动汽车行驶。半轴在工作时主要承受扭转力矩、交变弯矩及一定的冲击载荷。在通常情况下，半轴的使用寿命主要取决于花键齿的抗压陷和耐磨损的性能，但断裂现象也不时发生。载重汽车半轴最容易损坏的部位是轴的杆部和凸缘的连接处、花键端以及花键与杆部相连的部位。这些部位发生损坏时，一般为疲劳断裂。

图4-73 汽车半轴

根据半轴的工作条件,要求半轴材料具有高的抗弯强度、疲劳极限和较好的韧性。汽车半轴是要求综合力学性能较高的零件,通常选用调质钢制造。中、小型汽车的半轴一般用45钢、40Cr制造;重型汽车则用40MnB、40CrNi或40CrMnMo等淬透性较高的合金钢制造。半轴加工中常采用喷丸处理及滚压凸缘根部圆角等强化方法。为提高半轴的疲劳极限,使其获得良好的综合力学性能,可采用调质处理,其高温回火工序采用快冷,防止出现回火脆性。花键部位为提高硬度和耐磨性,需要进行表面淬火和低温回火。

汽车半轴常用材料、技术要求及热处理工艺见表4-27。

表4-27 汽车半轴常用材料、技术要求及热处理工艺

类别	材料	技术要求	热处理工艺
轿车和越野车	40Cr	淬火、中温回火:杆部28~32HRC 法兰28~32HRC	淬火温度:840~860℃,水冷后空冷 回火温度:400~460℃,水冷
		感应淬火:硬化层深度4~6mm 硬度50~55HRC	中频淬火:180~250℃回火
	20CrMnTi	渗碳淬火:硬化层深度1.5~1.8mm 硬度:59~68HRC	渗碳温度:(930±10)℃,随炉冷却 淬火温度:830~850℃,油冷 回火温度:180~200℃,空冷
货车	40Cr	预备热处理:正火	加热温度:860~900℃,流动空气中冷却至600℃
		最终热处理: 感应淬火:硬化层深度3~6mm 硬度:49~62HRC	中频淬火:180~200℃回火
	40MnB	预备热处理:调质硬度229~269HBW	淬火加热温度:(840±10)℃,油冷
		最终热处理: 感应淬火:硬化层深度1~7mm 硬度:52~63HRC	中频淬火:180~200℃回火
重型汽车	40CrMnMo	预备热处理:退火 硬度≤225HBW	加热温度:860~880℃,流动空气中冷却
		淬火、中温回火:硬度37~44HRC	淬火温度:(840±10)℃,流动空气中冷却 回火温度:(480±10)℃,水冷

4.4.3 汽车弹簧的选材

弹簧是一种重要的机械零件。它的基本作用是利用材料的弹性和弹簧本身的结构特点,在载荷作用下产生变形时,把机械功或动能转变为形变能;在恢复变形时,把形变能转变为动能或机械功。弹簧的种类很多,按形状分主要有螺旋弹簧、板弹簧、蜗卷弹簧几种,如图4-74所示。不同的弹簧用途不同:例如汽车、拖拉机、火车上使用的悬架弹簧,主要起缓冲或减振作用;汽车发动机中的气门弹簧,在外力去除后能自动恢复到原来位置,起到复位作用;钟表、玩具中的发条起储存和释放能量的作用。

对弹簧材料的主要性能要求是：高的弹性极限和高的屈强比，高的疲劳极限以及一定的塑性和韧性。一些特殊弹簧还要求有良好的耐热性和耐蚀性。

中碳钢和高碳钢都可制作弹簧，但因其淬透性和强度较低，只能用来制造截面较小、受力较小的弹簧。合金弹簧钢可制造截面较大、屈服极限较高的重要弹簧。

1. 汽车板簧的选材

汽车板簧用于缓冲和吸振，承受很大的交变应力和冲击载荷。其主要失效形式为刚度不足引起的过度变形或疲劳断裂。因此对汽车板簧材料的要求是有较高的屈服强度和疲劳极限。

汽车板簧一般选用弹性高的合金弹簧钢制造，例如 65Mn、60Si2Mn 钢等。对于中型或重型汽车，板簧还采用 50CrMn、55SiMnVB 钢；对于中型载货汽车用的大截面积板簧，则采用 55SiMnV、55SiMnVNb 钢制造。

板簧一般采用的加工工艺路线为热轧钢板冲裁下料→压力成形→淬火、中温回火→喷丸处理。喷丸强化处理也是对板簧进行表面强化的重要手段，目的是提高板簧的疲劳极限。

2. 气门弹簧的选材

气门弹簧是一种压缩螺旋弹簧，其用途是在凸轮、摇臂或挺杆的联合作用下，使气门打开和关闭。气门弹簧受力不是很大，可采用淬透性比较好、晶粒细小、有一定耐热性的 50CrVA 钢制造。其工艺路线为冷卷成形→淬火、中温回火→喷丸处理→两端磨平。

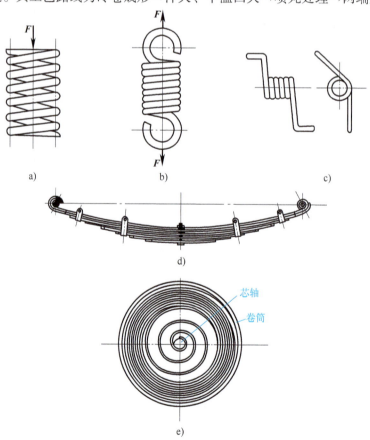

图 4-74 弹簧的种类

a）压缩螺旋弹簧 b）拉伸螺旋弹簧 c）扭转螺旋弹簧 d）板弹簧 e）蜗卷弹簧

4.4.4　箱体类零件的选材

一般箱体类零件结构复杂，具有不规则的外形和内腔，且壁厚不均匀。这类零件包括各种机械设备的横梁、支架、底座、齿轮箱、轴承座、阀体、泵体等，在汽车上的应用主要有气缸体、气缸盖、变速器壳体、驱动桥壳等。它们质量相差很大，工作条件相差也很大，其中有的基础件以承受压力为主，例如内燃机气缸体（如图4-75）、气缸盖，并要求有较好的刚度和减摩性；有的要承受弯曲、扭转、拉压和冲击载荷，例如汽车的驱动桥。总的来说，箱体类零件受力不大，但要求有良好的刚度和密封性。

根据箱体类零件的结构特点和使用要求，通常以铸件作为毛坯，且以铸造性能良好、价格低廉，具有良好的耐压、耐磨、减摩性的灰铸铁为主。对于质量要求不严格的一般内燃机的气缸盖、气缸体可采用灰铸铁制造；对于受力复杂或

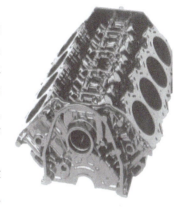

图4-75　内燃机气缸体

受冲击载荷的零件可采用铸钢、可锻铸铁或球墨铸铁制造，例如汽车的驱动桥壳。风冷发动机、小轿车发动机的气缸体、气缸盖可选用质量小、导热良好的铝合金制造。

对铸铁件应进行去应力退火或时效处理，对铸钢件常采用完全退火或正火处理。

4.4.5　其他零件的选材

1. 发动机缸套的选材

发动机的工作循环是在气缸内完成的。气缸内与活塞接触的内壁面，由于直接承受燃气的冲刷，并与活塞存在一定压力的高速相对运动会受到强烈的摩擦。气缸内壁的过量磨损是造成发动机大修的主要原因之一。因此，气缸的缸体一般采用普通铸铁或铝合金制造，而气缸工作面则用耐磨材料制成缸套（图4-76）镶入气缸内。

常用缸套材料为耐磨合金铸铁，主要有高磷铸铁、硼铸铁、合金铸铁等。为了提高缸套的耐磨性，可以用镀铬、表面淬火、喷镀金属钼或其他耐磨合金等办法对缸套进行表面处理。

图4-76　缸套

2. 活塞组的选材

活塞、活塞销和活塞环等零件组成活塞组（图4-77），与气缸体、气缸盖配合形成一个容积变化的密闭空间，以完成内燃机的工作过程，在工作中承受燃气作用力并通过连杆将力传给曲轴输出。活塞组工作条件十分苛刻，在高温、高压燃气条件下工作，工作温度最高可达1000℃以上，并在气缸内做高速往复运动，产生很大的惯性载荷。活塞在传力给连杆时，还承受着交变的侧压力。对活塞材料的性能要求是热强度高，导热性好，吸热性差，膨胀系数小，减摩性、耐磨性、耐蚀性和工艺性好。

常用的活塞材料是铝硅合金。铝合金的特点是导热性好、密度小；硅的作用是使膨胀系

数减小，耐磨性、耐蚀性、硬度、刚度和强度提高。铝硅合金活塞需进行固溶处理及人工失效处理，以提高表面硬度。

活塞销传递的力矩比较大，且承受交变载荷。这就要求活塞销材料有足够的刚度、强度及耐磨性，还要求外硬内韧，同时具有较高的疲劳极限和冲击韧性。活塞销材料一般选用 20、20Cr、18CrMnTi 等低合金钢。活塞销外表面应进行渗碳或碳氮共渗处理，以满足活塞销外表面硬而耐磨、内部韧性好而耐冲击的要求。

活塞环材料应具有一定的耐磨性、韧性以及良好的耐热性、导热性和易加工性等性能特点。目前一般多采用以珠光体为基体的灰铸铁或在灰铸铁的基础上添加一定量的铜、铬、钼及钨等合金元素的合金铸铁，也有的采用球墨铸铁或可锻铸铁。为了改善活塞环的工作性能，活塞环宜进行表面处理，目前应用最广泛的是镀铬，可使活塞环的使用寿命提高 2～3 倍；其他表面处理的方法还有喷镀、磷化、氧化、涂敷合成树脂等。

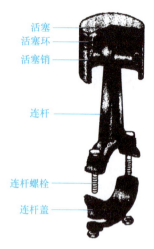

图 4-77　汽车活塞组

3. 连杆的选材

连杆（图 4-78）是汽车发动机中的重要零件。其作用是连接活塞和曲轴，并将活塞的往复运动转变为曲轴的旋转运动，把作用在活塞上的力传给曲轴以输出功率。

图 4-78　连杆

汽车活塞连杆组的选材

连杆工作时受到复杂的拉、压应力的作用，还要承受气体做功时的冲击载荷。其主要失效形式是疲劳断裂和过量变形。因此要求连杆材料必须具有良好的综合力学性能及高的疲劳极限。

通常连杆材料选用综合力学性能好的中碳钢和中碳合金钢，例如 45、40Cr、40MnB 等。合金钢虽具有很高的强度，但对应力集中很敏感。所以，在连杆外形、过渡圆角等方面须严格要求，还应注意表面加工质量，以提高疲劳极限，否则高强度合金钢的应用并不能达到预期效果。

4. 气门的选材

气门的主要作用是打开和关闭进、排气道。气门工作时，需要承受较高的机械负荷和热负荷，尤其是排气门工作温度高达 650～850℃。另外，气门头部还承受气体压力及落座时因惯性力而产生的较大的冲击。气门经常出现的故障有气门座扭曲、气门头部变形、气门座表面积炭时引起燃烧废气对气门座表面强烈地烧蚀。

对气门的要求是保证燃烧室的气密性。气门材料应选用耐热、耐

汽车发动机气门组的选材

蚀、耐磨的材料。进、排气门工作条件不同，材料的选择也不同。进气门一般可用 40Cr、35CrSi、38CrSi、35CrMo、42Mn2V 等合金钢制造；排气门则要求用高铬耐热钢制造。采用 4Cr10Si2Mo 作为气门材料时，可承受的工作温度为 550~650℃；采用 4Cr14Ni14W2Mo 作为气门材料时，可承受的工作温度为 650~900℃。

5. 汽车冷冲压零件的选材

在汽车零件中，冷冲压零件种类繁多，约占总零件数的 50%~60%，车身（图 4-79）、纵梁（图 4-80）、翼子板（图 4-81）等都是冷冲压零件。汽车冷冲压零件采用的材料有钢板和钢带，钢板包括热轧钢板和冷轧钢板。

图 4-79　车身

图 4-80　纵梁

图 4-81　翼子板

热轧钢板主要用来制造一些承受一定载荷的结构件，例如保险杠、制动盘、纵梁等。这些零件不仅要求钢板具有一定的刚度、强度，而且要求钢板具有良好的冲压成形性能。冷轧钢板主要用来制造形状复杂、受力较小的机械外壳、驾驶室车身等覆盖零件。这些零件对钢板的强度要求不高，但却要求具有优良的表面质量和良好的冲压性能，以保证高的成品合格率。

近年开发的加工性能良好、屈服强度和抗拉强度高的薄钢板（高强度钢板），由于其可降低汽车自重，提高燃油经济性，在汽车上获得广泛应用。高强度钢板已用于制造横梁、边梁、保险杠、车顶、车门、前脸、后围、行李舱、发动机舱盖等。

4.4.6　钢铁材料在汽车上的应用

目前，钢铁材料在汽车上的应用占主导地位。表 4-28 和表 4-29 分别为钢铁材料在汽车发动机和底盘及车身主要零件上的应用。

表 4-28　钢铁材料在汽车发动机主要零件上的应用

代表零件	材料种类及牌号	使用性能要求	主要失效形式	热处理及其他
气缸体、气缸盖、飞轮、正时齿轮	灰铸铁：HT200	刚度、强度、尺寸稳定性	产生裂纹、孔壁磨损、翘曲变形	不处理或去应力退火；也可用 ZL104 铝合金制作气缸体、气缸盖，固溶处理后时效处理
缸套、排气门座等	合金铸铁	耐磨性、耐热性	过量磨损	铸造状态
曲轴等	球墨铸铁：QT600-2	刚度、强度、耐磨性	过量磨损、断裂	表面淬火、圆角滚压、渗氮，也可以用锻钢件
活塞销等	渗碳钢：20、20Cr、18CrMnTi、12Cr2Ni4	强度、冲击韧性、耐磨性	磨损、变形、断裂	渗碳、淬火、回火

（续）

代表零件	材料种类及牌号	使用性能要求	主要失效形式	热处理及其他
连杆、连杆螺栓、曲轴等	调质钢：45、40Cr、40MnB	强度、疲劳极限、冲击韧性	过量变形、断裂	调质、探伤
各种轴承、轴瓦	轴承钢、轴承合金	耐磨性、疲劳极限	磨损、剥落、烧蚀破裂	不热处理（外购）
排气门	高铬耐热钢：4Cr10Si2Mo、4Cr14Ni14W2Mo	耐热性、耐磨性	起槽、变宽、氧化烧蚀	淬火、回火
气门弹簧	弹簧钢：65Mn、50CrVA	疲劳极限	变形断裂	淬火、中温回火
活塞	高硅铝合金：ZL108、ZL110	耐热强度	烧蚀、变形、断裂	固溶处理及时效处理
支架、盖、罩、挡板、油底壳等	钢板：Q235、08、20、16Mn	刚度、强度	变形	不热处理

表 4-29　钢铁材料在汽车底盘及车身主要零件上的应用

代表零件	材料种类及牌号	使用性能要求	主要失效形式	热处理及其他
纵梁、横梁、传动轴（4000r/min）、保险杠、钢圈等	钢板：25、16Mn	强度、刚度、韧性	弯曲、扭斜，铆钉松动、断裂	要求用冲压工艺好的优质钢板
前桥（前轴）转向节臂（羊角）、半轴等	调质钢：45、40Cr、40MnB	强度、韧性、疲劳极限	弯曲变形、扭转变形、断裂	模锻成形、调质处理、圆角滚压、无损探伤
变速器齿轮、后桥齿轮等	渗碳钢：20CrMnTi、40MnB	强度、耐磨性、接触疲劳极限及断裂强度	麻点、剥落、齿面过量磨损、变形、断齿	渗碳（渗碳层深度0.88mm以上）淬火、回火，表面硬度为58~62HRC
变速器壳、离合器壳	灰铸铁：HT200	刚度、尺寸稳定性、一定的强度	产生裂纹、轴承孔磨损	去应力退火
后桥壳等	可锻铸铁：KTH350-10　球墨铸铁：QT400-10	刚度、尺寸稳定性、一定的强度	弯曲、断裂	后桥还可以用优质钢板冲压后焊成或用铸钢
钢板弹簧	弹簧钢：65Mn、60Si2Mn、50CrMn、55SiMnVB	耐疲劳、冲击和腐蚀	折断、弹性减退、弯度减小	淬火、中温回火、喷丸强化
驾驶室、车厢罩等	08钢板、20钢板	刚度、尺寸稳定性	变形、开裂	冲压成形
分泵活塞、油管	非铁金属：铝合金、纯铜	耐磨性、强度	磨损、开裂	

拓展知识

国家体育场（鸟巢）用钢

国家体育场"鸟巢"（图 4-82）位于北京奥林匹克公园中心区南部，为 2008 年北京奥运会的主体育场。工程总占地面积 21 万 m²，场内观众座席约为 91000 个。在"鸟巢"举行了奥运会、残奥会开闭幕式、田径比赛及足球比赛决赛。2008 年北京奥运会后"鸟巢"成为北京市民参与体育活动及享受体育娱乐的大型专业场所，并成为地标性的体育建筑和奥运遗产。

图 4-82 国家体育场"鸟巢"及"鸟巢"一角

"鸟巢"设计用钢量 4.2 万 t，是目前国内外体育场馆中用钢量最多、规模最大、施工难度特别大的工程之一，尤其是巢结构受力最大的柱脚部位，材料的好坏、焊接质量的高低直接影响到整个工程的安全性。"鸟巢"外形结构主要由巨大的门式钢架组成，共有 24 根桁架柱。"鸟巢"建筑顶面呈鞍形，长轴为 332.3m，短轴为 296.4m，最高点高度为 68.5m，最低点高度为 42.8m。

"鸟巢"结构设计奇特新颖，而这次搭建它的钢结构的 Q460 也有很多"独到之处"：Q460 是一种低合金高强度钢，它在受力强度达到 460MPa 时才会发生塑性变形，这个强度要比一般钢材大，因此生产难度很大。这是中国国内在建筑结构上首次使用 Q460 规格的钢材，而这次使用的钢板厚度达到 110mm，是以前绝无仅有的。

本章小结

1. 钢铁材料是汽车制造工业中应用最广泛的材料，包括碳素钢、合金钢和铸铁。常存杂质对钢的性能有一定影响，其中锰、硅是有益元素，硫、磷是有害元素。

2. 碳素钢是指碳的质量分数小于 2.11%，并含有少量锰、硅、硫、磷等杂质元素的铁碳合金，在汽车上主要用于形状简单、受力较小的零件，例如驾驶室外壳、油底壳、气缸盖、连杆、变速杆、活塞销卡簧等。

3. 合金钢是在碳素钢的基础上，为了改善钢的性能，在冶炼时有目的地加入了一种或多种合金元素的钢，在汽车上主要用于受力复杂、承受载荷较大的重要件，例如车架纵、横梁、汽车变速齿轮、汽车后半轴、汽车板簧、发动机排气阀等。

4. 铸铁是碳的质量分数大于2.11%的铁碳合金。因其生产工艺简单、成本低，具有良好的铸造性能、减振性能、减磨性能、可加工性和对缺口不敏感等特点，在汽车制造业应用很广。汽车发动机气缸体、气缸盖、活塞环、变速器外壳、后桥壳等都可以用铸铁制造。

5. 汽车上重要齿轮通常选择合金渗碳钢、合金调质钢制造，不重要齿轮可以用普通碳素钢、灰铸铁制造；汽车轴类零件大多选用合金调质钢制造；汽车弹簧通常用合金弹簧钢制造；箱体类零件可以选用铸铁、铸铝和铸钢制造。

测 试 题

一、填空题

1. 碳素钢简称碳钢，通常指碳的质量分数小于_____，并含有少量锰、硅、硫、磷等杂质元素的_____合金。

2. 碳素钢根据碳的质量分数的多少可分为_____、_____和_____。

3. Q235AF表示屈服强度为_____MPa的_____级沸腾钢，可用于制造发动机连接板、后视镜支架等。

4. 45钢按用途分类属于_____钢，按钢中有害元素S、P含量多少分类属于_____钢。

5. 所谓合金钢，是指在碳素钢的基础上，为了改善钢的某些性能，在冶炼时有目的地加入一些_____炼成的钢。

6. 灰铸铁、可锻铸铁、球墨铸铁及蠕墨铸铁中石墨的形态分别为_____状、_____状、_____状和_____状。

二、选择题

1. 常用冷冲压方法制造的汽车油底壳应选用（   ）。
   A. 08钢　　　　　　B. 45钢　　　　　　C. T10A钢

2. 20钢属于低碳钢，其平均碳的质量分数为0.20%，用于制造汽车的（   ）。
   A. 气门弹簧　　　　B. 风扇叶片　　　　C. 凸轮轴

3. 45钢平均碳的质量分数为（   ），用于制造连杆螺母、气门推杆等要求有良好综合力学性能的零件。
   A. 0.45%　　　　　B. 4.5%　　　　　　C. 45%

4. 汽车上的变速齿轮、万向节十字轴、活塞销和气门挺杆等，它们的表面要求具有高硬度、高耐磨性，而心部则要求具有高的强度和韧性，因而这些零件大多采用（   ）制造。
   A. 合金渗碳钢　　　B. 合金调质钢　　　C. 合金弹簧钢

5. 为了保证气门弹簧的性能要求，65Mn钢制造的气门弹簧最终要进行（   ）处理。
   A. 淬火和低温回火　B. 淬火和中温回火　C. 淬火和高温回火

6. 铬不锈钢的合金元素以铬为主，其质量分数一般大于（   ）。

A. 0.13%　　　　　B. 1.3%　　　　　C. 13%

7. HT150可用于制造（　　）。

A. 汽车变速齿轮　　B. 汽车变速器壳　　C. 汽车板簧

三、判断题

1. 硫、磷是钢中的有害元素，随着其含量的增加，会使钢的韧性降低，硫使钢产生冷脆，磷使钢产生热脆。（　　）

2. 40Cr钢是最常用的合金调质钢，常用于制造转向节、气缸盖螺栓等。（　　）

3. Q345钢与Q235钢中碳的质量分数基本相同，但前者的强度明显高于后者。（　　）

4. GCr15钢是滚动轴承钢，其铬的质量分数为15%。（　　）

5. 铸钢用于制造形状复杂、难以锻压成形、要求有较高的强度和塑性，并承受冲击载荷的零件。（　　）

6. 可锻铸铁比灰铸铁的塑性好，因此可以进行锻压加工。（　　）

四、简答题

1. 合金钢和碳素钢相比有哪些优点？

2. 举例说出合金渗碳钢、合金调质钢、合金弹簧钢、滚动轴承钢及耐热钢在汽车上的应用。

3. 制造汽车后桥壳等薄壁铸件应采用可锻铸铁还是球墨铸铁？为什么？

4. 为什么球墨铸铁的强度和韧性比灰铸铁、可锻铸铁高？

5. 填写下表，说明各种钢的类别以及牌号中符号和数字的含义。

钢　号	钢的类别	符号和数字的含义
Q235AF		
08F		
45		
65Mn		
T12A		
ZG270-500		

6. 试为下列汽车零件选择合适的制造材料。

名　称	材料牌号	名　称	材料牌号
后视镜支架		钢板弹簧	
油底壳		发动机的进、排气门	
驾驶室外壳		喷油器	
气门推杆		气缸体	
气门弹簧		曲轴	
车架纵、横梁		变速器壳	
变速齿轮		汽车后桥壳	

7. 归纳对比各类合金钢。

类 别		成分特点	常用牌号举例	热处理方法	性能特点	应用举例
合金结构钢	低合金高强钢					
	合金渗碳钢					
	合金调质钢					
	合金弹簧钢					
	滚动轴承钢					
合金工具钢	低合金刃具钢					
	高速钢					
	冷作模具钢					
	热作模具钢					
	合金量具钢					
特殊性能钢	马氏体不锈钢					
	铁素体不锈钢					
	奥氏体不锈钢					
	高锰耐磨钢					

第5章

汽车用非铁金属

知识目标

1. 了解铝及铝合金、铜及铜合金以及滑动轴承合金的分类。
2. 掌握铝及铝合金、铜及铜合金以及滑动轴承合金的牌号（代号）、性能及其在汽车上的应用。

能力目标

能够识别汽车上使用的非铁金属。

案例引入

现代汽车对节能、环保、安全和轻量化等方面不断提出新的要求，使得非铁金属的应用逐步扩大，产品的种类逐步增多。目前，铝合金轮毂、发动机，镁合金转向盘等正在各类车辆中普及，我国一汽新开发的大红旗轿车，已采用全铝车身框架结构（ASF），可降低车身总质量30%以上。那么根据怎样的原则来选取非铁金属制造汽车零部件呢？

工业生产中，通常把铁及其合金称为钢铁材料，把钢铁材料以外的其他金属称为非铁金属。非铁金属具有特殊的电、磁、热性能和耐蚀性，高的比强度（强度/密度），是实现汽车轻量化的理想材料，因而在现代汽车工业中得到了广泛的应用。汽车上常用的非铁金属主要有铝、铜及其合金和滑动轴承合金。近年来钛、镁、锌及其合金和粉末冶金材料的应用也日趋广泛。

5.1 铝及铝合金

5.1.1 纯铝

1. 纯铝的特性及应用

（1）特性　纯铝呈银白色，熔点为660℃，密度为$2.72g/cm^3$，是除镁和铍外最轻的工程金属，经常用作各种轻质结构材料。工业纯铝导电性好，仅次于银、铜和金，居第四位。其导热性是铁的3倍。由于铝的表面能生成一层致密的氧化铝薄膜，可以阻止铝进一步氧化，因此其抗大气腐蚀性能好，但对酸、碱、盐的耐蚀性较差。纯铝具有极好的塑性（$A=30\%\sim50\%$，$Z=80\%$），容易加工成各种丝、线、棒、箔、片等型材，但纯铝的强度、硬度很低（$R_m=70\sim100\text{MPa}$，20HBW），焊接性能较差，一般不适宜制作各种结构件。

（2）应用　纯铝的主要用途是代替贵重的铜制作导线、电缆、电器元件等，还可制作质量小、导热、耐大气腐蚀的器具及包覆材料，在汽车上常用于制作垫片、内外装饰件和铭牌等。

2. 纯铝的牌号

纯铝中铝的质量分数大于99.00%，其牌号用1×××表示。牌号的最后两位数字表示最低铝百分含量，牌号的第2位字母表示原始纯铝的改型，如果字母为A，则表示原始纯铝，如果是B～Y的其他字母，则表示为原始纯铝的改型。例如牌号1A60的铝板，表示其是最低铝的百分含量应为99.60%的原始纯铝。

5.1.2　铝合金

纯铝因其强度、硬度很低，可加工性和焊接性能较差，在汽车工业中使用较少。若向纯铝中加入适量的硅、铜、镁、锰等合金元素制成铝合金，则不仅保持了纯铝密度小、导热性和导电性好的优点，其强度和硬度也得到了大大改善。铝合金常用于制造质量小、强度要求较高的零件。

铝合金在汽车上的应用日趋广泛，不仅可用于制造活塞、气缸体、气缸盖、连杆和进气歧管等发动机零件，还可用于制造轮毂、离合器壳、转向器壳和变速器拨叉等底盘零件，甚至车身、车架等也开始采用铝合金制造。常见铝合金制造的汽车零件如图5-1所示。

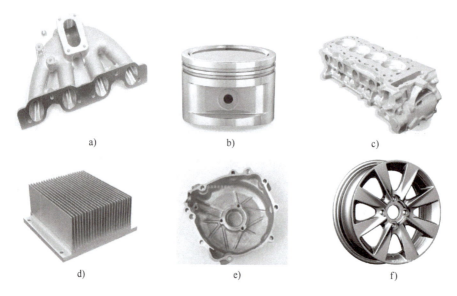

图5-1　常见铝合金制造的汽车零件

a）进气歧管　b）活塞　c）气缸盖　d）散热器　e）离合器壳　f）轮毂

根据铝合金的成分和工艺特点，可将其分为变形铝合金和铸造铝合金两大类。

1. 变形铝合金

（1）特点与分类　变形铝合金的塑性好，变形抗力小，适合通过压力加工成形，通常在冶金厂加工成各种规格的型材，用于各种汽车零件的制造。按其化学成分与主要性能特点，变形铝合金分为防锈铝、硬铝、超硬铝和锻铝 4 种，其中防锈铝是不能热处理强化的铝合金。

（2）牌号　按 GB/T 16474—2011《变形铝及铝合金牌号表示方法》规定，变形铝合金牌号用"×A××"表示，牌号的第 1、3、4 位为数字。其中第 1 位数字依主要合金元素 Cu、Mn、Si、Mg、Mg_2Si、Zn 的顺序来表示变形铝合金的组别，按主要合金元素的排列顺序分别标示为 2、3、4、5、6、7；后两位数字表示同一组别中不同铝合金的序号。例如，"2A11"表示以 Cu 为主要合金元素的 11 号变形铝合金；"5A50"表示以 Mg 为主要合金元素的变形铝合金。

常用变形铝合金的牌号、性能及应用见表 5-1。

表 5-1　常用变形铝合金的牌号、性能及应用

类　别	原代号	新牌号	力学性能			性能特点	应用举例
			R_m/MPa	A（%）	HBW		
防锈铝	LF5	5A05	280	20	70	具有优良的塑性，良好的耐蚀性和焊接性，但可加工性差，不能用热处理强化	用于制作有耐蚀性要求的容器，例如焊接油箱、油管、铆钉及受力小的零件
	LF21	3A21	130	20	30		
硬铝	LY1	2A01	300	24	70	通过淬火、时效处理，抗拉强度可达 400MPa，比强度高，但不耐海水和大气的腐蚀	用于工作温度不超过 100℃ 的中等强度铆钉
	LY11	2A11	420	18	100		用于中等强度的结构件，例如骨架、螺旋桨叶片、铆钉等
	LY12	2A12	470	17	105		用于高强度结构件及 150℃ 以下工作的零件，例如飞机的骨架零件、蒙皮、翼梁等
超硬铝	LC4	7A04	600	12	150	塑性中等，强度高，可加工性良好，耐蚀性中等，点焊性能良好，但气焊性能不良	用于受力大的重要结构件，例如飞机大梁、起落架、加强框等
锻铝	LD5	2A50	420	13	105	力学性能与硬铝相近，有良好的热塑性，适合于锻造	形状复杂和中等强度的锻件及冲压件如压气机叶片等
	LD7	2A70	415	13	120		高温下工作的复杂锻件，例如内燃机活塞等

2. 铸造铝合金

（1）特点与分类　用于制造铸件的铝合金称为铸造铝合金，简称铸铝。它的力学性能不如变形铝合金，但其铸造性能好，可通过铸造生产形状复杂的铸件。根据添加元素的不同，常用的铸造铝合金有铝硅合金、铝铜合金、铝镁合金及铝锌合金等，其中以铝硅合金应用最多。

（2）牌号与代号　根据 GB/T 1173—2013《铸造铝合金》规定，铸造铝合金牌号由 Z（"铸"字汉语拼音字首）Al + 主要合金元素的元素符号及其平均质量分数组成，例如 ZAl-Si12 表示为 $w_{Si} = 12\%$，其余为 Al 的铝硅铸造合金。如果合金元素质量分数小于 1%，一般不标数字，必要时可用 1 位小数表示。

铸造铝合金代号用"铸铝"两字的汉语拼音字首"ZL"及 3 位数字表示。ZL 后的第 1 位数字表示合金系列，其中"1"表示铝硅合金，"2"表示铝铜合金，"3"表示铝镁合金，"4"表示铝锌合金；后两位数字表示合金顺序号。例如 ZL102 表示 02 号铝硅系铸造铝合金。

1）Al—Si 系铸造铝合金。这类合金又称为硅铝明，它具有铸造性能好、密度小、线膨胀系数小、导热性和耐蚀性好等特点，是铸造性能与力学性能配合最佳的一种铸造合金。在该合金的基础上，加入适量的 Cu、Mn、Mg、Ni 等元素，可发展成为可时效强化的铝硅合金，称为特殊硅铝明。铝硅合金是目前应用最广的铸造铝合金，常用的有 ZL102、ZL104 和 ZL108 等，在汽车上常用于制造发动机活塞、气缸体和风扇叶片等。

2）Al—Cu 系铸造铝合金。这类铝合金具有较高的强度和耐热性，但铸造性能、耐蚀性和比强度不如 Al—Si 合金；常用的有 ZL201、ZL202、ZL203 等，主要用于制造在 300℃ 以下工作的要求高强度的零件，例如增压器的导风叶轮、静叶片等。

3）Al—Mg 系铸造铝合金。这类铝合金具有良好的耐蚀性和较高的强度，密度小（2.55g/cm³），但其铸造性能差，易氧化和产生裂纹；常用的有 ZL301、ZL303，主要用于制造在海水中承受较大冲击力和外形不太复杂的铸件，例如舰船和动力机械零件。

4）Al—Zn 系铸造铝合金。这类铝合金具有较高的强度和良好的铸造性能、可加工性和焊接性能，但耐蚀性差，密度大，热裂倾向较大；常用的有 ZL401、ZL402，主要用于制造汽车、拖拉机发动机零件及形状复杂的仪器零件、医疗器械等。

常用铸造铝合金的牌号、性能及应用见表 5-2。

表 5-2　常用铸造铝合金的牌号、性能及应用

类别	牌号	代号	应　用
铝硅合金	ZAlSi7Mg	ZL101	形状复杂的零件，例如飞机、仪器零件、抽水机壳体等
	ZAlSi12	ZL102	工作温度在 200℃ 以下的高气密性、低载荷零件，例如仪表、抽水机壳体等
	ZAlSi9Mg	ZL104	工作温度在 250℃ 以下形状复杂的零件，例如电动机壳体、气缸体等
	ZAlSi5Cu1Mg	ZL105	工作温度在 250℃ 以下形状复杂的零件，例如风冷发动机气缸头、机匣、油泵壳体等
	ZAlSi12Cu2Mg1	ZL108	要求高温下高强度及低膨胀系数的零件，例如高速内燃机活塞等
铝铜合金	ZAlCu5Mn	ZL201	砂型铸造工作温度为 175~300℃ 的零件，例如内燃机气缸头、活塞等
	ZAlCu10	ZL202	高温下工作不受冲击的零件和要求硬度较高的零件
	ZAlCu3	ZL203	中等载荷、形状比较简单的零件
铝镁合金	ZAlMg10	ZL301	承受冲击载荷、外形不太复杂、在大气或海水中工作的零件，例如舰船配件、氨用泵体、内燃机车配件等
	ZAlMg5Si1	ZL303	
铝锌合金	ZAlZn11Si7	ZL401	结构、形状复杂的汽车、飞机、仪器仪表零件，也可制造日用品
	ZAlZn6Mg	ZL402	

5.1.3 铝及铝合金在汽车上的应用

铝具有比强度高、耐蚀性优良、适合多种成形方法、较易再生利用等优点，是汽车工业应用较多的金属材料。特别是能源、环境、安全等方面的原因使汽车轻量化的需求越来越迫切，使用轻量化材料是实现汽车轻量化的重要途径，而铝是应用得比较成熟的轻量化材料。近20年来，铝在汽车上的用量和在汽车材料构成中所占份额都有明显的增加，由铝合金制造的零件已经遍及汽车的发动机、底盘、车身等各个部分。

汽车上应用的铝合金以铸造铝合金为主，主要用于活塞、气缸盖、气缸体等零件。与铸铁比，铝的导热性能约高3倍，因而适于制造需要散热的换热器。此外，铸造铝合金还用于制造离合器壳体、变速器壳体、后桥壳、转向器壳体、摇臂盖、正时齿轮壳体等壳体类零件，发动机部件，以及保险杠、轮毂、发动机框架、转向节液压泵体、制动钳、油缸及制动盘等非发动机结构件。发动机部件用铝合金制造轻量化效果最为明显，一般可减重30%以上。

5.2 铜及铜合金

铜是人类历史上应用最早的金属，也是至今应用最广的非铁金属之一。铜及铜合金具有优良的导电性、导热性，较强的抗大气腐蚀性和一定的力学性能，优良的减摩性和耐磨性，良好的可加工性，被广泛地应用在电气、仪表、汽车、造船及机械制造工业中。据统计，一辆载货汽车需用20kg左右的铜。汽车上使用的铜主要是纯铜、黄铜和青铜。

5.2.1 纯铜

1. 纯铜的特性及应用

（1）特性　工业用纯铜中铜的质量分数高于99.95%，呈玫瑰红色。当其表面生成氧化铜后，呈紫色，故又称紫铜。纯铜密度为8.96g/cm³，熔点为1083℃，具有优良的导电性和导热性，很高的化学稳定性，在大气、淡水和冷凝水中有良好的耐蚀性。但其强度不高（R_m = 230 ~ 250MPa），硬度很低（40 ~ 50HBW），塑性很好（A = 45% ~ 55%）。经冷塑性变形后，其抗拉强度R_m可提高到400 ~ 500MPa，但断后伸长率A急剧下降到2%左右。

（2）应用　由于工业纯铜强度、硬度低，不宜作为受力的结构材料。纯铜在汽车上的应用主要是利用其导电性，制作导线、电缆和电气插头等电气元件；利用其导热性制作散热器等导热元件。此外，纯铜还可用于制作气缸垫、进排气管垫、轴承衬垫和油管等。

2. 纯铜的牌号

工业纯铜按杂质含量分为T1、T2、T3、T4共4个牌号，其中"T"是"铜"字汉语拼音首字母，数字表示顺序号，数字越大则纯度越低。

5.2.2 铜合金

纯铜因其成本较高，强度低，不适宜作为结构件。若向纯铜中加入合金元素制成铜合金，则不仅提高了强度，而且仍能保持纯铜优良的物理和化学性能。因此，在机械工业中广泛使用的是铜合金。

铜合金按加入主要合金元素分为黄铜、青铜、白铜三大类。

1. 黄铜

以锌为主要加入元素的铜合金称为黄铜。黄铜分为普通黄铜和特殊黄铜两类。黄铜按生产方式可分为压力加工黄铜及铸造黄铜。

（1）普通黄铜　普通黄铜是指铜锌二元合金。普通黄铜具有良好的耐蚀性和压力加工性能，并具有一定的塑性和强度。普通加工黄铜牌号用"H + 数字"表示。H 为"黄"字汉语拼音首字母，数字表示铜的质量分数。例如 H68 表示平均 $w_{Cu}=68\%$，其余为锌的普通黄铜。

H70、H68 等塑性好，适于制造形状复杂、耐腐蚀的冲压件，例如子弹壳（图 5-2）、散热器外壳、导管、雷管等。

H62、H59 等热加工性能好，适合进行热变形加工，有较高强度，可制造一般机器零件，例如阀门（图 5-3）、铆钉、垫圈、螺钉、螺母等。

图 5-2　子弹壳

图 5-3　阀门

H80 等含铜量高的黄铜，色泽金黄，并且具有良好的耐蚀性，可用作装饰品、电镀、散热器管等。

（2）特殊黄铜　在 Cu 与 Zn 的基础上加入其他元素的铜合金，称为特殊黄铜。合金元素的加入，改善了黄铜的力学性能、耐蚀性和某些工艺性能。例如，加入铝能提高黄铜的强度、硬度和耐磨性；加入硅能提高黄铜的强度、硬度和铸造性能；加入锰能提高黄铜的力学性能和耐蚀性；加入锡能提高黄铜的耐蚀性，尤其能提高黄铜在海水中的耐蚀性；加入铅能改善黄铜的可加工性等。

压力加工特殊黄铜牌号用"H + 主加合金元素符号 + 铜的平均质量分数 + 合金元素平均质量分数"表示。例如 HPb59-1 表示平均 $w_{Cu}=59\%$、$w_{Pb}=1\%$，其余为锌的铅黄铜。

（3）铸造黄铜　铸造黄铜牌号用"Z + 铜和合金元素符号 + 合金元素平均质量百分数"表示。例如，ZCuZn38 表示平均 $w_{Zn}=38\%$，其余为铜的铸造普通黄铜；ZCuZn16Si4 表示平均 $w_{Zn}=16\%$、$w_{Si}=4\%$，其余为铜的铸造硅黄铜。

常用黄铜的牌号、化学成分、力学性能及应用见表 5-3。

表 5-3 常用黄铜的牌号、化学成分、力学性能及应用

组别	牌号	化学成分（%）		力学性能		主要应用
		Cu	其他	R_m/MPa	A（%）	
普通黄铜	H90	88.0~91.0	Zn	245/395	35/3	双金属片、供水和排水管、证章、艺术品
	H68	67.0~70.0	Zn	294/392	40/13	冷凝管、散热器及导电零件、轴套等
	H62	60.5~63.5	Zn	294/412	40/10	机械、电器零件，铆钉、螺母、垫圈、散热器及焊接件、冲压件
特殊黄铜	HSn62-1	61.0~63.0	0.7~1.1Sn 余量 Zn	249/392	35/5	与海水和汽油接触的船舶零件
	HMn58-2	57.0~60.0	1.0~2.0Mn 余量 Zn	382/588	30/3	船舶零件及轴承等耐磨零件
	HPb59-1	57.0~60.0	0.8~1.9Pb 余量 Zn	343/441	25/5	热冲压及切削加工零件，例如销、螺钉、轴套等
铸造黄铜	ZCuZn38	60.0~63.0	余量 Zn	295/295	30/30	一般结构件，例如螺杆、螺母、法兰、阀座、日用五金等。
	ZCuZn31Al2	60.0~68.0	2.0~3.0Al 余量 Zn	295/390	12/15	压力铸造件，例如电机、仪表等以及造船和机械制造中的耐蚀零件
	ZCuZn40Mn2	57.0~60.0	1.0~2.0Mn 余量 Zn	345/390	20/25	在空气、淡水、海水、蒸汽（<300℃）和各种液体、燃料中工作的零件

注：力学性能中分母的数值，对加工黄铜是指加工硬化状态的数值，对铸造黄铜是指金属型铸造时的数值；分子的数值，对加工黄铜为退火状态的数值，对铸造黄铜为砂型铸造时的数值。

2. 青铜

除黄铜和白铜（铜镍合金）以外的所有铜合金统称为青铜。青铜根据主要加入元素分为锡青铜、铝青铜、铅青铜、铍青铜等。

加工青铜的代号用"Q+主加元素符号及平均含量（质量分数×100）+其他元素的平均含量（质量分数×100）"表示，例如 QSn4-3 表示含 $w_{Sn}=4\%$、$w_{Zn}=3\%$ 的锡青铜。

铸造青铜的牌号表示方法与铸造黄铜相同，例如 ZCuSn5Zn5Pb5 表示 $w_{Sn}=5\%$、$w_{Zn}=5\%$、$w_{Pb}=5\%$ 的铸造锡青铜。

（1）锡青铜　以 Sn 为主加元素的铜合金称为锡青铜。锡青铜具有耐蚀、耐磨、强度高、弹性好、铸造性能好等特点，特别适合于铸造形状复杂的铸件，例如青铜鼎（图 5-4）、青铜剑（图 5-5）等。

工业上常用锡青铜有 QSn4-3、QSn6.5-0.1、ZCuSn10P1 等，主要用于制造弹性元件、轴承等耐磨零件、抗磁及耐蚀零件。在汽车上常用锡青铜制造发动机摇臂衬套（图 5-6）、活塞销衬套等。

图 5-4 青铜鼎

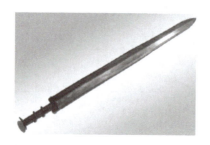

图 5-5 青铜剑

图 5-6 摇臂衬套

(2)铝青铜 以 Al 为主加元素的铜合金称为铝青铜。铝青铜的强度、硬度、耐磨性、耐热性、耐蚀性都高于黄铜和锡青铜,但其铸造性能、焊接性能较差,此外它还有冲击时不发生火花等特性。常用铝青铜有 QAl7、QAl9-2 等,主要用于机械、化工、造船及汽车工业中的轴套、齿轮、蜗轮、管路配件等零件。

(3)铅青铜 以 Pb 为主加元素的铜合金称为铅青铜。铅青铜减磨性好,疲劳极限高并有良好的热传导性,是一种重要的高速重载滑动轴承合金。常用的铅青铜有 ZCuPb30、ZCuPb10Sn10、ZCuPb15Sn8 等,主要用作高压、高速条件下工作的耐磨零件。

(4)铍青铜 以 Be 为主加元素的铜合金称为铍青铜,一般铍的质量分数为 1.7 ~ 2.5%。铍青铜具有很高的强度、硬度、疲劳极限和弹性极限,而且具有耐蚀、耐磨、无磁性,导电和导热性好,铸造性能好,受冲击无火花等优点。常用的铍青铜有 QBe2、QBe1.5 等,主要用于制作高级精密的弹性元件,例如弹簧、膜片、膜盘等;特殊要求的耐磨零件,例如钟表的齿轮和发条、压力表游丝;高速、高温、高压下工作的轴承、衬套及矿山、炼油厂用的冲击不带火花的工具。铍青铜价格较贵,所以应用受到限制。

常用青铜的牌号、性能及应用见表 5-4。

表 5-4 常用青铜的牌号、性能及应用

类别	牌号	化学成分(%)		状态	力学性能			应用
		主加元素	其他		R_m/MPa	A%	HBW	
锡青铜	QSn4-3	Sn3.5 ~ 4.5	Zn2.7 ~ 3.7 Cu 余量	T L	350 550	40 4	60 160	制作弹性元件、化工设备的耐蚀零件、抗磁零件
	QSn7-0.2	Sn6.0 ~ 8.0	P0.1 ~ 0.25 Cu 余量	T L	360 500	64 15	75 180	制作中等负荷、中等滑动速度下承受摩擦的零件,例如轴套、涡轮等
	ZCuSn10P1	Sn9.0 ~ 11.0	P0.5 ~ 1.0 Cu 余量	S J	220 250	3 5	79 89	用于高负荷和高滑动速度下工作的耐磨件,例如轴瓦等
铝青铜	ZCuAl9Mn2	Al8.5 ~ 10.0 Mn1.5 ~ 2.5	Cu 余量	S J	390 440	20 20	83 93	耐磨、耐蚀零件,形状简单的大型铸件和要求气密性高的铸件
	QAl7	Al6.0 ~ 8.0	Cu 余量	L	637	5	157	重要用途弹簧和弹性元件

(续)

类别	牌号	化学成分（%）		状态	力学性能			应用
		主加元素	其他		R_m/MPa	A%	HBW	
铅青铜	ZCuPb30	Pb27.0～33.0	Cu 余量	J			25	要求高滑动速度的双金属轴瓦减磨零件
铍青铜	QBe2	Be1.9～2.2	Ni0.2～0.5 Cu 余量	T L	500 850	40 4	90 250	重要的弹簧及弹性元件，耐磨零件及在高速、高压下工作的轴承

注：T——退火状态，L——冷变形状态，S——砂型铸造，J——金属型铸造。

3. 白铜

白铜是以 Ni 为主要加入元素的铜合金。白铜分普通白铜和特殊白铜。

（1）普通白铜　是 Cu—Ni 二元合金，具有较高的耐蚀性和抗腐蚀疲劳性能及优良的冷热加工性能。普通白铜牌号用"B+镍的平均百分含量"表示。例如 B5，表示含 Ni 量为 5% 的普通白铜。

常用牌号有 B5、B19 等，用于在蒸汽和海水环境下工作的精密机械、仪表零件、冷凝器、蒸馏器、换热器等。

（2）特殊白铜　是在普通白铜基础上添加 Zn、Mn、Al 等元素形成的，分别称为锌白铜、锰白铜、铝白铜等。其耐蚀性、强度和塑性高，成本低。特殊白铜的代号表示形式是 "B+第二合金元素符号+镍的含量+第二合金元素质量分数"，数字之间以 "-" 隔开，例如 BMn3-12 表示 $w_{Ni}=3\%$、$w_{Mn}=12\%$、$w_{Cu}=85\%$ 的锰白铜。

特殊白铜常用牌号有 BMn40-1.5（康铜）、BMn43-0.5（考铜），用于制造精密机械、仪表零件及医疗器械等。

5.2.3　铜和铜合金在汽车上的应用

铜和铜合金在汽车上主要用于制造散热器（图 5-7）、制动系统管路、液压装置、齿轮、轴承、制动摩擦片、电器元件、垫圈以及各种接头、配件和饰件等。其中，H68 用于制造散热器夹片、散热器本体主片、暖风散热器主片等；HPb59-1 用于制造制动阀阀座、曲轴箱通风阀座、储气筒放水阀本体及安全阀座等；ZCuPb30 用于制造曲轴轴瓦、曲轴止动垫圈等；QSn4-4-2.5 用于制造活塞销衬套（图 5-8）、发动机摇臂衬套等；ZCuSn5Pb5Zn5 用于制造离心式润滑油滤清器上、下轴承。

图 5-7　散热器

图 5-8　活塞销衬套

5.3 滑动轴承合金

轴承是重要的机械零件,有滚动轴承和滑动轴承两类。滑动轴承合金是制造滑动轴承的轴瓦及内衬的材料。汽车发动机中曲轴轴承、连杆轴承、凸轮轴轴承等都采用滑动轴承。滑动轴承中直接和轴颈接触的是轴瓦和轴套,做成瓦状的半圆柱形的称为轴瓦(图5-9),做成完整的圆筒形的称为轴套。在汽车上,曲轴轴承和连杆轴承都是采用轴瓦,凸轮轴轴承则采用轴套。轴承合金作为内衬浇注在它们上面。常见的轴瓦结构如图5-10所示。

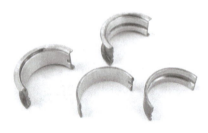

图5-9 轴瓦

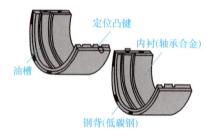

图5-10 常见的轴瓦结构

5.3.1 滑动轴承合金的特点及分类

1. 滑动轴承合金的特点与要求

(1)特点 当轴在轴承中旋转时,轴承表面不仅要承受一定的交变载荷,而且还会与轴发生强烈的摩擦。为了减少轴的磨损,保证轴承正常工作,滑动轴承合金应具有以下性能:足够的强度、硬度和耐磨性;足够的塑性和韧性;较小的摩擦系数和高度磨合能力;良好的导热性、耐蚀性和低的膨胀系数等。

(2)要求 为了满足以上要求,滑动轴承合金理想的组织应该是软基体上分布硬质点,或者在硬基体上分布软质点。若组织是软基体上分布硬质点,当轴运转时,软基体将受磨损而凹陷,硬质点将凸出于基体上支承着轴颈,使轴和轴瓦的接触面积减小,而凹坑能储存润滑油,降低轴和轴瓦之间的摩擦因数,减少轴和轴承的磨损。另外,软基体能承受冲击和振动,使轴和轴瓦能很好地磨合,还能起嵌藏外来硬质点的作用,以保证轴颈不被擦伤。图5-11所示为滑动轴承合金的组织示意图。

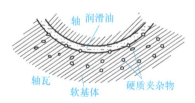

图5-11 滑动轴承合金的组织示意图

2. 滑动轴承合金的分类及牌号

常用的滑动轴承合金有锡基轴承合金、铅基轴承合金、铜基轴承合金、铝基轴承合金等。滑动轴承合金一般在铸态下工作,其牌号以"铸"字汉语拼音首字母"Z"开头,表示方法为"Z+基本元素符号+主加元素符号+主加元素含量+辅加元素符号+辅加元素含量……"。例如ZSnSb12Pb10Cu4即表示$w_{Sb}=12\%$、$w_{Pb}=10\%$、$w_{Cu}=4\%$的锡基轴承合金。

5.3.2 常用滑动轴承合金

1. 锡基轴承合金（锡基巴氏合金）

锡基轴承合金也称为锡基巴氏合金。它是以锡为基础合金，辅加适量的锑、铜、铅等元素而形成的一种软基体硬质点类型的滑动轴承合金，最常用的牌号是 ZSnSb11Cu6。

锡基轴承合金的摩擦因数和膨胀系数小，塑性和导热性好，适于制作最重要的轴承，例如汽轮机、发动机和压气机等大型机器的高速轴瓦。但锡基轴承合金的疲劳极限较低，许用温度也较低（不高于150℃）。常用锡基轴承合金的牌号及应用见表5-5。

表5-5 常用锡基轴承合金的牌号及应用

牌 号	应 用
ZSnSb12Pb10Cu4	一般机械的主轴轴承，但不适于高温工作
ZSnSb11Cu6	2000马力以上的高速蒸汽机，500马力的蜗轮压缩机用的轴承（1马力=735.499W）
ZSnSb8Cu4	一般大机器轴承及轴衬，重载、高速汽车发动机的薄壁双金属轴承
ZSnSb4Cu4	蜗轮、内燃机高速轴承及轴衬

2. 铅基轴承合金

铅基轴承合金也称为铅基巴氏合金。它是以 Pb 为基础合金，辅加锑、铜、锡等元素而形成的一种软基体硬质点类型的滑动轴承合金。

这种合金的铸造性能和耐磨性较好（但比锡基轴承合金低），价格较便宜，可用于制造中、低载荷的轴瓦，例如汽车、拖拉机曲轴的轴承等。常用铅基轴承合金的牌号及应用见表5-6。

表5-6 常用铅基轴承合金的牌号及应用

牌 号	应 用
ZPbSb16Sn16Cu2	工作温度<120℃，无显著冲击载荷，重载高速轴承
ZPbSb15Sn5Cu3Cd2	船舶机械，小于250kW的电动机轴承
ZPbSb15Sn10	中等压力的高温轴承
ZPbSb15Sn5	低速、轻压力条件下工作的机械轴承
ZPbSb10Sn6	重载、耐蚀、耐磨用轴承

3. 铜基轴承合金

铜基轴承合金包括铅青铜、锡青铜等，常用合金牌号为 ZCuPb30、ZCuSn10Pb1 等。

ZCuPb30 是硬基体 Cu 上分布软质点的轴承合金，润滑性能好，摩擦因数小，耐磨性好，铅青铜还具有良好的耐冲击能力和疲劳极限，并能长期工作在较高的温度（250～320℃）下，导热性优异，常用于高载荷、高速度的滑动轴承，例如航空发动机、高速柴油机轴承等。铅青铜的强度较低，实际使用时常和铅基巴氏合金一样在钢轴瓦上浇铸成内衬，进一步发挥其特性。

ZCuSn10Pb1 是在软基体上分布硬质点的轴承合金。这类合金具有高强度，耐磨性好，适宜制造中速及受较大固定载荷的轴承，例如电动机、泵、机床用轴瓦，也可用于高速柴油机轴承。

4. 铝基轴承合金

铝基轴承合金是以铝为基本元素，加入适量的锑、铜、锡等元素组成的合金。铝基轴承合金分为高锡铝基轴承合金、低锡铝基轴承合金和铝镁锑轴承合金等，其中 20 高锡铝基轴承合金是目前汽车上广泛应用的轴承合金。它是以铝为基体，加入 20% 的锡和 1% 的铜组成的合金，是一种新型的减磨材料，具有较高的承载能力、良好的耐磨性和导热性、价格较低等优点，可以替代锡基轴承合金，用于制造曲轴轴瓦和连杆轴瓦；但它的线膨胀系数大，运行时容易与轴咬合，装配时应留较大的间隙，以防止轴颈被擦伤。

5.4 其他非铁金属简介

5.4.1 钛及钛合金

1. 纯钛

（1）特性　纯钛是银白色金属，密度为 4.5g/cm³，熔点高达 1688℃，是一种高熔点的轻金属。钛有两种同素异构体，在 882.5℃ 以上为体心立方晶格的 β-Ti，882.5℃ 以下为密排六方晶格的 α-Ti。

纯钛塑性好、强度低，容易加工成形，可制成细丝和薄片。钛在大气和海水中有优良的耐蚀性，在硫酸、盐酸、硝酸、氢氧化钠等介质中都很稳定，钛的抗氧化能力优于大多数奥氏体不锈钢。

钛的性能受杂质的影响很大，少量的杂质就会使钛的强度激增，塑性显著下降。工业纯钛中常存杂质有 N、H、O、Fe、Mg 等。根据杂质含量，工业纯钛有 3 个等级牌号，分别为 TA1、TA2、TA3，"T" 为 "钛" 字汉语拼音首字母，其后面的数字越大，表示纯度越低。

（2）应用　工业纯钛因其密度小，耐蚀性好，成为航空航天、船舶、化工等工业中常用的结构材料，常用于制作在 350℃ 以下工作、强度要求不高的零件及冲压件，例如飞机蒙皮、构架、隔热板，石油化工用换热器、海水净化装置及船舰零部件。

2. 钛合金

纯钛的强度很低、价格昂贵，为提高其强度常在钛中加入合金元素制成钛合金。按组织类型的不同，钛合金分为 α 型钛合金、β 型钛合金和 α+β 型钛合金，其代号分别用 TA、TB、TC 加序号表示。

（1）α 型钛合金　钛中加入铝、硼等元素可得到 α 型钛合金。α 型钛合金的室温强度低于 β 型钛合金和 α+β 型钛合金，但高温（500~600℃）强度比它们高，并且组织稳定，抗氧化性和抗蠕变性好，焊接性能也很好。α 型钛合金不能淬火强化，主要依靠固溶强化，热处理只进行退火（变形后的消除应力退火或消除加工硬化的再结晶退火）。

α 型钛合金的典型牌号为 TA7，使用温度不超过 500℃，主要用于制造航空发动机压气机叶片和管道、导弹的燃料缸、超声速飞机的涡轮机匣及火箭、飞船的高压低温容器等。

（2）β 型钛合金　钛中加入钼、铬、钒、锰等元素可得到 β 型钛合金。β 型钛合金有较高的强度、优良的冲压性能，并可通过淬火和时效处理进行强化。

β 型钛合金的典型牌号为 TB1，一般在 350℃ 以下使用，适于制造压气机叶片、轴、轮盘等重载的回转件以及飞机构件等。

（3）α+β型钛合金　α+β型钛合金塑性好，高温强度高，耐腐蚀，具有良好的低温工作性能，并可通过淬火和时效处理进行强化，热处理后强度可提高50%~100%。TC4是典型的α+β型钛合金，由于强度高，塑性好，在400℃时组织稳定，蠕变强度较高，低温时有良好的韧性并有良好的抗海水腐蚀及抗热盐腐蚀的能力，所以适于制造在400℃以下长期工作、要求一定高温强度的发动机零件，以及在低温下使用的火箭、导弹的液氢燃料箱部件等。

钛合金适于制造汽车发动机气门弹簧、气门和发动机连杆等，以及底盘部件中的弹簧、半轴和紧固件等。用钛合金制造板簧与用抗拉强度达2100MPa的高强度钢制造的板簧相比，可降低自重20%。

钛和钛合金由于其价格高，应用受到一定的限制，所以降低成本是未来钛合金的研制和生产工艺开发的重点。

5.4.2　镁及镁合金

1. 纯镁

纯镁是银白色金属，密度为1.74g/cm³，是工业用金属中密度最小的。纯镁具有很高的化学活性，耐蚀性很差，强度和塑性均较低，一般不直接用作结构材料。

2. 镁合金

纯镁的力学性能较低，实际应用时，一般在纯镁中加入一些合金元素制成镁合金。镁合金中通过加入合金元素，会产生固溶强化、时效强化及细晶强化作用，可以提高镁合金的力学性能、耐蚀性和耐热性能。镁合金中常加入的合金元素有铝、锌、锰、锆及稀土元素等。铝和锌可起固溶强化作用，锰可改善耐热性和耐蚀性。

镁合金经热处理后（固溶强化+时效强化）强度可达300~500MPa，比强度高于铝合金。另外，其减振性好，可加工性优良。但镁合金耐蚀性差，常常需要采取保护措施。

镁合金根据其加工性能可分为变形镁合金和铸造镁合金，其牌号分别以"MB"和"ZM"加数字表示。常用的变形镁合金有MB1、MB2、MB8、MB15等。其中应用较多的是MB15，它具有较高的强度和良好的塑性，且热处理工艺简单，热加工后直接进行时效处理便可强化，能制造形状复杂的大型锻件。常用的铸造镁合金有ZM1、ZM2、ZM5。它们具有较高的强度和良好的铸造工艺性，适于生产各类铸件，但耐热性较差，长期使用温度不高于150℃。

目前镁合金一般用于汽车上的座椅骨架（图5-12）、仪表板、转向盘骨架（图5-13）和转向柱、轮毂（图5-14）、发动机气缸盖、变速器壳、离合器壳等零件，其中转向盘骨架和转向柱、轮毂是应用镁合金较多的零件。

图5-12　座椅骨架

图5-13　转向盘骨架

图5-14　轮毂

由于镁合金具有良好的阻尼系数，减振量大于铝合金和铸铁，因此用于壳体可以降低噪声，用于座椅、轮圈可以减少振动，能提高汽车的安全性和舒适性。虽然镁合金有这些优点，但从成本上看它仍然偏高于铝合金。尽管如此，镁合金的应用前景仍然看好，随着技术的发展将有更多的零件用镁合金来制造。

5.4.3 锌及锌合金

锌呈蓝白色，密度为 7.14g/cm³，室温下较脆。由于锌在常温下表面易生成一层保护膜，所以锌主要用作钢铁表面的防护性镀层。

锌能和铝、铜、镁等合金元素组成锌合金。锌合金的强度较高，铸造性能好，价格也不高，但其塑性较低，耐热性、焊接性较差。锌合金可分为变形锌合金和铸造锌合金。铸造锌合金主要用于受力不大、形状复杂的小尺寸结构件或装饰件。目前应用最广的铸造锌合金是 ZZnAl4Cu1Mg。锌合金在汽车上可用于制造汽油泵壳、机油泵壳、车门手柄、刮水器、安全带扣和内饰件等。

拓展知识

形状记忆合金
——具有记忆功能的金属材料

1932 年，瑞典人奥兰德在金镉合金中首次观察到"记忆"效应，即合金的形状被改变之后，一旦加热到一定的转变温度时，它可以魔术般地变回到原来的形状。人们把具有这种特殊功能的合金称为形状记忆合金。记忆合金的开发时间较短，但由于其在各领域的特效应用，正广为世人所瞩目，被誉为"神奇的功能材料"。

1963 年，美国海军军械研究所的比勒在研究工作中发现，在高于室温较多的某温度范围内，把一种镍-钛合金丝绕成弹簧，然后在冷水中把它拉直或铸成正方形、三角形等形状，再放在 40 ℃以上的热水中，该合金丝就恢复成原来的弹簧形状。后来陆续发现，某些其他合金也有类似的功能。这一类合金都被称为形状记忆合金。每种以一定元素按一定质量比组成的形状记忆合金都有一个转变温度，在这一温度以上将该合金加工成一定的形状，然后将其冷却到转变温度以下，人为地改变其形状后再加热到转变温度以上，该合金便会自动地恢复到原先在转变温度以上加工成的形状。

1969 年，镍-钛合金的"形状记忆效应"首次在工业上应用。人们采用了一种与众不同的管道接头装置。为了将两根需要对接的金属管连接，选用转变温度低于使用温度的某种形状记忆合金，在高于其转变温度的条件下，做成内径比待对接管子外径略微小一点的短管（作接头用），然后在低于其转变温度下将其内径稍加扩大，再把连接好的管道放到该接头的转变温度下，接头就自动收缩而扣紧被接管道，形成牢固紧密的连接。美国在某种喷气式战斗机的油压系统中便使用了一种镍-钛合金接头，从未发生过漏油、脱落或破损事故。

1969 年 7 月 20 日，美国宇航员乘坐"阿波罗 11 号"登月舱在月球上首次留下了人类的脚印，并通过一个直径数米的半球形天线传输月球和地球之间的信息。这个庞然大物般的天线是怎么被带到月球上的呢？就是用一种形状记忆合金材料，先在其转变温度以上按预定要求做好，然后降低温度把它压成一团，装进登月舱带到月球去。放置于月球后，在阳光照射下，达到该合金的转变温度，天线"记"起了自己的"本来面貌"，变成一个巨大的半球。

科学家在镍-钛合金中添加其他元素，进一步研究开发了钛镍铜、钛镍铁、钛镍铬等新的镍钛系形状记忆合金，除此以外还有其他种类的形状记忆合金，例如铜镍系合金、铜铝系合金、铜锌系合金、铁系合金（Fe-Mn-Si、Fe-Pd）等。

形状记忆合金在生物工程、医药、能源和自动化等方面都有广阔的应用前景。由于形状记忆合金具有许多优异的性能，因而广泛应用于航空航天、机械电子、生物医疗、桥梁建筑、汽车工业及日常生活等多个领域。

本章小结

1. 非铁金属是实现汽车轻量化的理想材料。汽车上常用的非铁金属主要是铝、铜及其合金，近年来钛、镁及其合金的应用也日趋广泛。

2. 铝合金是在纯铝中加入适量的硅、铜、镁、锰等合金元素制成的。铝合金不仅保持了纯铝密度小、导热性和导电性好的优点，其强度和硬度也得到了大大改善。铝合金常用于制造质量小、强度要求较高的零件，例如进气歧管、活塞、气缸盖、散热器、离合器壳、轮毂等。

非铁金属材料在汽车上的应用

3. 铜合金是在纯铜中加入适量的锌、锡、铝、锰、镍等制成的。它除具有纯铜的优良性能外，还具有较高的强度和硬度，主要用于制造散热器、制动系统管路、液压装置、制动摩擦片、电器元件以及各种接头、配件和饰件等。

4. 滑动轴承合金具有承载能力高、抗振性能好、工作平稳可靠、噪声小、检修方便等优点，是机床、汽车和拖拉机的重要零部件材料，常用于制造发动机中曲轴轴承、连杆轴承和凸轮轴轴承等。

5. 钛是一种高熔点的轻金属。在钛中加入合金元素制成钛合金，既降低了成本，又提高了强度。钛合金适于制造汽车发动机气门弹簧、气门和发动机连杆等，以及底盘部件中的弹簧、半轴和紧固件等。

6. 镁合金一般用于制造汽车上的座椅骨架、仪表板、转向盘骨架和转向柱、轮圈、发动机气缸盖、变速器壳、离合器壳等零件，其中转向盘骨架和转向柱、轮圈是应用镁合金较多的零件。

7. 锌合金在汽车上可用于制造汽油泵壳、机油泵壳、车门手柄、刮水器、安全带扣和内饰件等。

测试题

一、名词解释

纯铝　铝合金　变形铝合金　铸造铝合金　普通黄铜　特殊黄铜　滑动轴承合金

二、填空题

1. 汽车上应用的铝合金以_____为主，主要用于制造活塞、气缸盖、气缸体等零件。
2. 纯铜牌号用_____加数字表示，数字越大则纯度越_____。
3. H68表示的材料为_____，68表示_____的平均含量为68%。HPb59-1表示特殊黄铜，其中59表示_____的含量为59%，1表示_____的含量为1%。
4. TA、TB、TC分别代表_____型钛合金、_____型钛合金和_____型钛合金。
5. 镁合金根据其加工性能可分为_____镁合金和_____镁合金，其牌号分别以"MB"和"ZM"加数字表示。

三、简答题

1. 纯铝的性能有何特点？铝合金一般分哪几类？
2. 变形铝合金分哪几类？说明其牌号的表示方法。
3. 铸造铝合金主要有哪几种？说明其代号的表示方法。
4. 铜合金分哪几类？各有何特点？
5. 对滑动轴承合金有哪些性能要求？常用的滑动轴承合金有哪些？
6. 钛的两种同素异构体分别是什么？说明其转变温度。
7. 根据组织形态将钛合金分为哪几种？说明其性能特点。

第6章

汽车用非金属材料

知识目标

掌握非金属材料的基本性能、组成及其在汽车上的应用。

能力目标

能够识别汽车常用非金属材料。

案例引入

金属材料、高分子材料和陶瓷材料并称为三大工程材料。它们各有优缺点，而通过复合工艺将几种不同材料组合而成的复合材料，既保留了原组成材料的优点，又克服了各自的缺点。复合材料是一种新兴的具有广阔发展前景的工程材料。

金属材料具有力学性能高，热稳定性好，导电、导热性好等优点，因此汽车制造中一直以金属材料为主，但金属材料存在密度大、耐蚀性差、电绝缘性差等缺点。近年来随着非金属材料的迅猛发展和汽车轻量化的要求，非金属材料在汽车上得到了越来越多的应用，非金属材料已成为汽车制造不可或缺的材料。

非金属材料是指除金属材料以外的其他材料，包括塑料、橡胶、玻璃、陶瓷和复合材料等。

6.1 塑　　料

塑料是目前机械工业中应用最广泛的高分子材料，它是以合成树脂为基本原料，再加入一些用来改善使用性能和工艺性能的添加剂后，在一定温度和一定压力下制成的高分子材料。

6.1.1　塑料的组成和分类

1. 塑料的组成

塑料是由合成树脂和添加剂两大部分组成的。

（1）合成树脂　合成树脂是从煤、石油和天然气中提炼出来的高分子化合物。合成树脂是塑料的主要成分，它决定了塑料的基本性能并起着黏接剂的作用。大多数塑料是以所加合成树脂的名称来命名的，例如聚氯乙烯塑料就是以聚氯乙烯树脂为主要成分的塑料。有些合成树脂可以直接用作塑料，例如聚乙烯、聚苯乙烯等。在工程塑料中，合成树脂的质量分数为40%～100%。

（2）添加剂　添加剂主要用于改善塑料的使用性能和工艺性能。常用的添加剂有填充剂、增塑剂、稳定剂、固化剂、润滑剂和阻燃剂等。

填充剂主要起强化作用，也能改善或提高塑料的某些性能。例如，加入氧化硅可提高塑料的硬度和耐磨性；加入云母、石棉粉可以改善塑料的电绝缘性和耐热性；加入铝粉可提高塑料对光的反射能力及防止塑料老化等。通常塑料中填充剂的用量可达20%～50%，填充剂的加入可节约树脂用量，降低塑料制品的成本。增塑剂可以提高塑料的可塑性和柔软性，例如在聚氯乙烯树脂中加入邻苯二甲酸二丁酯，可使塑料变得柔软而富有弹性。稳定剂可以提高塑料在光和热作用下的稳定性，以延缓塑料的老化。固化剂可以促使塑料在加工过程中硬化。此外，还可加入润滑剂、阻燃剂、着色剂、抗静电剂等，来优化塑料的各种特定性能。

2. 塑料的分类

塑料的品种很多，分类方法也不同，常见的有以下两种分类方法。

1）按合成树脂的热性能可分为热塑性塑料和热固性塑料。

① 热塑性塑料。热塑性塑料是指受热时软化，冷却后变硬，再加热又软化，冷却又变硬，可反复多次加热塑制的塑料。这类塑料加工成型方便，力学性能较好，生产周期短，可回收再利用，但耐热性较差，容易变形。热塑性塑料数量很大，约占全部塑料的80%，常用的有聚乙烯、聚氯乙烯、聚苯乙烯、聚酰胺（尼龙）、ABS等。热塑性塑料制品如图6-1所示。

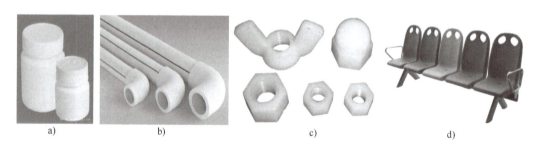

图6-1　热塑性塑料制品

a）聚乙烯药瓶　b）聚氯乙烯管　c）尼龙螺母　d）ABS座椅

② 热固性塑料。热固性塑料是指经一次固化后，受热不再软化，只能塑制一次的塑料。这类塑料耐热性能好，受热不易变形，但生产周期短，力学性能不高，且废旧塑料不能回收利用。常用的热固性塑料有酚醛树脂、氨基树脂、环氧树脂、有机硅树脂等。热固性塑料制品如图6-2所示。

2）按使用范围可分为通用塑料和工程塑料。

① 通用塑料。通用塑料是指产量大、用途广、通用性强、价格低的塑料。这类塑料主要有聚乙烯、聚丙烯、聚氯乙烯、聚苯乙烯、酚醛塑料和氨基塑料等。这类塑料的产量占塑料总产量的75%以上，可以用来制作日常生活用品、包装材料以及一般机械零件。

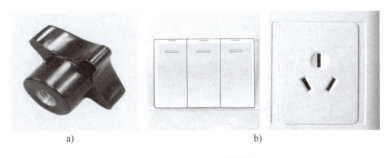

图 6-2 热固性塑料制品
a) 旋钮 b) 开关插座

② 工程塑料。工程塑料是指用于制造工程构件和机械零件的塑料。这类塑料力学性能较高,耐热性、耐蚀性较好,可用来替代金属材料制造某些结构件。工程塑料主要有聚酰胺(尼龙)、聚碳酸酯、聚甲醛和 ABS 塑料等。

6.1.2 塑料的主要特性

(1)质量小 一般塑料的密度在 0.83~2.2g/cm³ 之间,仅是钢铁的 1/8~1/4。因此用塑料制造汽车零部件,可大幅度减小汽车的整车装备质量,降低汽车自重,减少油耗。

(2)化学稳定性好 一般的塑料对酸、碱、盐和有机溶剂都有良好的耐蚀性能,特别是聚四氟乙烯,除了能与熔融的碱金属作用外,其他化学药品(包括"王水")也难以腐蚀它。因此,在腐蚀介质中工作的零件可采用塑料制作,或采用在表面喷塑的方法提高其耐蚀性。

(3)比强度高 尽管塑料的强度要比金属低些,但由于塑料密度小,质量小,因此以等质量相比,其比强度要高。例如用碳素纤维强化的塑料,它的比强度要比钢材高 2 倍左右。

(4)电绝缘性能好 塑料几乎都有良好的电绝缘性,可与陶瓷、橡胶和其他绝缘材料相媲美。因此,汽车电器零件广泛采用塑料作为绝缘体。

(5)吸振性和消声性良好 塑料具有吸收和减少振动和噪声的性能。因此,用塑料制作汽车保险杠、仪表板和转向盘等可以增强缓冲作用,提高车辆的安全性和舒适性。

(6)耐磨性和减摩性优良 大多数塑料的摩擦因数较小,耐磨性好,能在半干摩擦甚至完全无润滑条件下良好地工作,所以可以制作齿轮、密封圈、轴承、衬套等要求耐磨的零件。

(7)容易加工成型 塑料通常一次注塑成型,可制造复杂形状的异形曲面,例如汽车仪表板等,适合批量生产,加工成本低。

塑料除了具有以上优点外,也存在一定缺点。例如与钢相比,其力学性能较低;耐热性较差,一般只能在 100℃ 以下长期工作;导热性差,其导热系数只有钢的 1/200~1/600。此外,塑料还有易老化、易燃烧、温度变化时尺寸稳定性差等缺点。

6.1.3 塑料在汽车上的应用

塑料在汽车上除了广泛应用于制造各种内装饰件外,目前已可用来替代部分金属材料,制造某些结构零件、功能零件和外装饰件。目前塑料在轿车上的用量占全车质量的 8% ~ 12%。塑料在汽车上的广泛应用,既满足了某些汽车零部件的特殊性能要求,也是实现汽车轻量化的有效途径。图 6-3 所示为塑料在轿车上的应用实例。常用塑料的主要特性及其在汽车上的应用见表 6-1。

图 6-3 塑料在轿车上的应用实例

塑料的特性及其在汽车上的应用

表 6-1 常用塑料的主要特性及其在汽车上的应用

种类	化学名称	代号	主要特性	应用
热塑性塑料	丙烯腈-丁二烯-苯乙烯	ABS	综合力学性能优良,耐热性、尺寸稳定性好,易于加工成型	车体件、前围板、格栅、车头灯框等
	聚酰胺	PA	强度高,韧性好,耐磨性、耐疲劳性、耐油性等综合性能良好,但吸水性和收缩率大	车外装饰板件、风扇叶片、里程表齿轮、衬套等
	聚甲醛	POM	综合力学性能优良,尺寸稳定性好,耐磨性、耐油性、抗老化性好,吸水性小	半轴齿轮和行星齿轮垫片、汽油泵壳、转向节衬套等
	聚乙烯	PE	强度较高,耐高温、耐磨、耐蚀性和绝缘性好	内装饰板、车窗框架、手柄、挡泥板等
	聚四氟乙烯	PTFE	化学稳定性优良,耐蚀性极高,摩擦因数小,耐高温性、耐寒性和绝缘性好	各种密封圈、垫片
	聚苯醚	PPO	抗冲击性能优良,耐磨性、绝缘性、耐热性好,吸水率低,尺寸稳定性好,但耐老化性差	格栅、车头灯框、仪表板、装饰件、小齿轮、轴承、水泵零件等
	聚酰亚胺	PI	耐高温性能好,强度高,综合性能优良,耐磨性和自润性好	正时齿轮、密封垫圈、泵盖等
	聚丙烯	PP	耐热性、耐蚀性较好,成型容易,但收缩率大,低温呈脆性,耐磨性不高	内饰镶条、内装饰板、散热器固定框、前围板、保险杠等

(续)

种类	化学名称	代号	主要特性	应用
热塑性塑料	聚氯乙烯	PVC	强度较高,化学稳定性、绝缘性较好,耐油性、抗老化性也较好,但耐热性差,成型加工性能较差	内装饰件、软垫板、电气绝缘体等
热塑性塑料	聚碳酸酯	PC	力学性能优良,尺寸稳定性好,耐热性较好,但疲劳极限低,耐磨性不高	格栅、仪表板等
热固性塑料	酚醛塑料	PF	强度高,耐热性好,绝缘性、化学稳定性、尺寸稳定性等好,但质地较脆,抗冲击性差	电气绝缘件、摩擦片等
热固性塑料	环氧树脂	EP	强度较高,韧性较好,收缩率低,绝缘性、化学稳定性、耐蚀性好	汽车涂料、胶粘剂、玻璃钢构件等
热固性塑料	聚氨酯泡沫	PU	力学性能优良,吸振缓冲性、绝热性好,制作简单易于成型	软质用于座椅垫、内饰材料;半硬质用于转向盘、仪表板、保险杠、扶手等

6.2 橡　　胶

橡胶是一种具有高弹性的高分子材料。由于它具有高弹性,优良的伸缩性、吸振性、耐磨性、隔声性,因此在汽车制造和维修中广泛用于制造轮胎、风扇传动带、各种橡胶管、油封、门窗密封胶条、制动皮碗等。

6.2.1 橡胶的组成和分类

1. 橡胶的组成

橡胶是以生胶为主要原料并添加适量的配合剂制成的高分子材料。

(1) 生胶　生胶是橡胶制品的主要组成物,其性能决定了橡胶制品的性能。生胶的耐热性、耐磨性差,强度低,一般不能直接制造橡胶制品,大多只作为橡胶的原料。

(2) 配合剂　配合剂是为了改善和提高橡胶制品的性能而加入的物质,主要有硫化剂、硫化促进剂、填充剂、增塑剂和防老剂等。

硫化剂的作用是改善橡胶分子结构,提高橡胶制品的弹性、强度、耐磨性、耐蚀性和抗老化能力,常用的硫化剂是硫磺、氧化硫、硒等;硫化促进剂起加速硫化过程、缩短硫化时间的作用,常用的有氧化锌、氧化铝等;填充剂的作用是提高橡胶制品的强度、硬度,减少生胶用量、降低成本和改善加工工艺性能,常用的有炭黑、滑石粉、氧化硅、氧化锌、陶土、碳酸盐等;增塑剂的作用是提高橡胶制品的塑性,改善黏附力,并降低橡胶制品的硬度,提高耐寒性,常用的增塑剂有硬脂酸、精致蜡、凡士林以及一些油类和脂类;防老剂的作用是延缓和防止橡胶老化。

2. 橡胶的分类

按照原料的来源,橡胶分为天然橡胶、合成橡胶和再生橡胶。

(1) 天然橡胶　天然橡胶是从橡胶树上采集的胶乳，经凝固、干燥、加压等工序制成的片状生胶。它具有优良的弹性，较高的强度、耐磨性、耐寒性、防水性、绝热性、电绝缘性以及良好的加工性能；缺点是抗老化性和耐候性差，耐油性和耐溶剂性较差，易溶于汽油和苯类溶剂，易受强酸侵蚀，且易自燃。

天然橡胶广泛应用于制造轮胎、胶带、胶管以及胶鞋、医疗卫生制品等。

(2) 合成橡胶　合成橡胶是用石油、天然气、煤等为原料，通过化学合成的方法制成的与天然橡胶性能相似的高分子材料。合成橡胶的原料来源丰富、价格低廉，其产量已超过了天然橡胶。

根据性能和用途，合成橡胶可分为通用橡胶和特种橡胶两大类。凡是性能与天然橡胶接近，物理、机械和加工性能较好，可以做轮胎和一般橡胶配件的，称为通用合成橡胶；具有特殊性能，专供耐油、耐热、耐寒、耐化学腐蚀等制品使用的，称为特种合成橡胶。

合成橡胶的弹性和抗拉强度不如天然橡胶，但耐磨性、耐热性优良，用于制造各种轮胎、传动带、胶管、衬垫材料等。

(3) 再生橡胶　再生橡胶是利用废旧橡胶制品经再加工而成的橡胶材料。再生胶强度较低，但有良好的抗老化性，且加工方便、价格低廉。汽车上再生橡胶常用于制造橡胶地垫、各种封口胶条等。再生橡胶也可掺用于制作胶管、胶带、胶鞋的鞋底等。

6.2.2　橡胶的基本性能

(1) 极高的弹性　这是橡胶独特的性能。橡胶的伸长率可达 100%～1000%。橡胶在开始受负荷时变形量很大，随着外力的增加，抵抗变形的力迅速增加，起到一种缓冲的作用。因此，橡胶可以制作减轻碰撞、敲击和吸收振动的零件，例如发动机支架软垫等。

(2) 良好的热可塑性　橡胶在一定温度下失去弹性而且有可塑性，称为热可塑性。橡胶处于热可塑状态时，容易加工成各种形状和尺寸的制品，而且当加工外力去除后，仍能保持该变形下的形状和尺寸。根据这一特性可把橡胶加工成不同形状的制品。

(3) 良好的黏着性　黏着性是指橡胶与其他材料粘成整体而不易分离的能力。橡胶特别容易与毛、棉、尼龙等牢固地粘接在一起，例如汽车轮胎就是利用橡胶与棉、毛、尼龙、钢丝等牢固地粘接在一起而制成的。

(4) 良好的绝缘性　橡胶大多数是绝缘体，是制造导线、电缆等导体的绝缘材料。

此外，橡胶还具有良好的耐蚀性、密封性和耐寒性等。但橡胶的导热性差，抗拉强度低，尤其容易老化。

橡胶的老化是指橡胶随着时间的增加，出现变色、发黏、变硬、变脆和龟裂等现象。为减缓橡胶老化，延长橡胶制品使用寿命，在橡胶制品使用过程中应避免与酸、碱、油及有机溶剂接触，尽量减少受热、日晒和雨淋等。

6.2.3　橡胶在汽车上的应用

橡胶是汽车上常用的一种重要材料，其中用量最大的制品是轮胎，目前全世界生产的橡胶约有 80% 用于制造轮胎。此外，橡胶还广泛用于制造各种胶带、胶管、减振配件以及耐油配件等。常见汽车橡胶制品如图 6-4 所示。表 6-2 为汽车常用橡胶的种类、特性及应用。

橡胶的特性及其在汽车上的应用

 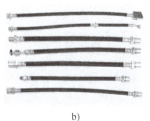  

图 6-4 常见汽车橡胶制品

a）轮胎　b）胶管　c）密封圈　d）变速杆防尘套

表 6-2 汽车常用橡胶的种类、特性及应用

种类	代号	主要特性	应用
天然橡胶	NR	良好的耐磨性、抗撕裂性、加工性能良好，但耐高温、耐油性较差，易老化	轮胎、胶带、胶管和通用橡胶制品等
丁苯橡胶	SBR	优良的耐磨性、耐老化性能，力学性能与天然橡胶相近，但加工性能（特别是黏着性）较天然橡胶差	可替代天然橡胶，用于制造轮胎、胶带、胶管和通用橡胶制品等
氯丁橡胶	CR	良好的物理性能和力学性能、耐蚀性、抗老化性、耐油性好，黏着性好，但耐寒性较差，密度较大，绝缘性能差	胶带、胶管、电线护套、垫圈、密封圈和汽车门窗嵌条等
丁基橡胶	ⅡR	良好的气密性，吸振能力强，化学稳定性好，耐候性和耐酸性能良好，但耐油性和加工性能较差	轮胎内胎、胶管、电线护套和减振元件等
丁腈橡胶	NBR	优良的耐油性、抗老化性、耐磨性能，耐热性、气密性好，但耐寒性、绝缘性较差	油封、油管、皮碗和密封圈等耐油元件

6.3　玻　　璃

玻璃是由石英砂、纯碱、长石、石灰石等为主要原料，并加入某些金属氧化物辅料，在 1550～1600℃的高温窑中煅烧至熔融后，经成形、冷却所获得的非金属材料。玻璃通常具有透明、隔声、隔热等特性，并具有良好的化学稳定性。在现代汽车中，玻璃不仅是一种功能性外装饰件，而且还与保障视野、优化乘坐环境、减少行车阻力以及美观等多种要求有关，它是汽车的重要组成部分。

6.3.1　玻璃的种类及特点

玻璃的种类繁多，按用途不同可分为建筑玻璃、工业玻璃、光学玻璃、化学玻璃和玻璃纤维等。其中，建筑玻璃分为平板玻璃、波纹玻璃；工业玻璃分为钢化玻璃、夹层玻璃、中空玻璃、夹丝玻璃等。常用玻璃有以下几种。

（1）平板玻璃　平板玻璃无色透明，具有良好的透光性，但抗弯强度极低、脆性大，破碎后会形成尖锐棱角，主要用于建筑物门窗。

（2）磨砂玻璃　磨砂玻璃又称为毛玻璃，它是对平板玻璃进行表面磨砂处理而得到的。其主要特点是透光不透明，常用于制作浴室、卫生间门窗等，还可用于制作灯罩、黑板面等。

（3）钢化玻璃　钢化玻璃是普通玻璃经过高温淬火处理的特种玻璃，即将普通玻璃加热到一定温度后，迅速冷却进行特殊钢化处理的玻璃。其性能特点是具有很高的温度急变抵抗能力，耐冲击性和强度较高。钢化玻璃主要用于高层建筑的门窗，厂房的天窗，汽车、火车、船舶的门窗和汽车的风窗玻璃等。

（4）夹丝玻璃　夹丝玻璃又称为防碎玻璃，是在玻璃中间夹有一层金属网的玻璃。其特点是强度高，不易破碎，即使破碎，玻璃碎片也会附着在金属网上而不易脱落，具有一定的安全性；适用于建筑中需要采光而对安全性要求又比较高的场合，例如厂房天窗、防火门窗、地下采光窗等。

（5）夹层玻璃　夹层玻璃又称为安全玻璃。它是将两片或两片以上的平板玻璃或钢化玻璃用聚乙烯醇缩丁醛塑料衬片黏合而成的。这种玻璃具有较高的强度，在受到破坏时，会产生辐射状或同心圆形裂纹，碎片不易脱落，且不影响透明，不产生折光现象，可用作汽车前风窗玻璃。

（6）信号玻璃　信号玻璃主要有平板色玻璃、凸透镜玻璃、偏光镜玻璃和牛眼形玻璃四种。它要求具有较高的透明度、有选择的透光性、色彩鲜艳均匀等特性。信号玻璃广泛用于铁路、公路、水路、航空等领域制作各种信号机、信号灯。

6.3.2　汽车上常用的玻璃

玻璃是汽车上具有重要功能的外装件，汽车上使用的玻璃主要是车窗玻璃。根据玻璃在汽车上的安装位置不同，汽车的玻璃可分为风窗玻璃、后窗玻璃、前角窗玻璃、前门窗玻璃、后角窗玻璃、后门窗玻璃、后侧窗玻璃等，如图6-5所示。

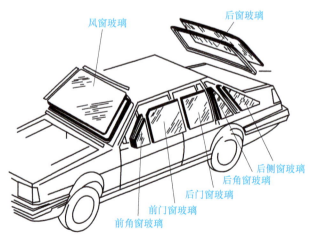

图6-5　汽车的玻璃

汽车用玻璃必须是透明性、耐候性、强度及安全性能高的夹层玻璃、局部钢化玻璃或钢化玻璃。

钢化玻璃在受到冲击破碎后，碎片小而无棱角（图6-6a），不会造成人体伤害，但这种玻璃在破碎前会产生很多裂纹，由于光线的漫射作用，玻璃会变得模糊不清，如果用于风窗玻璃，会影响驾驶人视线，容易造成事故，所以钢化玻璃只能作为汽车后窗玻璃和侧窗玻璃。

局部钢化玻璃只对玻璃局部进行淬火，在玻璃受到冲击作用时，玻璃局部碎裂为细小的碎块，中部则破碎成大块（图6-6b）。局部钢化玻璃的这种特性在临破碎之前能保持玻璃一定的透明度，可使驾驶人受到较小的伤害，还可让驾驶人有短暂的时间来进行应急处理。同样，局部钢化玻璃也可用作汽车后窗玻璃和侧窗玻璃。

夹层玻璃具有良好的安全性、较高的强度，受到破坏时，其碎片不易脱落（图6-6c），不影响透明，不产生折光现象。因此，各国已制定有关法规，规定轿车的前风窗必须安装夹层玻璃。

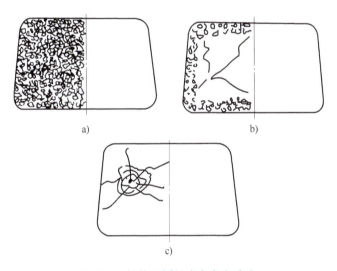

图6-6 性能不同的汽车车窗玻璃
a）钢化玻璃 b）局部钢化玻璃 c）夹层玻璃

6.4 陶　　瓷

传统意义上的陶瓷是陶器和瓷器的总称。现代陶瓷的概念是指以天然硅酸盐或人工合成化合物为原料，经过制粉、配料、成形和高温烧结而制成的无机非金属材料。

6.4.1 陶瓷的基本性能

（1）力学性能　陶瓷最突出的性能特点是高硬度（一般为1000～5000HV，而淬火钢的硬度只有500～800HV）、高耐磨性、极高的红硬性（可达1000℃）和高抗压强度，但其抗拉强度和韧性都很低，脆性很大。

（2）热性能　陶瓷的熔点很高（一般在2000℃左右），有很好的高温强度，其高温抗蠕变能力强，1000℃以上也不会氧化，故可用作耐高温材料。陶瓷热膨胀系数低，导热性小，是优良的高温绝缘材料，但其抗热振性差，温度剧烈变化时易破裂，不能急热骤冷。

(3) 电性能　大多数陶瓷都具有较好的电绝缘性能，可直接作为传统的绝缘材料使用。尤其在高温、高电压工作条件下，陶瓷是唯一的绝缘材料。

(4) 化学性能　陶瓷的化学稳定性高，对酸、碱、盐具有良好的耐蚀性，无老化现象。

6.4.2 陶瓷的分类

按原料不同陶瓷分为普通陶瓷和特种陶瓷两大类。

1. 普通陶瓷

普通陶瓷是以黏土（$Al_2O_3 \cdot 2SiO_2 \cdot 2H_2O$）、石英（$SiO_2$）、长石（$K_2O \cdot Al_2O_3 \cdot 6SiO_2$）等天然硅酸盐为原料，经粉碎、成形、烧制而成的产品。其特点是坚硬而脆，绝缘性和耐蚀性极好，制造工艺简单，成本低廉，主要用于日用、建筑、卫生陶瓷制品以及工业上应用的高低压电瓷（图6-7a）、耐酸及过滤陶瓷等。

2. 特种陶瓷

特种陶瓷是采用纯度较高的金属氧化物、氮化物、碳化物和硼化物等化工原料，沿用普通陶瓷的成形方法烧制而成的陶瓷制品。特种陶瓷具有一些独特的力学性能、物理性能及化学性能。

（1）氧化铝陶瓷　氧化铝陶瓷是应用最广的工程陶瓷，其主要成分是Al_2O_3，又称为刚玉瓷。它具有高硬度（1500℃时为80HRA，仅次于金刚石等材料，居第5位）、高强度（比普通陶瓷高2~3倍）、良好的耐磨性、绝缘性和化学稳定性，是理想的耐高温材料。但其抗热振性能差，不能承受温度的突变以及冲击载荷，主要用于制造刀具（图6-7b）、坩埚、热电偶的绝缘套等，在汽车上常用于制造火花塞绝缘体（图6-7c）、汽车排气净化器、发动机活塞、气缸套、凸轮轴、柴油机喷油器等零件。

a)

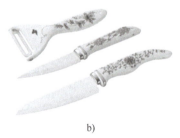
b)

c)

图6-7　陶瓷制品

a) 高低压电瓷　b) 刀具　c) 汽车火花塞绝缘体

（2）氮化硅陶瓷　氮化硅陶瓷具有极高的化学稳定性，除氢氟酸外，能耐各种酸碱腐蚀，也可抵抗熔融金属的侵蚀；同时具有优异的电绝缘性以及很高的硬度、耐磨性和减摩性。氮化硅陶瓷常用作在腐蚀介质下工作的机械零件，例如耐蚀水泵密封环、高温轴承、冶金容器和管道、炼钢生产上的铁液流量计等。

（3）碳化硅陶瓷　碳化硅陶瓷是目前高温强度最高的陶瓷，在1400℃时抗弯强度仍能达到500~600MPa，其热稳定性、耐蚀性和耐磨性很好，主要用于热电偶套管、火箭尾喷嘴以及高温轴承、高温换热器、密封圈和核燃料的包封材料等。

（4）硼化物陶瓷　硼化物陶瓷具有高硬度和较好的耐化学侵蚀能力。硼化物陶瓷熔点范围为 1800~2500℃。与碳化物陶瓷相比，硼化物陶瓷具有较高的抗高温氧化能力，使用温度达 1400℃，主要用于高温轴承、内燃机喷油器、各种高温器件等。

6.4.3 陶瓷在汽车上的应用

陶瓷应用于汽车上，可以有效地降低车辆重量，提高发动机的热效率，降低油耗，减少排气污染，提高易损件的使用寿命，完善汽车智能化功能。用氮化硅陶瓷材料制成的陶瓷纤维活塞，耐磨性好，可以有效地防止铝合金活塞由于热膨胀系数大而产生的"冷敲热拉"现象。所谓"冷敲"即冷车时，活塞与气缸壁配合间隙过大，活塞换向时引起敲击；"热拉"即热车时，因两者配合间隙过小，拉伤气缸。特种陶瓷可用于制作陶瓷凸轮轴、气门、气门座、摇臂等零件，可以充分发挥其优良的耐热性和耐磨性。日本五十铃汽车公司研究开发的发动机用氮化硅材料制成的气门，三菱汽车公司采用陶瓷制成的发动机摇臂，使用效果良好。特种陶瓷在高温下有良好的热稳定性，被广泛用作汽油机点火系统火花塞的基体。日本五十铃汽车公司研制的陶瓷发动机采用陶瓷制作进、排气管，可以承受 800~900℃ 的高温，这一设计取消了隔热板，减小了发动机体积，并使排气净化效果提高了 2 倍。

目前，陶瓷在汽车上的应用正在逐步扩大，国外已经开发了陶瓷复合发动机，这种发动机燃烧室内的气缸套、活塞气门等近 40% 的零件采用陶瓷制造，并取消了冷却和散热装置，功率提高了 10%，油耗降低了 30%。由此可见，陶瓷在汽车上的应用前景十分广阔。

6.5 复合材料

复合材料是由两种或两种以上性质不同的材料通过人工组合而成的固体材料。它不仅综合了各组成材料的优点，而且还具有单一材料无法达到的优越的综合性能。因此，复合材料在各个领域都得到了广泛应用。例如，钢筋混凝土是钢筋、水泥和沙石组成的人工复合材料；现代汽车中的玻璃纤维挡泥板，就是脆性的玻璃和韧性的聚合物相复合而成的；先进的 B2 隐形战略轰炸机的机身和机翼则大量使用了石墨和碳纤维复合材料。

6.5.1 复合材料的性能特点

（1）比强度和比模量高　比强度（强度÷密度）和比模量（弹性÷密度）是衡量汽车材料承载能力的重要指标。复合材料的比强度和比模量比金属材料高得多，例如碳纤维-环氧树脂复合材料的比强度是钢的 7 倍，比模量是钢的 5.6 倍。因此，将复合材料用于要求强度高、质量小的动力设备可大大提高动力设备的效率。由复合材料制成的汽车与使用钢材制造的汽车质量相比要小 1/3~1/2，这对提高整车动力性能，降低油耗，增加负载非常有益。

（2）抗疲劳性能好　多数金属的疲劳极限是抗拉强度的 40%~50%，而碳纤维增强复合材料则可达 70%~80%。这是由于纤维复合材料特别是纤维树脂复合材料对缺口、应力集中敏感性小，而且纤维和基体能够阻止和改变裂纹扩展方向，因此复合材料具有较高的抗疲劳性能。

（3）耐高温性能好　由于复合材料增强纤维的熔点均很高，一般都在 2000℃ 以上，而且在高温条件下仍然可保持较高的高温强度，故用它们增强的复合材料具有较高的高温强度和弹性模量，特别是金属基复合材料更显出其优越性。例如，一般铝合金在 400℃ 时弹性模量接近于零，强度值也从500MPa降至30~50MPa；而碳纤维或硼纤维增强的铝材，在400℃时强度和弹性模量可保持接近室温的水平。

（4）减振性能好　许多机器和设备（如汽车、动力机械等）的振动问题十分突出，而复合材料的减振性能好。原因是纤维增强复合材料的比模量大，自振频率高，可避免产生共振而引起的早期破坏。另外，增强纤维与界面吸振能力强，故振动阻尼性好，即使发生振动也会很快衰减。

除以上几点外，许多复合材料都有良好的断裂安全性、化学稳定性、减摩性、隔热性以及良好的成形工艺等。

复合材料也有其不足之处，例如其断后伸长率较小，抗冲击性低，横向拉伸和层间抗剪强度较低，尤其是生产成本比其他工程材料高得多。但是，由于复合材料具有上述优越特性，因此在航空航天等涉及国民经济及尖端科学技术领域都有较广泛的应用。

6.5.2　常用复合材料的种类

复合材料一般由基体相和增强相组成。基体相起形成几何形状和黏结的作用，有金属基体和非金属基体两大类；增强相起提高强度和韧性的作用。复合材料按增强相的物理形态分为纤维增强复合材料、层叠复合材料和颗粒增强复合材料。

1. 纤维增强复合材料

纤维增强复合材料是复合材料中发展最快、应用最广的一类。纤维增强复合材料中承受载荷的主要是增强相纤维。而增强相纤维处于基体之中，彼此隔离，其表面受到基体的保护，因而不易遭受损伤。塑性和韧性较好的基体能阻止裂纹的扩展，并对纤维起到粘接作用，复合材料的强度因而得到很大的提高。纤维种类很多，但用于现代复合材料的纤维主要是高强度、高模量的玻璃纤维、碳纤维、石墨纤维及硼纤维等。

2. 层叠复合材料

层叠复合材料是以两层或两层以上不同的板材经热压胶合而成的。根据复合形式分为夹层复合材料、双层金属复合材料、塑料-金属多层复合材料。夹层复合材料已广泛应用于飞机机翼、船舶、火车车厢、运输容器、安全帽、滑雪板等；将两种膨胀系数不同的金属板制成的双层金属复合材料可用于测量和控制温度的简易恒温器。

3. 颗粒增强复合材料

颗粒增强复合材料是由一种或多种颗粒均匀分布在基体材料内所组成的复合材料。一般颗粒的尺寸越小，增强效果越明显，颗粒的直径小于$0.01~0.1\mu m$的称为弥散强化材料。不同颗粒起着不同的作用，例如加入银粉、铜粉可提高导电、导热性能；加入Fe_3O_4磁粉可提高导磁性；加入MoS_2可提高减摩性；而陶瓷颗粒增强的金属基复合材料具有高的强度、硬度、耐磨性、耐蚀性和小的膨胀系数，可用于制作高速切削刀具、重载轴承及火焰喷嘴等高温工作零件。

6.5.3　复合材料在汽车上的应用

目前，汽车上常用的复合材料主要有纤维增强复合材料、金属基复合材料、陶瓷基复合材料等。

1. 纤维增强复合材料（FRP）

纤维增强复合材料是汽车轻量化的最重要的材料。它是由纤维、树脂、填充料 3 部分组成的，其基体是塑料。FRP 中较典型的有玻璃纤维增强塑料和碳纤维增强塑料。

（1）玻璃纤维增强塑料（GFRP） 这种复合材料是以树脂为基体，以玻璃纤维增强的复合材料，俗称玻璃钢。玻璃纤维是由玻璃熔化后以极快的速度抽制而成的，直径多为 5～9μm，柔软如丝，单丝的抗拉强度达到 1000～3000MPa，且具有很好的韧性，是目前复合材料中应用最多的增强纤维材料。玻璃钢力学性能优良，抗拉强度和抗压强度都超过一般钢和硬铝，而比强度更为突出，因而广泛应用于制造各种机器护罩、复杂壳体、车辆、船舶、仪表、化工容器、管道等。许多新建的体育馆、展览馆、商厦的巨大屋顶都是由玻璃钢制成的，它不仅质量小、强度高，而且还能透过阳光。

玻璃钢用作汽车零部件材料，可减轻汽车自重，提高汽车性能，目前常用于制造汽车通风和空调系统元件、空气滤清器壳（图 6-8a）、仪表板、发动机罩（图 6-8b）、行李舱盖和座椅架（图 6-8c）等。

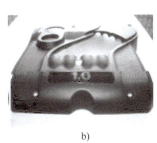

a) b) c)

图 6-8 汽车上的玻璃纤维增强塑料

a）空气滤清器壳 b）发动机罩 c）座椅架

（2）碳纤维增强塑料（CFRP） 碳纤维增强塑料是以碳纤维为增强材料，以工程塑料为基体的复合材料。它不仅保持了玻璃钢的众多优点，而且许多性能高于玻璃钢。其强度和弹性模量均超过铝合金，甚至接近高强度钢，而密度比玻璃钢小，是目前比强度和比模量最高的复合材料之一。它同时具有较高的疲劳极限、优良的耐磨性、减摩性及自润性、耐蚀性和耐热性等。其主要缺点是比较脆，碳纤维比玻璃纤维更光滑，因此与树脂黏结力更差。碳纤维增强塑料主要用于制造要求比强度、比模量高的耐磨件、耐蚀件等。

碳纤维增强塑料将是汽车工业大量使用的增强材料。要降低汽车耗油量，使汽车轻量化、发动机高效化，都要求有质量小和一材多用的轻型结构材料，而碳纤维增强塑料是最理想的材料。碳纤维增强塑料在汽车上主要用于底盘系统中的悬置件、弹簧片、框架、散热器等；传动系统中的传动轴、离合器片、加速装置等；发动机中的推杆、连杆、摇杆、水泵叶轮等；车体上的车顶内外衬、地板、侧门等。图 6-9 所示为碳纤维增强塑料的应用。

2. 金属基复合材料（MMC）

金属基复合材料通常是由低强度、高韧性的基体和高强度、高弹性模量的纤维组成的。金属基复合材料的基体大多采用铝、铜、铝合金、铜合金、镁合金和镍合金，增强材料一般为纤维状、颗粒状和晶须状的碳化硅、碳化硼、氧化铝和碳纤维，要求具有高的强度和弹性

图 6-9 碳纤维增强塑料的应用

a）汽车底盘零部件 b）相机外壳 c）网球拍 d）登山杖

模量（抵抗变形及断裂）、高抗磨性（防止表面损伤）与高化学稳定性（防止与空气和基体发生化学反应）。

（1）纤维增强金属基复合材料（FRM） 它是利用纤维的特性制造的质轻的结构材料。其优点为比强度高、比刚性高，制成同等强度的零件可使重量下降；耐磨性和耐热性能好；热传导和电导性优良。FRM 在汽车上用来制造活塞环、连杆、气缸体、活塞销等。

（2）颗粒、晶须增强金属基复合材料 颗粒、晶须增强金属基复合材料是目前应用范围最广、开发前景最大的一种金属基复合材料。这类材料的金属基大多数是采用密度较低的铝、镁和铜合金，以便提高复合材料的比强度和比模量，其中较为成熟、应用较广的是铝基复合材料。这类复合材料所采用的增强材料为碳化硅、碳化硼、氧化铝颗粒或晶须，其中以碳化硅为主。汽车工业上应用的碳化硅颗粒铝合金基复合材料发展最快，它的强度比中碳钢好，与钛合金相近而比铝合金略高，其耐磨性也比铝合金、钛合金好，密度只有钢的 1/3，与铝相近。汽车上用它来制造发动机活塞、喷油器部件、制动装置等。

3. 陶瓷基复合材料

陶瓷具有耐高温、抗氧化、高弹性模量和高抗压强度等优点，但由于其脆性大经不起冲击，因而限制了陶瓷的使用。20 世纪 80 年代以来，通过在陶瓷材料中加入颗粒、晶须及纤维等得到的陶瓷基复合材料，使陶瓷的韧性大大提高。

陶瓷基复合材料具有高强度、高弹性模量、低密度、耐高温、高的耐磨性和良好的韧性，目前已用于高速切削工具和内燃机部件上。汽车工业的研究重点是用陶瓷替代金属制造发动机的零部件。用陶瓷基复合材料制造汽车发动机部件以至整机可以提高热效率，且不需要水冷，而且比用硬质合金的质量要小得多。例如，采用氮化硅陶瓷基复合材料制造发动机的涡轮增压器，要比镍基热合金涡轮增压器的质量减小 34%，起动到 10^4 r/min 所需的时间缩短了 36%。

港珠澳大桥背后的新材料

2018 年 10 月 24 日，正式通车的港珠澳大桥（图 6-10）刷爆了当时的朋友圈。这项东接香港、西接广东珠海和澳门，总长约55km的超大型跨海交通工程被评为"新世界七大奇迹之一"。港珠澳大桥是世界最长的跨海大桥，也是中国第一例集桥、双人工岛、隧道为一体的跨海通道，该工程筹备6年，建设9年。

图6-10 港珠澳大桥

"超级工程"背后少不了科技力量的驱动！它有着非常多的科技创新，新材料、新工艺、新设备、新技术层出不穷，仅专利就达400项之多！当然，其中也包含了创新型功能复合材料的使用。

1. 超高分子量聚乙烯纤维

为使桥体更牢固，港珠澳大桥采用高性能绳索吊起。该绳索是由中石化南京化工研究院有限公司和中国纺织科学研究院耗时十多年研发成功的超高分子量聚乙烯纤维制成的，由14万根高强度纤维丝组成的吊带在海上吊装起了重达6000t的钢筋混凝土预制件。这种超高分子量聚乙烯纤维粗细仅有头发直径的1/10，但做成缆绳后，比钢索强度还高，承重能达到35kg。超高分子量聚乙烯纤维，商品名为"力纶"，与碳纤维、芳纶并称为三大高性能纤维，是目前世界上强质比最高的纤维，在国防军工和民用工业上都有广泛的应用，是强国强军的战略物资。

2. 新型高分子塑料模板

在建造人工岛环岛跃浪沟时，有一款由国内公司研发的新型高分子塑料模板发挥了相当大的作用。据悉，该塑料模板采用热塑长纤维增强的高分子复合材料制成，1m² 塑模质量约10kg，仅为钢模的七分之一，同时它还具有耐磨损、防腐蚀、强度高等特点。塑料模板采用统一的组合构件，可以灵活快速地模板化组装，施工人员只需简单培训即可快速掌握操作，同时施工时不存在模板出现残钉、尖刺等问题，可大幅度降低施工安全隐患。

3. OVM桥梁减隔振技术

根据特殊的工况需求，港珠澳大桥需要具有能够抵抗16级以上台风的能力，这是目前对抗风要求最严苛的国内桥梁工程。经过多番调试，大桥采用了柳州东方工程橡胶制品有限公司自主研发、生产的铅芯隔振橡胶支座和高阻尼隔振橡胶支座两种类型的支座。该支座由铅芯棒、橡胶层、钢板等迭层黏结而成，铅芯棒可增大支座的阻尼，吸收外力传来的能量；钢板可提高支座竖向刚度，有效支撑建筑结构；橡胶层可赋予支座高弹性变形及复位和承载的功能。

港珠澳大桥因地质条件复杂，要同时面临台风、海啸、船撞等多重考验。株洲时代新材料科技股份有限公司（简称时代新材料公司）制造的"超大高阻尼橡胶隔振支座"长

1.77m、宽1.77m，设计使用寿命为120年，能有效降低直接袭向建筑物的冲击力。港珠澳大桥还安装了时代新材料公司研发的防船撞装置。其防撞护舷采用纤维增强塑料复合材料，通过真空灌注一体成形。当船舶撞击桥墩时，该材料不仅能够减轻桥墩承受的撞击力，还能保护撞桥船只的安全。

港珠澳大桥为钢构桥，有不少拼装项目，拼装处的加固材料尤为重要。加固材料选用了湖南固特邦土木技术发展有限公司的产品。该公司生产的加固材料具有高电阻、抗冲击、耐疲劳、抗老化性及耐酸耐碱性好等特点。桥墩防撞技术是大桥设计的重中之重。江苏宏远科技工程有限公司根据港珠澳大桥桥墩形式，采用固定式复合材料柔性消能护舷。该护舷由复合材料迎撞面、增强联接板、消能柱、闭孔耗能芯材组成，耗能闭孔泡沫材料等通过真空导入，一体成形，呈"7"字形，成了港珠澳大桥的"防护服"，有效减轻了船只撞桥带来的破坏力，提高了航运安全性。

港珠澳大桥工程项目，从科研阶段到开工建设，科技创新的理念贯穿始终，国内开发生产的一系列新材料、新构件，不仅打破了国外技术壁垒，满足了大桥建造的特别需求，还为我国交通建设行业的自主创新、技术进步起到引领作用。

本章小结

1. 塑料是一种高分子材料，具有密度小、化学性稳定好、比强度高、电绝缘性好等优良性能。其缺点是刚性差、强度低、耐热性差、有老化现象，常用来制造汽车仪表板、灯罩、风扇叶片、挡泥板、电器壳体、杂物箱、开关插座等。

2. 橡胶是一种在使用温度下处于高弹性状的高分子材料，具有低的弹性模量、高的伸长率、优良的伸缩性和好的积储能量的能力，还有高的拉伸强度、疲劳极限以及良好的耐磨性、隔声性、不透水、不透气、耐酸碱和电绝缘性等性能。橡胶常用来制造汽车轮胎、胶带、胶管、密封圈、减振块等。

3. 玻璃是硅酸盐类材料的一种，主要由二氧化硅和各种金属氧化物组成。汽车玻璃分为安全玻璃、夹层玻璃、钢化玻璃、区域钢化玻璃。新型玻璃主要有调光夹层玻璃、热线反射玻璃、除霜玻璃等。

4. 陶瓷由晶体相、玻璃相和气相组成。其力学性能表现出突出的硬而脆的特点，在热性能上表现出高熔点、高热强性、高抗氧化性，同时具有高的耐蚀性和绝缘性，是有发展前途的高温材料。在汽车上可用其制作陶瓷绝热发动机、气门、进气管、排气管、活塞、喷油器等零件。

5. 复合材料是由两种或两种以上的性质不同的材料组合而成的多相材料。其一般是由一种强度低塑性好的基体材料，再加上一种强度高脆性大的增强材料组成，具有其组成材料本身所没有的优越性能。复合材料性能上最突出的优点是比强度高，还有抗疲劳性能好、减振能力强、耐高温性能好、断裂安全性好等；缺点是断后伸长率较小、抗冲击性低、横向拉伸和层间抗剪强度较低，尤其是成本高。汽车上常用的复合材料是纤维增强塑料（FRP），典型的有碳纤维增强塑料和玻璃纤维增强塑料，其制件的最大优点是轻量化效果显著，节能效果胜于钢和铝合金制件。

测 试 题

一、名词解释

塑料 橡胶 玻璃 陶瓷 复合材料

二、填空题

1. 塑料是由_____和_____两大部分组成的。
2. 橡胶是以_____为主要原料并添加适量的配合剂制成的高分子材料。
3. 普通陶瓷是以_____、_____、_____等天然硅酸盐为原料,经粉碎、成形、烧制而成的产品。
4. 复合材料一般由_____相和_____相组成。
5. 玻璃钢是以_____为基体,以_____增强的复合材料。

三、判断题

1. 尼龙是一种工程塑料。(   )
2. 钢化玻璃在受到冲击破碎后,碎片小而无棱角,可用于制作风窗玻璃(   )
3. 夹层玻璃受到破坏时,碎片不易脱落,不影响透明,不产生折光现象,可用于制作轿车的前风窗玻璃。(   )
4. 天然橡胶是由橡胶树上采集的胶乳制成,因而不适宜做汽车轮胎。(   )
5. 大多数陶瓷都具有较好的电绝缘性能,可直接作为传统的绝缘材料使用。(   )

四、简答题

1. 汽车上主要应用塑料的部件有哪些?
2. 轮胎、密封条、胶管、胶带减振元件及耐油元件是由哪种橡胶制成的?
3. 汽车前风窗玻璃采用钢化玻璃是否合适?为什么?
4. 汽车上有哪些部件可用陶瓷制造?
5. 汽车上常用的复合材料有哪些?

第 2 篇

汽车运行材料

汽车作为现代化的运输工具,在其运行过程中必然要使用和消耗燃料、润滑材料和工作液等,通常把这些材料称为汽车运行材料。汽车运行材料大多是石油产品,据统计,全世界46%石油产品被汽车消耗。

第7章

汽车燃料

知识目标

1. 了解车用汽油、车用柴油的使用性能及评价指标，了解汽车新能源的发展状况，认识使用和开发新能源的重要性。
2. 掌握车用汽油、车用柴油的牌号和规格。

能力目标

能够合理选用和正确使用车用汽油和车用柴油。

案例引入

你驾驶上海别克轿车驶入加油站（图7-1），在几台加油机上，分别标着"92#、95#、98#"等牌号。那么，你到底应该开车到哪个加油机去加油呢？

图7-1 汽油的选用

南方炎热的夏季气温高达40℃，而北方寒冷的冬季气温低至零下30℃以下。汽车在这两种环境下，能够使用同一牌号的柴油吗？

汽车作为交通工具在道路上行驶，需要消耗燃料以提供动力。燃料通常指能够通过燃烧将自身储存的化学能转化为热能的物质。目前汽油和柴油是汽车的主要燃料。近年来为了减少能源消耗、降低空气污染，开发了醇类燃料、天然气和液化石油气等汽车新能源。

7.1 车用汽油

汽油是在石油中精炼出来的，主要由碳、氢元素组成的碳氢化合物，碳约占85%，氢约占15%。汽油是汽油发动机（点燃式发动机）的主要燃料，密度一般在0.71~0.75g/cm³之间，有特殊的汽油芳香气味，是一种密度小且易于挥发的液体燃料，自燃点为415~530℃。汽油分为车用汽油、航空汽油、工业汽油和溶剂汽油。汽车使用的为车用汽油。

7.1.1 车用汽油的使用性能

车用汽油使用性能对发动机的动力性、可靠性、经济性以及使用寿命都有很大影响。因此车用汽油必须满足的基本要求是：①在极短的时间内可由液体蒸发成气体，与空气形成良好的可燃混合气以使其快速、平稳地燃烧；②汽油在油路中不能挥发而形成"气阻"；③具有良好的抗爆性，不发生爆燃现象；④在储存和使用过程中不发生明显的质量变化，燃烧后无积炭；⑤不会引起发动机零部件的腐蚀，不含有机械杂质及水分，环境污染小，具有无害性等。车用汽油的使用性能主要包括蒸发性（挥发性）、抗爆性、安定性（稳定性）、清洁性和腐蚀性等。

1. 蒸发性（挥发性）

汽油的蒸发性是指汽油由液体状态转化为气体状态的性能。汽油蒸发性是否良好，将直接影响汽油机中的燃烧是否正常，影响发动机的功率和经济性。

由于现代汽油发动机的转速都比较高，燃烧速度比较快，所以要求燃料供给系统必须在极短的时间（0.02~0.04s）内形成良好均匀的可燃混合气。如果汽油蒸发性能不好，汽油汽化不完全，就难以形成足够浓度的混合气体，不但发动机不易起动，而且会有部分汽油以液体状态进入燃烧室，造成点火不良、发动机工作不稳定，增加油耗和排放污染（冒黑烟）。此外，未蒸发的汽油还会附着在气缸壁上，破坏润滑油膜，甚至窜入曲轴箱，使润滑油变稀，从而导致机油变质，加速机件磨损。特别是在冬季，若使用蒸发性不好的汽油，容易导致发动机不能顺利起动和正常工作。

汽油的蒸发性越好就越容易汽化，与空气的混合就越容易均匀，发动机中的可燃混合气体燃烧速度就越快越彻底；同时发动机容易起动，加速及时，工作平稳，输出功率就越大。但如果蒸发性能过好，会使汽油在储存、运输、加注过程中由于蒸发太快而损耗增大，而且在夏季使用时，汽油会在油管中产生大量的气泡，造成供油中断，形成"气阻"现象，从而导致发动机不易起动，怠速不稳、加速不良，甚至熄火。所以要求汽油的蒸发性（挥发性）要适当。

评定汽油蒸发性的指标有馏程和饱和蒸气压。

（1）馏程 馏程指定量油品在规定条件下蒸馏时，从初馏点到终馏点的温度范围。馏程的测定如图7-2所示，取100mL汽油，倒入带有支管的蒸馏烧瓶中，然后按一定条件加热烧瓶中的汽油，使其蒸发成气体，通过支管进入冷凝器，冷却后又变成液体汽油经冷凝管流入量杯中。蒸馏出第一滴汽油时的温度称为初馏点，量杯中回收到10mL、50mL、90mL冷凝液时的温度，分别称为10%、50%、90%馏出温度，全部液体从蒸馏烧瓶底部蒸发后的温度称为终馏点。

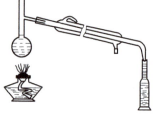

图7-2 馏程的测定

10%馏出温度表示汽油中轻质馏分的含量。该温度对汽油机冬季起动的难易程度和夏季是否发生"气阻"有很大影响。该温度低，说明汽油中轻质馏分越多，挥发性越好，发动机容易在低温起动，起动时间短，耗油少；但该温度过低，则易在夏季或高原地区产生

"气阻"。国标要求该温度不高于70℃，一般以60~65℃为宜。表7-1为汽油在10%馏出温度与最低起动温度的关系。

表7-1 汽油在10%馏出温度与最低起动温度的关系

汽油10%馏出温度/℃	54	60	66	71	77	82
发动机最低起动温度/℃	-21	-17	-13	-9	-6	-2

50%馏出温度表示汽油的平均挥发性。它对发动机起动后到正常工作温度的预热时间、加速性能和工作稳定性有很大影响。该温度低，可改善发动机的加速性、工作稳定性和起动后的暖车升温性能，所以国标规定该温度不能高于120℃。表7-2为汽油50%馏出温度与发动机预热时间的关系。

表7-2 汽油50%馏出温度与发动机预热时间的关系

50%馏出温度/℃	104	127	148
起动后正常温度的预热时间/min	10	15	28以上

90%馏出温度和终馏点表示汽油中含重质馏分的量。它们对汽油能否完全燃烧和发动机零件的磨损有影响。这两个温度过高，说明汽油中含重质馏分多，蒸发性差，汽油燃烧不完全，会冒黑烟，油耗量增大；同时，残留的重质馏分还会破坏气缸壁上的油膜，加剧气缸的磨损。因此国标规定汽油90%馏出温度不能高于190℃，终馏点不能高于205℃。终馏点与气缸磨损、油耗量的关系见表7-3。

表7-3 终馏点与气缸磨损、油耗量的关系

终馏点温度/℃	175	200	225	250
气缸磨损（%）	97	100	200	500
油耗量/L	98	100	107	140

汽油蒸发后仍会有一些残留物，它是汽油在储存中氧化生成的胶状物和汽油中的重质馏分。这些残留物会沉积在进气门、电喷汽油机的喷油器上，破坏发动机的正常工作，因此要严格控制其残留量。

（2）饱和蒸气压 饱和蒸气压是指汽油蒸发液-气两相达到平衡时，汽油蒸气对容器壁产生的压力，用来评定汽油在使用中产生的"气阻"倾向的大小。饱和蒸气压越高，说明汽油中含轻质成分越多，挥发性好、低温起动性好，但产生"气阻"的可能性越大，在储存中的蒸发损耗越大。因此国标规定汽油的饱和蒸气压春、夏季不大于74kPa，秋、冬季不大于88kPa。

2. 抗爆性

汽油的抗爆性是指汽油在发动机气缸内燃烧时抵抗爆燃的能力。爆燃是指火花塞点火后，离火花塞最远的末端气体受到火焰前锋面的热辐射和压缩作用，使其压力、温度升高，导致在火焰前锋到达之前自行燃烧的现象。这种汽油在气缸内工作时不需要点火而是靠自燃而燃烧的现象，是一种不正常的燃烧。造成爆燃的主要原因有进气温度过高、点火提前角过大、压缩比过高、汽油自身的原因、发动机的结构和工作的条件等。抗爆性能好的汽油可以

用在压缩比较高的发动机上，从而能大大提高发动机的动力性和经济性能。

抗爆性是车用汽油的一项重要的质量指标，一般用辛烷值来评定汽油抗爆性的好坏。辛烷值是表示点燃式汽油机燃料抗爆性的一个约定数值。在规定的标准发动机试验中，抗爆性通过和标准燃料进行分析比较来测定，采用和被测定燃料具有相同抗爆性的标准燃料中异辛烷的体积百分数来表示。辛烷值越高，汽油牌号越高，其抗爆性能越好。但是在发动机试验中，由于规定的额定条件不同，从而导致测定的辛烷值随之改变。按照试验测定的方法可分为研究法（RON）和马达法（MON）两种。

研究法辛烷值表示汽油在中负荷、低转速运转条件下汽油的抗爆性。它是以较低的混合气温度（一般不加热）和较低的发动机转速（一般在 600r/min）的中等苛刻条件为其特征的实验室标准发动机上测得的辛烷值，它模拟了轿车在城市道路条件下行驶的工况。马达法辛烷值表示汽油机在重负荷、高速运转条件下汽油的抗爆性。它是以较高的混合气温度（一般加热至 140℃）和较高的发动机转速（一般在 900r/min）的苛刻条件为其特征的实验室标准发动机上测得的辛烷值，它模拟了载货汽车在公路条件下行驶的工况。同一种汽油用研究法测定的辛烷值比马达法测定的辛烷值要高 6~10 个单位，其差值称为汽油灵敏度。汽油灵敏度可用来反映汽油抗爆性随运转工况激烈程度的增加而降低的情况，汽油灵敏度越小越好。

驾驶人选择汽油时一定要注意：爆燃只发生在汽油机上，牌号高的汽油可以避免爆燃的发生，但不要相信汽油辛烷值越高越好的说法。如果汽车只需要 92 号的汽油，而给它加注 95 号的汽油，并不会提高汽车效率或动力，反而会造成经济损失。因此，建议先查一查发动机所需要汽油的牌号，使用相应牌号的汽油即可。

3. 安定性（稳定性）

安定性是指汽油在正常的储存和使用的条件下，避免氧化生胶而保持其性质不发生永久变化的能力。汽油安定性的好坏直接影响发动机的工作能力。安定性好的汽油不会给发动机带来危害，而安定性较差的汽油极容易发生氧化反应，从而生成胶状物质和酸性物质，使汽油的辛烷值降低、酸值增加、颜色变深。如果长期使用这种汽油，产生的胶质黏稠沉淀，会导致汽油滤清器、油管、电喷式发动机的喷油器等部位堵塞；产生的黏稠物质会黏接气门而导致关闭不严、压缩比降低、燃烧不彻底，从而导致产生的积炭明显增加、压力升高、气缸的散热变差；积炭的增加会使火花塞的间隙减小，而导致点火能力下降等。为此要求驾驶人员选用汽油时要特别注意选择安定性（稳定性）好的汽油。

评定汽油安定性的主要指标有实际胶质和诱导期。

（1）实际胶质 实际胶质是指在规定条件下测得的发动机燃料的蒸发残留物，以 mg/100mL 表示。实际胶质是判断汽油在使用过程中生成胶的倾向，从而决定汽油能否使用和能否继续储存。对于汽油的实际胶质，规定出厂时不大于 5mg/100mL；出厂后 4 个月检查封样时不大于 10mg/100mL；油库交付给使用单位时不大于 25mg/100mL。

（2）诱导期 诱导期是指在规定的加速氧化条件下，油品处于稳定状态下所经历的时间周期，以 min 表示。诱导期越长，越不易氧化，生成胶质的倾向越小，其安定性越好，适宜长期储存。一般国产汽油出厂时诱导期为 600~800min，在普通条件下储存 21 个月后，诱导期仍为 400~500min。

4. 清洁性

汽油的清洁性是指汽油中不应含有机械杂质和水分。汽油中存有的机械杂质和水分一般是在汽油储存、运输和使用过程中因受到外界环境的影响而混入的。机械杂质能增大发动机的磨损，水分会加大氧化生胶。所以国家标准中规定汽油中不允许有机械杂质和水分。如果需要对汽油机进行检测，最简单的办法就是将100mL的汽油注入玻璃管中，静置一段时间（12～18h）后，来观察玻璃管中的汽油，如果油色透明没有悬浮物和沉淀物，即为合格。

5. 腐蚀性

汽油在储存、使用过程中，不可避免地要与各种金属接触，这就要求汽油对金属不应有腐蚀性。汽油中的各种烃类物质本身并不腐蚀金属，引起金属腐蚀的物质主要是硫及硫化物、有机酸和水溶性酸或碱等物质。为此国标规定车用无铅汽油的硫含量不大于0.05%，硫醇硫含量不大于0.001%。

7.1.2 汽油的选用及使用注意事项

1. 汽油的选择

选择汽油时一定要按照汽车使用说明书中发动机的压缩比和汽车生产厂家推荐的汽油牌号来选择相应牌号（即辛烷值）的汽油，这样不仅可以充分发挥发动机的动力性能和经济性能，还有利于延长发动机的使用寿命和降低成本，同时还可以预防或减少发动机在保证正常运行工作中的"爆燃"现象。

汽油选用及注意事项

我国车用汽油目前所使用的牌号有89、92、95和98共4个牌号。要想保证发动机在工作中不发生"爆燃"的现象，就必须合理地选择相应牌号的汽油。在选择汽油时主要应根据发动机压缩比的高低来选择。当发动机压缩比较高、爆燃倾向较大时，应选用牌号较高的汽油；反之，压缩比较低的发动机，应选用牌号较低的汽油。车用汽油的基本选用原则是：压缩比在8.0以下的发动机，应选用89号车用无铅汽油；压缩比在8.0～8.5之间的发动机，应选用92号车用无铅汽油；压缩比在8.5～9.5之间的发动机，应选用92号或95号车用无铅汽油；压缩比大于9.5的发动机和高性能跑车应选用98号汽油。表7-4为国内外汽油发动机轿车用汽油牌号推荐表。

表7-4 国内外汽油发动机轿车用汽油牌号推荐表

车 型	发动机压缩比	推荐汽油牌号	车 型	发动机压缩比	推荐汽油牌号
一汽红旗明仕1.8	9.0	92	别克君威2.0/2.5/3.0	9.5	不低于95
红旗世纪星2.0/2.4	9.5	不低于92	东风蓝鸟2.0/阳光2.0	9.5/9.8	不低于95
一汽马自达2.3	10.6	92、95	毕加索1.6/2.0	10.5	95、98
夏利7101/7131/2000	9.3～9.5	不低于92	爱丽舍1.6	9.6/10.5	92、95
一汽威姿1.0/1.3	10.0/9.3	不低于92	东风塞纳2.0	10.8	92、95
捷达普通/CI/CT/AT	8.5～9.0	92	东风千里马1.6	9.8	不低于92
宝来1.6/1.8/1.8T	9.3～10.3	92、95	神龙富康1.4/1.6	9.3/9.6	92
高尔夫1.6/2.0	10.5	92、95	奇瑞1.6	9.5	不低于92
奥迪A4/A6	10.0/10.5	95、98	天津丰田威驰1.3/1.5	9.3/9.8	不低于92
桑塔纳普通/2000	9.0/9.5	不低于92	现代索纳塔2.0/2.7	10.1/10.0	95、98
帕萨特1.8/1.8T	10.3/9.3	92、95	嘉华1.3/1.6	10.2/9.5	92、95
上海大众POLO1.4/1.6	10.4/10.3	92、95	派力奥1.3 16V/1.5	10.6/10.0	不低于92
别克赛欧1.6	9.4	不低于92	宝马3、5、7系列	10.8/10.8/10.5	98

【特别提示】

由于汽车排放控制标准的实施，我国从 2000 年 1 月起已禁用含铅汽油。2013 年 12 月 18 日第五阶段车用汽油国家标准（国Ⅴ）发布，自发布之日起开始实施，过渡期截至 2017 年底。从 2018 年 1 月 1 日起全国范围内将供应第五阶段车用汽油，将原 90、93、97 号汽油调整为 89、92、95 号汽油。图 7-3 所示为国Ⅳ和国Ⅴ汽油牌号对照。

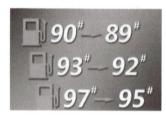

图 7-3　国Ⅳ和国Ⅴ汽油牌号对照

汽油质量的好坏，可以根据"一看、二嗅、三摸、四摇"等方法来判定。

"一看"：主要是观察汽油的颜色。标准的 98 号汽油其颜色为翠绿色，而标准的 92 号汽油其颜色为浅淡黄色或浅黄红色，含铅汽油则为红色，如果汽油颜色太浅，甚至发白，则可能是伪劣产品，选择时应加以注意。

"二嗅"：主要是闻汽油的味道。如果加有 MTBE（甲基叔丁基醚），则汽油会有一股酸味，如果适当少量地加入，可以提高汽油的辛烷值，但如果超过 15%，氧的含量就会超标。

"三摸"：主要检查汽油的蒸发性和黏度。如果将少许汽油放在手上很快蒸发掉，则说明汽油合格；如果很长时间还没有蒸发掉，则说明汽油与柴油或润滑油在储存或使用中混合。

"四摇"：主要是观察汽油的黏度和泡沫性能，其检查的方法主要是根据经验。

2. 汽油使用注意事项

若长期使用不合适的汽油，则会在燃烧室内产生大量的积炭，从而导致压缩比升高，爆燃的倾向加大，此时需要驾驶人及时维护发动机。为保证发动机正常工作，必须注意以下事项：

1）更换汽油牌号时要注意，对于传统的蓄电池点火的发动机，当汽油由低牌号改换为高牌号时，可以把点火提前角适当提前，这样就可以充分发挥汽油的性能而不至于浪费；当汽油由高牌号改换为低牌号时，可以把点火提前角适当推迟，这样可以避免"爆燃"的发生。电控发动机则由电控单元和爆燃传感器自动调节。

2）当车辆在炎热的夏季或高原地区使用时，由于温度高、气压低，易发生气阻，应该更换为饱和蒸气压较低的汽油。反之，选择牌号（即辛烷值）较高的汽油。

3）由于发动机长期使用，燃烧室积炭和气缸盖经多次修理，会使发动机压缩比升高，而导致爆燃。因此，这类汽车在维修后应使用高一级牌号的汽油。

4）汽油中不得掺入其他油液（如煤油或柴油等），否则会引起爆燃，严重时会破坏发动机润滑条件，从而导致发动机的磨损加剧。

5）不要使用长期储存或已经变质的汽油，这些汽油燃烧后会产生大量的积炭而影响发动机的工作，特别是对电喷发动机的影响会更大。

6）汽油易燃、易爆、易产生静电，使用时要注意安全。

7.2 车用柴油

柴油是车用柴油发动机的主要燃料，在国民经济中占有重要的地位。柴油和汽油一样也是从石油中精炼出来的，由碳、氢元素组成的水白、浅黄或棕褐色的液体（图7-4）。柴油分为轻柴油和重柴油，轻柴油用于高速运转的发动机，重柴油用于低速运转的发动机。

柴油发动机燃料的燃烧不是由火花塞直接点燃，而是柴油与被压缩的高温空气相遇后自行着火燃烧的，故又称为压燃式发动机。柴油发动机具有热效率高、耗油量低、燃料资源较汽油丰富、使用耐久可靠、燃料火灾危险性小等特点，因此柴油发动机广泛用于汽车、舰艇、坦克和工程机械，特别是一些大型重载汽车，大都使用柴油机。

图7-4 车用柴油

7.2.1 柴油的使用性能

柴油的使用性能包括发火性、低温流动性、蒸发性、黏度、安定性、腐蚀性和清洁性等。

1. 发火性（燃烧性）

发火性是指柴油在柴油发动机中的自燃能力。柴油的发火性主要取决于发火延迟期的长短。发火延迟期是指从柴油喷入燃烧室至开始着火的时间。发火性好的柴油，着火延迟期短，着火燃烧后气缸内压力上升平稳，柴油机工作柔和；如果发火性不好，着火延迟期就长，会使燃烧室的积油量增多，燃烧不充分，功率下降、油耗增加、磨损加大、排气冒黑烟等。同时，会引起发动机工作粗暴，从而导致曲柄连杆机构受冲击力过大而产生弯曲并发出强烈的敲击声，使零部件损坏。

柴油的发火性是以十六烷值评定的。与汽油辛烷值类似，十六烷值是用两种发火性差异很大的燃料作为基准物对比得出的数值。其中一种为正十六烷，发火性好，定其十六烷值为100；另一种是α—甲基萘，发火性差，定其十六烷值为0，按不同比例将它们混合在一起，可获得十六烷值0~100的标准燃料。然后在可变压缩比的标准单缸十六烷值测定柴油机上，将被测燃料与标准燃料进行同期闪火对比试验，若被测燃料与某标准燃料在相同条件下同期闪火，则标准燃料的正十六烷体积百分数即为被测燃料的十六烷值。

柴油机的转速越高，燃烧速度越快，对十六烷值要求就越高。一般转速在1000r/min以下的柴油机，应使用十六烷值为35~40的柴油；转速为1000~1500r/min的柴油机，应使用十六烷值为40~45的柴油；转速在1500r/min以上的柴油机，应使用十六烷值为45~60的柴油。柴油的十六烷值越高，其发火性越好，汽车就越容易在较低气温下起动，但十六烷值也不宜过高，否则柴油的低温流动性、喷雾和蒸发等性能均会受到影响，导致燃烧不完全，从而降低发动机功率、增加油耗、排气冒黑烟。一般十六烷值为40~50的柴油基本可满足工作要求。表7-5为柴油十六烷值与起动最低温度的关系。

表7-5 柴油十六烷值与起动最低温度的关系

柴油十六烷值	30	40	50	60	70	80
可以起动的最低温度/℃	30	12	4	-4	-8	-11

2. 低温流动性

低温流动性是指柴油在低温的条件下也应具有一定的流动状态以供发动机燃烧，从而保证发动机正常工作的性能。柴油的密度和黏度都比汽油大，随着温度的降低，柴油的黏度会变得更大，流动性变差。如果柴油的低温流动性不好，在低温工作时会堵塞油管或滤清器，从而无法形成良好的混合气而导致发动机工作不正常或根本无法起动。评定柴油低温流动性的指标有凝点、浊点和冷滤点。

（1）凝点　凝点又称凝固点。将柴油装在规定的试管内，冷却到预期的温度，将试管倾斜45°，经过1min液面不移动，此时的温度便是柴油的凝点。凝点是柴油储存、运输和油库收发作业的低温界限温度，与柴油低温使用性能有一定的关系。若发动机使用凝点过高的柴油，停车后再起动将会非常困难。凝点越低的柴油，在柴油机燃料系统中供油性能越好，因此，在室外工作的发动机一般应使用凝点低于环境气温5℃以上的燃料，才能保证发动机的正常工作。

柴油的凝点是评定其性能的最重要的指标之一。我国轻柴油是按凝点来确定牌号的。例如0号柴油，它的凝点是0℃，10号柴油的凝点是-10℃，25号柴油的凝点是-25℃。

（2）浊点　浊点是指在规定条件下，柴油冷却至由于石蜡出现而失去透明时的最高温度。此时柴油虽仍可流动，但易造成油路堵塞而出现供油故障。

（3）冷滤点　冷滤点是指在规定条件下，1min内通过363目/in²（1in=2.54cm）滤清器的柴油不足20mL的最高温度。冷滤点与柴油实际使用的最低温度有较好的对应关系，可作为根据气温选用轻柴油的依据。一般冷滤点要高于凝点4~6℃，比浊点略低。

3. 蒸发性（挥发性）

蒸发性是指柴油由液态转化为气态的能力。柴油的蒸发性要比汽油的蒸发性差得多，但是柴油的馏分要比汽油重。柴油的蒸发性能及蒸发的速度对发动机的工作有着重要的影响。蒸发性能好，柴油机起动性能就好，燃烧充分，耗油低、积炭少、排烟也较少；如果蒸发性不好，会给柴油机带来不好的影响，例如混合气不易形成，燃烧不充分，耗油量增加，污染发动机的润滑油，导致排放污染增加等。但蒸发性过高，会影响储运及使用安全，发动机工作容易粗暴。

柴油的蒸发性主要用馏程、闪点等评定。柴油馏程测定方法与汽油基本相同，测定项目有50%、90%和95%馏出温度。50%馏出温度低，则轻质馏分多，易于起动；但50%馏出温度过低时，柴油蒸发太快，易引起全部柴油迅速燃烧，气缸内压力升高剧烈，发动机工作粗暴。90%馏出温度与95%馏出温度越低，柴油中重质馏分含量越少，柴油燃烧更加充分，可提高柴油机的动力性，降低油耗，减少机件磨损。闪点是指柴油在一定条件下加热时，其蒸气与周围空气形成的混合气接触火焰发生瞬间闪火时的最低温度。闪点低的柴油蒸发性好，但闪点太低会使柴油机工作粗暴，同时导致储运及使用中的安全性下降。

4. 黏度

黏度是表示柴油稀稠度的一项重要指标。黏度是随温度变化而变化的，温度高时油料变稀，黏度变小；温度低时油料变稠，黏度变大。轻柴油的黏度是指20℃时的黏度。当黏度过大时，流动性能变差，影响供油量，同时，喷入气缸内的油粒较大，影响雾化，不易与空气均匀混合，这样燃烧不完全，燃油消耗量增加；当黏度过小时，在喷射时，因油粒细小，射程太短，同样不能很好地均匀分布，以致燃烧不完全，排气冒黑烟。因此，为了使发动机正常工作，要求柴油的黏度保持在适当范围内。

5. 安定性

安定性是指柴油在储存、运输和使用过程中保持外观颜色、组成和性能不变的能力。安定性好的柴油无论是在储存还是在使用过程中，其颜色和性能可以基本保持不变。安定性差的柴油在一段时间后其颜色和性能都会发生明显的变化，会使油中的实际胶质明显增多。经常使用安定性不好的柴油会使滤清器、油管、喷油器堵塞，燃烧室积炭快速增多。

影响柴油安定性的因素主要是内部的化学成分和外部的环境因素。化学成分主要是指碳氢化合物和非碳氢化合物两大部分，其中碳氢化合物中的烯烃是影响安定性的主要原因；非碳氢化合物中的硫化物和氮化物是影响安定性的次要原因。外部环境主要是指储油容器、空气中的氧含量、气候温度等。如果使用金属容器储油会对柴油的氧化有一定的催化作用，氧的含量增多会使柴油与氧的接触多，温度高会加快柴油变质的速度。所以为保证发动机正常工作，充分发挥其动力性能，要求驾驶人在选用柴油或储存柴油时，要注意在合理的储存条件下进行柴油的选择和使用，这样才能使发动机工作可靠，减少机件的磨损，延长发动机的使用寿命。

6. 腐蚀性

腐蚀性是指柴油在储存和使用的过程中腐蚀零件的能力。腐蚀性主要是因为柴油中含有硫化物、有机酸和碱等有害物质，这些有害物都会影响发动机的正常工作。其中硫和硫醇硫对发动机的影响更大，因为它们燃烧完都会生成二氧化硫和三氧化硫等酸性有害物质，不仅会对发动机零部件进行强烈的腐蚀，如果硫的含量过多还会使发动机的润滑油变稀、变质使零部件磨损加剧。使用硫含量过大的柴油时，由于燃烧不彻底会使燃烧室、活塞顶、喷油器、进气门、排气门等部位产生大量的积炭，加剧气缸的磨损，从而影响发动机的使用寿命。正因为这些有害物质的存在会给发动机带来种种不良后果，为此要对柴油中的有害物质进行严格控制。国标强制规定柴油中的硫含量不得大于0.2%，硫醇硫含量不得大于0.01%。

7. 清洁性

柴油的清洁性用灰分、机械杂质和水分等指标评定。灰分是指柴油中不能燃烧的矿物质，呈颗粒状、坚硬，它会造成气缸壁与活塞环磨损。为保证发动机具有较高的动力性，要严格控制灰分在柴油中的含量。国家标准规定灰分在柴油中的含量不得高于0.01%。机械杂质和水分是柴油在储存和运输的过程中不慎混入的杂质。机械杂质会使柴油发动机中的精密偶件卡死、喷油器喷孔堵塞而影响供油；水分会降低柴油发热量，冬季或低温下易结冰而堵塞油路，还有可能溶解可溶性的盐类使灰分增大，如果水分和有机酸混合在一起还会加快零件的腐蚀。所以国标严格控制柴油中机械杂质的含量和水分，其中水分不得高于0.03%的体积分数。

7.2.2 柴油的选用及使用注意事项

1. 车用柴油的选用

我国柴油牌号是按照凝点来划分的,分为 5、0、-10、-20、-35 和 -50 六种牌号。车用柴油应根据地区和季节的气温高低来选用。

为了保证发动机燃料在最低温下正常供应,不发生凝固而失去流动性,造成油路堵塞,所选柴油牌号要比当地、当月最低气温低 5～7℃。当地区温度较低时,选用较低牌号的柴油;地区温度较高时,选择较高牌号的柴油。在气候温度允许的情况下应尽量选用高牌号的柴油,否则会造成使用成本升高,因为低牌号柴油价格较高,例如 -35 号柴油价格是 10 号柴油的 2 倍。为了充分利用资源与降低成本,不同牌号的柴油可以掺兑使用,例如将 50% 的 0 号柴油与 50% 的 -10 号柴油混合,其凝点为 -4～-5℃,适合于冬季最低气温在 0～-3℃ 的地区使用。各地可参考表 7-6 选用车用柴油。

表 7-6 推荐选用的柴油牌号

牌 号	适用地区季节	适用最低气温/℃
5 号	全国各地 6～8 月和长江以南 4～9 月	8
0 号	全国各地 4～9 月和长江以南冬季	4
-10 号	长江以南地区冬季和长江以北地区严冬	-5
-20 号	长城以北地区冬季和长城以南黄河以北地区严冬	-14
-35 号	东北和西北地区严冬	-29
-50 号	东北的漠河(黑龙江北部)和新疆的阿尔泰地区严冬	-44

2. 车用柴油的使用注意事项

1)为保证柴油的清洁,柴油加入燃油箱中前要充分沉淀,沉淀时间不少于 48h,然后用鹿皮、绸布或细布仔细过滤,除去杂质。

2)柴油与汽油不能混合使用,如果混用会使发动机起动困难,甚至不能起动。

3)在冬季或低温起动时,可以采用一定的预热措施,例如对油底壳进行预热以降低起动阻力,还可以相应地提高蓄电池的密度以防止在低温地区发生结冰的现象,而影响发动机的起动。

4)在寒冷地区,缺乏低凝点柴油时,可以向高凝点柴油中掺入 10%～40% 的裂化煤油以降低柴油的凝点,但要注意掺入后必须搅拌均匀。

7.3 汽车新能源

汽车是石油产品的主要消耗者,据统计全世界的石油产品约有 46% 被汽车消耗。这个惊人数字随着汽车保有量的不断增加也随之增加,对环境的污染也是越来越严重。据有关资料预测,现所探测石油资源储量只能供给全世界使用到 2050 年左右。因此,针对环境和能源形势的日趋恶化,降低汽车油耗和开发汽车新能源迫在眉睫,这已成为现代汽车技术发展的重要课题。

7.3.1 对汽车新能源的要求

汽车新能源必须能够替代目前汽车使用的汽油和柴油，因此应符合以下要求：

1）热值要高，能量密度要大，只需要携带少量的燃料就能行驶足够的里程。由于汽车行驶的道路和地区不同，以及车载重量的增加，对新能源的要求也就不同，必须先满足发动机的功率要求才能克服其他阻力。

2）安全性能要好，无毒或低毒，对环境污染小。要求新能源在使用的过程中对发动机无害，能充分燃烧，不挥发，燃烧后对环境的污染小。

3）来源广泛，价格便宜，容易携带。由于汽车的保有量不断增加，新能源必须来源广泛，才能满足汽车数量不断增加的需求，价格便宜才能满足大众的需求。

4）运输、储存和使用方便，不影响发动机的可靠性。

7.3.2 汽车主要新能源

新能源汽车是指除以汽油、柴油为动力源之外的所有其他能源汽车，主要包括电动汽车、混合动力汽车、氢能源动力汽车和太阳能汽车等，其特点是废气排放量比较小。

汽车新能源有着广阔的开发前景，目前正在开发代用石油产品的燃料有醇类燃料、天然气、液化石油气、电能、氢气、太阳能、乳化燃料和合成燃料等。这些作为汽车新能源的燃料，也各有不同之处，有的能源可以单独使用，而有的能源可以和柴油或汽油混合使用。表 7-7 为各类新能源的特点及应用现状。

表 7-7 各类新能源的特点及应用现状

新能源	优　点	缺　点	现状及前景
电能	1. 来源方式多 2. 直接污染及噪声小 3. 结构简单，维修方便	1. 蓄电池能量密度小，汽车行驶里程短，动力性差 2. 蓄电池质量大，使用寿命短，价格高 3. 蓄电池充电时间长 4. 蓄电池制造和处理存在污染	现已推广使用，2018 年中国纯电动汽车销量达到了 98.4 万辆，随着各国燃油车停售计划出台，纯电动汽车将成为未来汽车的主体
氢燃料	1. 不产生有害气体 2. 氢的热值高 3. 资源极其丰富	1. 氢气制取成本高 2. 气态氢能量密度小，且储运不便，液态氢技术难度大，成本高 3. 需要开发专用的发动机	仍处于基础研究阶段，目前多采用混合动力，即燃料电池与发动机并联使用。但有希望成为未来汽车能源的重要组成部分，前景难以预测
醇类燃料	1. 甲醇、乙醇可以利用植物、天然气、煤炭制取，来源有长期保障 2. 储运方便 3. 辛烷值较高	1. 甲醇毒性大，而且对金属和橡胶件有腐蚀 2. 污染较大，与汽油相当 3. 单独使用时，需要对发动机做一些改进 4. 成本高	目前世界上有相当数量的汽车燃烧甲（乙）醇和汽油的混合燃料，发展缓慢，可以作为能源的补充，在某些国家和地区可保持较大的比例

（续）

新能源	优　点	缺　点	现状及前景
天然气	1. 资源丰富，在今后相当长时间内有充足的保障 2. 污染很小 3. 辛烷值高 4. 价格低廉 5. 技术成熟	1. 天然气储运不便 2. 天然气也是非再生资源 3. 新建加气站网络投资大 4. 气态天然气能量密度小 5. 汽车采用天然气会降低动力性 6. 单烧天然气时须设计专门发动机	在许多国家已获得广泛使用并大力推广，世界上已有约511万辆天然气汽车。21世纪天然气将成为汽车燃料的主流之一

1. 醇类燃料

醇类燃料主要是指甲醇和乙醇。由于醇类燃料的资源比较丰富，来源广泛，价格低廉，植物发酵就可以得到，因此它已经被作为汽车燃油的代替燃料使用，目前无论是在技术革新还是在降低成本等方面都已经有所进步。

（1）甲醇　甲醇可以从天然气、煤炭、重质燃料、木材和垃圾等物质中提取。它以液体状态存在，无色易挥发，有毒，饮后能导致失明。甲醇的自燃点为464℃，辛烷值较高。甲醇作为汽车新能源使用时，既可以单独使用，也可与汽油混合使用。单独使用时，须对发动机做一些改进，用提高发动机压缩比的方法来提高发动机的性能；混合使用时，发动机无须做大的改动。

（2）乙醇　乙醇可以从草秆、玉米、甘蔗等农作物中提取。作为新能源的乙醇燃料，能缓解石油的缺乏，是现行发展中可行的方法。乙醇俗称酒精，用乙醇为燃料的汽车可称为酒精汽车。乙醇在常温下是液体，易挥发燃烧。乙醇的自燃点为423℃，其辛烷值较高，使用方法与甲醇类似。

醇类燃料蒸发潜热大，低温起动时，发动机很难起动，所以使用醇类燃料的发动机必须加设预热装备，以保证发动机在低温下容易起动。醇类燃料对发动机的腐蚀严重，固醇类燃料易吸水，容易破坏润滑油膜，使发动机磨损加剧，从而会降低发动机的使用寿命。醇类燃料的燃烧速度快，排气中没有碳烟，对环境的污染小。醇类燃料在常温下以液体状态存在，储存和运输比较方便。

2. 天然气

天然气的主要成分是甲烷，作为新能源具有辛烷值高、混合均匀、燃烧积炭少、不冲刷缸壁油膜的特点。但天然气的携带性较差，汽车需要带气囊行驶，行驶阻力较大，同时气囊容积也会受到一定的限制，因此汽车的行驶里程很短，比较适合在城市的公交车上使用。天然气是所有新能源中应用最早的一种。目前，天然气作为汽车新能源已经得到了广泛的应用。

3. 液化石油气

石油气是在石油开采和加工过程中得到的可燃气体，主要由丙烷、丁烷以及其他气体混合而成。石油气在常温条件下，经加压使其液化后储存在高压容器中使用，故称为液化石油气。

液化石油气作为汽车新能源，具有辛烷值高、抗爆性能好、混合均匀、污染小、价格便宜、储存和使用过程方便的特点。采用液化石油气的发动机，可以通过提高发动机压缩比的方法来提高发动机的热效率；采用液化石油气的发动机燃烧过程比较安全，不会破坏气缸壁的润滑油膜，对发动机的磨损小，能延长发动机的使用寿命。

目前多采用燃气（天然气和液化石油气）与汽油双燃料供给方式，即将汽油（或柴油）和燃气同时作为汽车的燃料。采用这种方式的汽油发动机汽车设有两套独立的燃料供给系统，可利用选择开关在燃气和汽油两种燃料中进行转换使用，但两种燃料不允许同时混合使用；采用这种方式的柴油发动机汽车配备两个供给系统及两个独立的燃料储存系统，发动机可使用纯柴油工作，也可使用双燃料工作，双燃料状态时，是用压燃的柴油引燃燃气与混合气而实现燃烧的。

4. 氢气

氢可以燃烧，而且它在地球上的蕴藏量极为丰富，是一种极有前途的能源。氢用作汽车燃料具有热值高、热效率高、排气污染小、发动机磨损小等特点。但氢燃料成本极高，而且携带和储存非常困难，因此氢目前很难普及为汽车代用燃料。

氢内燃机汽车（Hydrogen Internal Combustion Engine Vehicle，HICEV）是以内燃机燃烧氢气产生动力的汽车。氢内燃机汽车是传统汽油内燃机汽车的小量改动版本。氢内燃机汽车直接燃烧氢，不使用其他燃料。

5. 电能

电能具有对环境没有污染、噪声较小、操纵和使用方便等优点。用电能作为动力源的汽车称为电动汽车。电动汽车包括的范围比较广，目前主要是指混合动力电动汽车（PHEV）、纯电动汽车（BEV）、燃料电池电动汽车（FCEV）等。

我国目前正在大力发展电动汽车，在补贴及限牌政策（如北京）的支持下，电动汽车成了购车族的重要选择。对于电动汽车，动力电池是最重要的。电动汽车用动力电池主要有磷酸铁锂蓄电池、镍氢蓄电池、三元锂蓄电池等。表7-8为几种新能源汽车动力电池优缺点对比。

表7-8 几种新能源汽车动力电池优缺点对比

动力电池种类	优 点	缺 点	应用车型
钴酸锂蓄电池	1. 生产技术成熟 2. 比能量高，比能量大约是磷酸铁锂蓄电池的两倍	高温状态下，稳定性相比镍钴锰酸锂蓄电池、磷酸铁锂蓄电池稍差	特斯拉 MODEL S
磷酸铁锂蓄电池	稳定性是目前车用锂蓄电池中最好的	1. 能量密度较三元锂蓄电池、钴酸锂蓄电池仍有差距 2. 当温度低于-5℃的时候，充电效率有所降低 3. 在温度过低的情况下，会影响蓄电池的容量 4. 磷酸铁锂蓄电池应用的车型，不适合在北方行驶，尤其是东北等极寒地带，因为那里冬天的温度太低，会影响磷酸铁锂蓄电池的使用寿命	比亚迪 e6、比亚迪秦、比亚迪唐等

（续）

动力电池种类	优　点	缺　点	应用车型
镍氢蓄电池	1. 蓄电池能量储备大 2. 重量轻 3. 使用寿命长 4. 对环境无污染	1. 制造成本高 2. 性能方面比"锂离子蓄电池"差	丰田 prius、福特汽车 Ford Escape、雪佛兰 Chevroiet Malibu 等
三元锂蓄电池	1. 相对于钴酸锂蓄电池，三元锂蓄电池安全性更高 2. 更适合未来电动汽车动力电池的发展趋势 3. 适合北方天气，低温时蓄电池更加稳定	1. 电压太低 2. 能量密度介于磷酸铁锂蓄电池和钴酸锂蓄电池之间	北汽新能源 EV200、北汽新能源 EU260、特斯拉 Model 3 等
氢燃料蓄电池	1. 体积小，容量大 2. 没有污染，零排放 3. 加氢时间短，仅需几分钟即可加满	1. 储存能力和稳定性差 2. 制氢成本高 3. 加氢站投入大	丰田 Mirai、现代 NEXO
石墨烯蓄电池	1. 充电时间短：可把数小时的充电时间压缩至不到 1min 2. 石墨烯可以帮助锂蓄电池降低产能时的热量，达到减少能量损失的目的，避免了大量能量被浪费，减少了热量对蓄电池的损害，提高了蓄电池的使用寿命。	成本太过昂贵，大约 2000 元/g，目前无法大规模应用	石墨烯电池一般用于航空航天等方面，现在暂无车型使用
超级电容	1. 充放电循环寿命在十万次以上 2. 可以瞬间释放的功率比普通蓄电池高近十倍，而且不会损坏 3. 充电迅速，它的速度比普通蓄电池快几十倍，几分钟就可充满一辆汽车所需要的电量 4. 本身不会对环境造成污染，真正免维护	1. 它的体积比较大，与体积相当的蓄电池相比，它的储电量要小很多 2. 储存电量少，只能驱动车辆行驶数千米	暂无车型使用

6. 太阳能

太阳能是取之不尽的能源，通过太阳能电板可直接利用太阳能来驱动汽车。太阳能是目前所有新能源中最经济最简单的能源。但目前开发的太阳电池效率低、体积大、成本高，驱动的汽车容量很小，短期内难有实用价值。

此外，正在研究开发的汽车新能源还有合成燃料、水、空气、植物油等，因尚处于研究阶段，许多技术问题还有待解决，所以目前还无法在汽车上应用。

新能源汽车的诞生与发展背景

由于传统汽车需要消耗燃油以及排放废气,因此汽车对气候变暖、环境污染的影响以及能源危机是汽车行业必须面对的问题。

1. 汽车对气候变暖的影响

温室气体是指能够产生温室效应的气体,包括二氧化碳(CO_2)、甲烷(CH_4)、一氧化二氮(N_2O)、氟化合物等。二氧化碳是大气中主要的温室气体之一。当大气中二氧化碳含量升高时,会增强大气对太阳光中红外线辐射的吸收,阻止地球表面的热量向外散发,使地球表面的平均气温上升,这就是温室效应。

随着全球范围内工业的发展,温室气体的排放有了明显的上升,从1900年以来,由于温室气体的原因,地球的平均温度已经增加了0.6℃。为了阻止气温的变化,必须减少温室气体的排放。1997年12月,联合国气候变化框架公约参加国在日本京都召开会议,起草并制定的《联合国气候变化框架公约的京都议定书》(以下简称"《京都议定书》")是《联合国气候变化框架公约》(United Nations Framework Convention on Climate Change,UNFCCC)的补充条款。《京都议定书》经过国际社会多年的共同努力,于2005年2月16日正式生效。

《京都议定书》规定,在2008—2012年间,工业国家必须减少温室气体的排放(相比1990年排放数量减少5%)。《京都议定书》刺激了太阳电池产业公司的股价大幅上涨,"新能源"这一名词渐渐走入人们的视线。汽车是温室气体产生的主要因素之一,汽车每燃烧1kg汽油将排出3.08kg的二氧化碳,汽车行业对全球气候变暖的影响已无法忽视。

2. 汽车对环境污染的影响

随着我国国民经济的持续快速发展,大城市大气环境污染问题日益突出。导致北京、广州、上海、重庆等大城市市区大气污染的重要污染源为机动车排放的废气。许多国家的大、中城市的空气污染有五成以上来源于汽车尾气。目前,绝大部分汽车采用的发动机是内燃机,汽车发动机燃烧燃料产生动力的同时排放出尾气。尾气的主要成分是二氧化碳(CO_2)、一氧化碳(CO)、氮氧化物(NO_x)和碳氢化合物(HC),还有铅尘和烟尘等污染物和一些固体细微颗粒物。

为了降低汽车对环境的污染,世界各国都制定了一系列汽车尾气排放标准。欧洲汽车废气排放标准是欧盟国家为限制汽车废气排放污染物对环境造成的危害而共同采用的汽车废气排放标准。当前该标准对几乎所有类型的车辆排放的氮氧化物、碳氢化合物、一氧化碳和悬浮粒都有限制。由于我国的乘用车车型大多从欧洲引进生产技术,因此我国大体上也采用了欧洲的标准体系。

3. 能源危机

我国经济的高速发展推动了能源需求快速增长。根据《中国2050年低碳情景和低碳发展之路》预测,在基准情境下,预计到2050年,我国一次性能源需求量将增加到66.57亿t标准煤。在石油需求持续上升的情况下,国际石油价格将直接影响我国的能源安全、经济安全乃至国家安全。

近年来我国汽车产业发展迅速,已成为全球第一大汽车市场。2009年我国汽车产销量跃居全球第一。据统计,到2020年我国汽车的燃油需求量将达到2.56亿t,能源短缺已经成为全球问题。

发展新能源汽车不仅可以降低环境污染、节约能源,而且还可以优化能源消耗结构,带来环境和经济双重效益。

本章小结

1. 汽油的蒸发性、抗爆性、安定性、腐蚀性、清洁性是影响汽油发动机使用性能的重要指标。

2. 我国执行了新的汽车排放标准,实行了汽油无铅化。汽油产品目前执行的标准为GB 17930—2016《车用汽油》标准,该标准中汽油的牌号按研究法辛烷值分为89号、92号、95号和98号。汽油选用的原则是以不发生爆燃为前提,根据说明书上厂家推荐或发动机压缩比选择适当牌号的汽油。

3. 柴油的使用性能指标有发火性、蒸发性、低温流动性、安定性和腐蚀性。车用柴油按柴油的凝点分为5、0、-10、-20、-35和-50六种牌号,主要根据当地当时最低气温选择。为保证柴油机正常工作,凝点应该比环境气温低5℃以上。

4. 天然气、液化石油气、醇类燃料、电能、氢气等已经成为我国汽车的新能源。

测 试 题

一、名词解释

爆燃　气阻　着火延迟期　闪点　凝点　新能源

二、填空题

1. 车用汽油的使用性能主要包括_____、_____、_____、_____和_____等。

2. 我国车用汽油按_____来划分牌号,_____越高,汽油牌号_____,其抗爆性能越好。目前我国使用的汽油牌号有_____、_____、_____和_____。

3. 柴油的使用性能包括_____、_____、_____、_____、安定性、腐蚀性和清洁性等。

4. 我国柴油牌号是按照_____来划分的,分为5、_____、_____、_____、_____和-50六种牌号。

5. 汽车新能源正在开发代用石油产品的燃料有_____、_____、_____、电能、氢气、太阳能、乳化燃料和合成燃料等。

三、判断题

1. 一般柴油机的耗油量要比汽油机的耗油量要高。(　　)

2. 汽油发动机的温度过低，就会造成混合气形成不良。（ ）
3. 牌号不同的柴油可以掺兑使用，以降低柴油的凝点。（ ）
4. 甲醇是一种易挥发的液体，有毒，饮后能导致失明。（ ）

四、选择题

1. 评定汽油抗爆性能的指标是（   ）。
   A. 十六烷值　　　　B. 辛烷值　　　　C. 馏程　　　　D. 饱和蒸气压
2. 柴油的发火性是以（   ）评定的。
   A. 十六烷值　　　　B. 辛烷值　　　　C. 馏程　　　　D. 压缩比
3. 当柴油需要进行掺兑时，-10号和-20号柴油各50%掺兑后，其凝点为（   ）。
   A. -15号柴油　　　　　　　　　B. -16 ~ -17号柴油
   C. -13 ~ -14号柴油　　　　　　D. 不确定
4. 选择汽油时要按照（   ）和汽车生产厂家推荐的汽油牌号来选择。
   A. 辛烷值　　　　　　　　　　B. 发动机压缩比大小
   C. 蒸气压　　　　　　　　　　D. 实际胶质
5. 车用柴油应根据（   ）来选用。
   A. 十六烷值　　　　　　　　　B. 地区和季节的气温高低
   C. 凝点　　　　　　　　　　　D. 黏度

五、简答题

1. 汽油的牌号是根据什么来划分的？主要有哪些牌号？如何进行选用？
2. 柴油的牌号是根据什么来划分的？主要有哪些牌号？如何进行选用？
3. 简述汽油发动机对汽油的基本要求。
4. 简述柴油发动机对柴油的基本要求。
6. 如何确定汽油的辛烷值和柴油的十六烷值？
7. 影响车用柴油安定性的主要因素有哪些？
8. 简述汽车新能源的种类和特点。

第8章

汽车润滑材料

知识目标

1. 了解机油、车辆齿轮油、汽车润滑脂的工作条件及使用性能。
2. 掌握机油、车辆齿轮油、汽车润滑脂的分类、品种牌号和规格。

能力目标

1. 能够合理选用及正确使用发动机润滑油（机油）、车辆齿轮油和汽车润滑脂。
2. 掌握润滑材料的检查和更换操作。

案例引入

在给你的爱车更换机油的时候，你是否纠结过到底是选全合成油、半合成油还是矿物油呢？矿物油是否和传统的天然产品一样具有优越的性能呢？机油的标号代表什么？如何选择合适的机油呢？

据统计，汽车零部件的主要失效形式是磨损，磨损型的故障约占汽车使用故障的50%，由此带来的维修费用约占汽车使用费用总数的25%，而且约有10.5%的汽车燃料的热能消耗在汽车的各种摩擦损失中。由此可见，降低摩擦损失、减少磨损、延长车辆使用寿命的重要措施和有效途径之一就是对汽车各运动零部件进行有效润滑。

汽车润滑材料主要包括发动机润滑油（机油）、汽车齿轮油和汽车润滑脂等。

8.1 机　　油

发动机是汽车的动力装置，汽车在正常行驶过程中，发动机的零部件间将产生相对运动，加之受载荷和温度的影响，会引起零部件的磨损。为减缓零部件的磨损、减少故障、延长发动机的使用寿命，最大限度地发挥发动机的应有功率，应正确地选择和使用机油（图8-1）。

机油是由石油中的重油经精加工并加入各种添加剂制成的。机油是汽车润滑材料中品种最多，用量最大，且性能要求较高，工作条件异常苛刻的一种润滑油。

图 8-1　机油

8.1.1　机油的作用及工作条件

1. 机油的作用

机油的主要作用是给发动机进行润滑、清洗、冷却、密封、防锈和减振。

（1）润滑　润滑是机油的主要作用。发动机在高速运动时，机油被发动机润滑系统送到各摩擦表面形成机油膜，使金属间的干摩擦变成机油层间的液体摩擦，从而减少机件间的摩擦和磨损，保证机件正常运行。

（2）清洗　机油在循环过程中，能把附着在摩擦表面的金属磨屑、杂质、脏物等带走，并把它们送到油底壳中沉淀或由滤清器滤除，使发动机机件表面保持清洁。

（3）冷却　机油流过各个摩擦表面时，能将摩擦表面生成的热量带走，使机件保持正常的工作温度。

（4）密封　机油工作时会填满活塞与气缸壁间的间隙，形成油封，起到良好的密封作用，防止气体的泄漏，从而保证了发动机正常的输出功率。

（5）防锈　机油能吸附在金属表面形成油膜，避免了水及腐蚀介质和金属的直接接触，从而起到防止或减少它们对金属的锈蚀。

（6）减振　当机件受到冲击载荷时，载荷须通过机件间隙中的机油膜才能传递，由此机油起到缓冲和消振作用。

2. 机油的工作条件

机油是在高温、高压、高速以及润滑困难的恶劣条件下进行工作的，所以机油极易变质，从而导致零件摩擦表面难以形成良好的油膜，最终导致零件因磨损而报废。

（1）高温、高压　发动机工作时，许多机件处于较高的温度，例如活塞头部温度约为205～300℃，气缸上部温度约为180～270℃，曲轴箱中温度约为85～95℃。同时，发动机的主轴瓦、连杆瓦、凸轮轴轴瓦等部位必须采用一定的压力给予润滑。机油在这种高温、高压下工作，极易氧化变质。

（2）高速　发动机正常工作时，机油在发动机内的循环次数为每小时100次以上，高速循环的机油膜容易破坏，加速零部件的磨损。

（3）燃烧废气和燃料的侵蚀　发动机工作中，燃烧的废气和未完全燃烧的混合气，在气缸密封不良时会串入曲轴箱，这些气体冷凝后将形成水和酸性物质，稀释、腐蚀机油。

（4）杂质的污染　发动机运转中，空气中的灰尘、机件磨损产生的金属屑以及燃烧生成的积炭等都会进入机油，对机油造成严重污染。

8.1.2 机油的主要使用性能

由于机油的工作条件非常恶劣，为保证发动机正常润滑，机油的主要使用性能包括适当的黏度、良好的黏温性、较强的抗氧化安定性、良好的清净分散性、较好的抗腐蚀性等。

1. 适当的黏度

黏度是指机油在外力作用下液体发生流动时分子间的内摩擦力。黏度是发动机机油的一项重要指标，是机油分类和使用的主要依据。对于汽车发动机来说，机油的黏度直接影响到发动机的起动性能、机件的磨损、燃料和油料的消耗以及功率的损失等。

黏度过小，就不易在摩擦表面形成足够厚的油膜，使机件得不到正常的润滑，以致加剧机件的磨损；同时由于机油黏度过小，会导致密封不良，气缸漏气，发动机功率下降，还会使混合气窜入曲轴箱使油底壳内的机油变稀、变质从而失去原有的性能。黏度小的机油其蒸发性能较好，当润滑气缸壁时机油有可能参与燃烧，这样不仅增加机油的消耗还会使发动机工作不稳定。

黏度过大，消耗在机油之间的摩擦功率较多，造成发动机低温起动困难，降低了发动机的有效功率，增加了燃料的消耗。此外，由于机油的黏度过大则流动性较差，机油循环速度变慢，单位时间内流过摩擦表面的机油量减少，从而降低了机油的冷却和清洗效果。所以，要求机油的黏度要适当，以免带来不必要的故障。

表示油料黏度的方法主要有动力黏度、运动黏度和条件黏度。我国机油规格中采用动力黏度和运动黏度表示机油黏度。发动机使用的机油，其100℃运动黏度以 $100mm^2/s$ 左右为宜，黏度指数应在90以上。机油的黏度受温度影响很大，所以在使用中应考虑其工作环境温度，以便选用适当黏度的机油。

2. 良好的黏温性

机油的黏度是随温度的变化而变化的。当温度升高时，机油的黏度变小；温度降低时，黏度变大。机油的黏度随温度变化而变化的特性即为机油的黏温性。机油的工作温度范围很宽，发动机冬季起动时曲轴箱及摩擦表面的机油油温与气温相近，而发动机长时间运行后活塞区油温可达300℃左右。如果机油的黏温性差，即低温时黏度过大，而高温时黏度过小，会造成机件磨损和损坏。因此，为保证机油在高温和低温时都有适宜的黏度，要求机油必须具有良好的黏温性。

机油黏温性可以用黏度指数来表示，它是发动机机油的一项重要指标。黏度系数越大，表明黏度受温度影响越小，黏温性越好。

为了提高机油的黏温性，通常在低黏度机油中添加黏度指数改进剂（增稠剂），使之能适应较宽温度范围的使用要求，这种机油称为多级油。

3. 较强的抗氧化安定性

抗氧化安定性是指机油在储存和使用过程中，抵抗氧化反应的能力。机油一旦和空气中的氧接触，就会发生氧化反应，而引起机油变质，并腐蚀零件或影响发动机正常工作。常温下机油的氧化速度比较慢，但在高温时，氧化速度明显加快，尤其是在曲轴的强烈搅拌下，飞溅的油滴会蒸发成油雾，增大了与氧接触的面积，在金属催化作用下使氧化反应非常激烈，生成氧化物。氧化物不仅会使机油的外观和理化性能发生变化（颜色变暗、黏度增加、酸度增大），同时还会引起机件磨损、破坏发动机正常工作、加速机油的老化变质。因此，要求机油具有良好的抗氧化能力,特别是在高温下的抗氧化能力。为减少机油的氧化变质,延长使用寿命,通常在机油中添加各种性能良好的抗氧化添加剂。

4. 良好的清净分散性

清净分散性是指机油能抑制积炭、漆膜和油泥的生成或将已经生成的沉淀物给予清除的性能。

发动机在使用过程中,因受到废气、燃气、高温和金属催化作用,会生成各种氧化物,它们与金属磨屑等机械杂质混合在一起,在机油中会形成胶状沉积物附在活塞、活塞环槽上,形成积炭和漆膜,或沉积下来形成油泥,堵塞油孔等,从而使发动机散热不良,导致机件磨损加剧,油耗增加,功率下降等。清净分散性能良好的机油能使这些氧化物浮在机油中,通过发动机滤清器将其过滤掉,从而减少以上不良因素的产生。因此,机油中通常加入清净分散剂,使机油具有良好的清净分散性。

5. 较好的抗腐蚀性

腐蚀性表示机油长期使用后对发动机机件的腐蚀程度。无论机油的品质多么高级,在发动机高温、高压和有水分的工作条件下,也会逐渐老化。机油中的抗氧化剂只能抑制、延缓机油的氧化过程,减少氧化物,但不能从根本上消除机油的老化。造成机油老化的主要原因是机油老化后产生的弱酸性物质在高温、高压和有水分的条件下会对金属起腐蚀作用。特别是滑动轴承的耐蚀性较差,易被酸性物质腐蚀,而产生麻点、凹坑、剥落等现象。为此要提高机油的提炼精度,减少酸值;或是添加防腐剂,使机油具有较好的抗腐蚀性。

此外,机油还应有良好的抗磨性和抗起泡性等。

8.1.3 机油的分类及规格

1. 机油的分类

目前国际上广泛采用的是美国汽车工程师协会(SAE)的黏度分类法和美国石油协会(API)的使用性能分类法。

(1) SAE 黏度分类法 黏度分类法是根据所测定的黏度将润滑油分为冬季用油(W级)和非冬季用油。冬季用油的分类,规定用在 -18℃ 所测定的黏度来划分,有 0W、5W、10W、15W、20W、25W 共 6 个等级,其数字越小,说明其低温黏度越小,低温流动性越好,适应的温度越低。例如,0W 适用于在 -35℃ 地区使用,5W 适用于在 -30℃ 地区使用,10W 适用于在 -25℃ 地区使用,15W 适用于在 -20℃ 地区使用,20W 适用于在 -15℃ 地区使用,25W 适用于在 -10℃ 地区使用。非冬季用油按 100℃ 时的运动黏度分级,有 20、30、40、50 和 60 共 5 个等级,其数字越大,适用的最高温度越高。

另外,为增大润滑油对季节和气温的适应范围,国家标准还规定了多级油的黏度级号,例如 5W/30、5W/40、10W/30、20W/40 等多级油(图 8-2),其分子表示低温黏度等级,分母表示 100℃ 时的运动黏度等级。多级油在机油中添加了黏度指数改进剂,能同时满足某一 W 级油和非 W 级油的黏度要求,有较宽的温度使用范围。例如,5W/40 既符合 5W 级

图 8-2　不同黏度级号的机油

油黏度要求，又符合 40 级油黏度要求，在全国冬季均可使用。

(2) API 使用性能分类法　使用性能分类法是根据使用场合和使用对象将机油分为汽油机油（S 系列）和柴油机油（C 系列）两类。每一系列按油品特性和使用场合不同，分为若干等级。目前，汽油机油系列分为 SA、SB、SC、SD、SE、SF、SG 和 SH 等级别，其中 SA、SB、SC 和 SD 级机油已经不再使用；柴油机油系列分为 CA、CB、CC、CD、CD-Ⅱ、CE 和 CF-4 等级别，其中 CA 和 CB 级机油已不再使用。各类油品的级号越靠后，其使用性能越好，适用的机型越新，或者说使用的工作条件越加苛刻。表 8-1 为机油的级别、特性和使用场合。

表 8-1　机油的级别、特性和使用场合

应用范围	级别代号	特性和使用场合
汽油机油	SE	适合 1972 年以后生产的轿车和汽油机货车。抗氧化性、抗高温吸附性、抗锈抗腐蚀性都要比 SD 好
	SF	适合 1980 年以后生产的轿车和汽油机货车。抗氧化性和抗磨性都比 SE 好
	SG	由发动机生产厂家推荐使用在 1989 年以后生产的汽油机轿车、轻型客车、轻型货车上。它包含 CC 级的性能，抗吸附性、抗氧化性、耐磨性、抗腐抗锈性都比 SF 好
	SH	由发动机生产厂家推荐使用在 1993 年以后生产的汽油机车辆上。拥有 SG 的最低性能下，抗吸附性、抗氧化性、耐磨性、抗腐抗锈性都比 SG 好。符合 DOD CID-A-A-52390 和 ILSAC GF-1 等发动机生产厂家的台架实验要求
	SJ	由发动机生产厂家推荐使用在 1996 年以后生产的汽油机车辆上。与 SH 具有相同的抗吸附性、抗氧化性、耐磨性、抗腐抗锈性，增加抗低温性，油分子耐蒸发性、高温耐泡沫性，尾气排放有改善（轻微节约燃料）
	SL	适合 2002 年以后生产的车辆。能节约燃料，高温具有抑制吸附能力
	SM	适合 2004 年以后生产的车辆。性能比 SL 好，以降低添加剂中的磷含量实现环保要求，抗氧化性、高温耐磨性、高温抑制吸附性和泵送性有提高
柴油机油	CC	适用于高负荷条件下运行的非增压及低增压柴油机，并包括一些重负荷汽油机。具有抑制高温沉积及轴承腐蚀的性能，也能抑制汽油机的低温沉积
	CD	用于使用各种质量燃料的高增压柴油机，包括高硫燃料非增压和增压柴油机。具有控制轴承腐蚀和高温沉积的性能，并可取代 CC 级
	CD-Ⅱ	用于重负荷二冲程柴油机，具有优良的磨损和沉积控制性能，也使用于所有 CD 级油的汽车
	CE	适用于低速高负荷和高速高负荷条件操作的大功率、高增压柴油机，主要包括 1983 年后生产的重负荷增压柴油机。它改进了 CD 级油的油耗、油的增稠、活塞沉积情况
	CF	适用于间接喷射柴油机，对燃料的要求较松，例如硫含量可以超过 1.5%，具有很强的控制磨损、沉积物和铜轴承腐蚀的能力。可用于 1993 年以来制造的自然吸气或涡轮增压式柴油机，也可满足要求使用 CD 级油的发动机
	CF-2	用于要求高效控制气缸磨损、活塞环炭和沉积物的重负荷二冲程柴油机，以及要求使用 CD-Ⅱ级油和 CD 级油的发动机
	CF-4	用于高速四冲程柴油机。在油耗和活塞沉积物控制方面性能优于 CE 并可替代 CE。特别适合高速公路行驶的重负荷货车
	CG-2	用于二冲程大功率、重负荷的柴油机。节省燃料、排放低
	CG-4	用于高速公路行驶的大功率、重负荷增压直喷式柴油机，燃料宜用低硫、低芳烃柴油，对环保方面排放要求更严格。能更有效地防止发动机关键部件表面沉积物的形成

2. 机油的规格

机油的产品规格是由品种（使用等级）与牌号（黏度等级）两部分构成的。每一特定品种都附有规定的牌号，国产机油的品种与牌号见表 8-2，产品按统一的方法命名。例如，SD30 是指使用等级为 SD 级，黏度等级为 SAE30 的汽油机油；SN10W/40 为使用等级为 SN 级，并且既符合 SAE10W 级油黏度要求，又符合 SAE40 级油黏度要求的多级汽油机油（图 8-3c）；SN/CF5W/40 为多级汽油/柴油通用机油，它符合 SN 级汽油机油和 CF 级柴油机油使用性能，并且既符合 SAE5W 级油黏度要求，又符合 SAE40 级油黏度要求（图 8-3b）。

图 8-3 使用性能分类法

a)、b) 汽油/柴油通用机油　c) 汽油机油

表 8-2 国产机油的品种与牌号

品　　种	黏　度　牌　号							
SC	5W/20	10W/30	15W/40	30	40			
SD（SD/CC）	5W/30	10W/30	15W/40	30	40			
SE（SE/CC）	5W/30	10W/30	15W/40	20/20W	30	40		
SF（SF/CC）	5W/30	10W/30	15W/40	30	40			
CC	5W/30	5W/40	10W/30	10W/40	15W/40	20W/40	30	40　50
CD	5W/30	5W/40	10W/30	10W/40	15W/40	20W/40	30	40

8.1.4 机油的选用及使用注意事项

1. 机油的选用

由于机油对发动机的使用性能和使用寿命都有很大影响，因此应严格按照汽车使用说明书规定，选用相同系列、使用等级、黏度等级的机油。汽车说明书推荐的机油是根据发动机的工作性能和销售地域的气温等情况而定的，对机油的选用有一定的指导作用，并留有较大的安全系数，同时也是发动机保修期内索赔的前提条件之一。若无说明书可按下列方法，选用合适的润滑油规格。

（1）机油使用性能级别的选择　汽油机油的选择，主要考虑的是发动机的结构特点，可根据使用说明书和发动机的工作条件进行选择。

机油选用及注意事项

汽油发动机的工作条件是比较苛刻的，其苛刻程度与发动机进、排气系统中有无附加装置及其类型有关，因此，可按附加装置的类型来选用汽油机油的使用等级。没有附加装置的汽油发动机可选用 SD 级油；有曲轴箱强制通风（PCV）装置的汽油发动机可选用 SE 级油，例如 CA1091 载货汽车发动机和北京吉普 BJ2020 等都要求使用 SE 级油；有废气再循环（EGR）系统的汽油发动机应选用 SF 级油，例如改进型 492Q 发动机就要求使用这个级别的机油；装有废气催化转化器或中低档电喷燃油系统的汽油机，要选用 SG 级以上的机油，例如桑塔纳 2000、富康、红旗系列电喷轿车；对于采用新型材料和新技术的中高档电喷汽油机则应选用 SJ 级以上的机油，例如奥迪 A4、奥迪 A6、别克、本田轿车及进口中高档汽油机。

另外，对于从欧、美、日等汽车生产国进口的汽车，可以根据生产年份来大致区分汽油机油的使用等级。例如，1989~1993 年产的汽车用 SG 级油，1994~1996 年产的汽车用 SH 级油，1996~2001 年产的汽车用 SJ 级油，2001 年至今产的汽车用 SJ 或 SL 级油。这是因为汽车的生产年份越靠后，其性能改进越多，润滑油的工作条件就要比早年生产的汽车苛刻。

柴油机油的选择，主要考虑的是发动机的强化程度。发动机的强化程度一般可采用强化系数来表示。强化系数越大，柴油机的热负荷和机械负荷越高，其机油的工作条件就越苛刻，所选机油的等级就应越高。强化系数与柴油机油使用等级之间的关系见表 8-3。

表 8-3　强化系数与柴油机油使用等级之间的关系

发动机的强化系数	柴油机油使用等级	应 用 机 型
35~50	CC	玉柴，扬柴，朝柴 4102、4105、6102，锡柴，大柴 6110，日野 ZM400、五十铃 4BD1/4BG1 等
50~80	CD	康明斯、斯太尔、依维柯、索菲姆等增压柴油机
>80	CE 以上	用于在低速高负荷和高速高负荷条件下运行的低增压和增压式重负荷柴油机

（2）机油黏度级别的选择　机油的黏度级别主要根据气温、工况和机油的技术状况选用，应同时满足低温起动性和高温润滑性。

黏度是评价机油品质的一个重要指标。它的大小直接影响机油的减磨、降温、清洁、除锈、防尘、吸收振动和密封等作用。黏度越小，流动性就越好，清洁、冷却效果越好，但高温油膜易破坏，润滑效果较差；黏度越大，油膜厚度、密封等方面越好，但低温起动时上油较慢，易出现干摩擦或半流体摩擦，冷却、冲洗作用也较差。因此机油黏度选用要适当，一般要遵循以下原则。

1）根据工作地区的环境温度、发动机负荷、转速选用适宜黏度等级的机油，以保证零件正常润滑。

2）尽量选用黏温特性好、黏度指数高的多级油。多级油使用温度范围比单级油宽，具有低温黏度油和高温黏度油的双重特性。例如，5W/30 多级油同时具有 5W、30 两种单级油的特性，其使用温度区间由 5W 级油的 -30~10℃ 和 30 级油的 0~40℃ 组合成 -30~40℃。与单级油相比，多级油扩大了使用范围，不仅可以减少因气温变化带来更换机油的麻烦，而且会减少机油的浪费。

一般我国南方夏季气温较高，重负荷、长距离运输、工况恶劣的汽车应选用黏度较大的机油。我国北方地区冬季气温低，应选用低黏度机油，以保证发动机起动，减少零部件磨损。机油黏度级别的选择,还与机油的技术状况有关。新发动机应选择黏度较小的机油,以保证在磨合期内正常磨合;磨损严重的发动机应选择黏度较大的机油,以维持所需的机油压力,保证正常润滑。机油的黏度要保证发动机低温易于起动,而走热后能维持足够黏度保证正常润滑。

从工况方面考虑,重载低速和高温下应选择黏度较大的机油;轻载高速应选择黏度较小的机油。常用机油黏度等级与适用温度范围可参考表8-4。

表8-4 常用机油黏度等级与适用温度范围

黏度等级	适用温度/℃	黏度等级	适用温度/℃
5W/20	-30~20	20/40W	-15~40
5W/30	-30~30	10W	-25~-5
10W/30	-25~30	20	-10~30
10W/40	-25~40	30	0~30
15W/40	-20~40	40	10~50

2. 机油的使用注意事项

1)要注意使用过程中机油的颜色和气味的变化。一旦发现颜色、气味以及性能指标有较大变化,应及时更换,不应教条地执行换油期限。

2)要保证油面的正常高度。正常油面高度应位于油尺满刻度的标识和1/2刻度标识之间。当油面过低时,会使机油快速变质或因缺油而导致机件加速磨损甚至烧坏;油面过高时,不仅会加大机油的消耗还会使机油窜入曲轴箱使燃烧室内的积炭增加。

3)在更换机油时一定要采用热机放油法。油温高时机油容易放出,并且会使油中的悬浮物、油泥分散,易和旧机油一起排出。

4)汽油机油和柴油机油不能互相使用,只有在特殊标明的情况下可以通用。不同牌号的机油不可混用,以免发生化学反应。

5)应保持空气滤清器和机油滤清器清洁,并及时更换滤芯,保持机油清洁。

6)选购时,应尽可能购买有影响、有知名度的正规厂家的机油,要特别注意辨别真假,确保机油的品质。

7)使用等级较高的机油可以代替使用等级较低的机油,但绝不能用使用等级低的机油代替使用等级高的机油,否则会导致发动机早期磨损。

8.2 车辆齿轮油

车辆齿轮油是用于汽车、拖拉机和工程机械等车辆的变速器、驱动桥和齿轮传动机构的润滑油。它和机油一样,具有润滑、防锈、密封、清洗、冷却和降噪的作用,但齿轮油的工作条件和机油不同,因此对车辆齿轮油的性能要求也有所不同。

8.2.1 车辆齿轮油的工作条件

(1)承受压力大 齿轮在啮合过程中,啮合部分接触面积小,单位接触压力很高。一般汽车齿轮的单位接触压力可达2000~3000MPa,而准双曲面齿轮可达3000~4000MPa,因此齿轮啮合部位的润滑油膜极易破裂，导致摩擦和磨损，甚至引起擦伤和胶合。齿轮传动不仅有线接触，还有滑动接触，特别是准双曲面齿轮，齿轮间具有较高的相对滑动速度，一般可达8m/s左右，在这样高速大负荷条件下，会使润滑油膜变薄甚至局部破裂，导致摩擦和磨损加剧。

（2）工作温度不高　齿轮油的工作温度要比机油低，其油温的升高主要是由于传动机构摩擦产生的热量引起的，并随外界环境温度和行驶中外部空气冷却强度的变化而变化，齿轮油的工作温度一般不超过100℃。现代轿车采用准双曲面齿轮，因其轴线偏置量较大，在车速高时，会使齿轮齿面间的相对滑动速度很高，使油温达到160～180℃。

8.2.2　车辆齿轮油的主要使用性能

1. 良好的极压抗磨性

极压抗磨性是指齿轮油在摩擦表面接触压力非常高的条件下，仍能保持有足够厚的润滑油膜，防止摩擦表面产生烧结、胶合等损伤的性能。当汽车在重载荷下起动、爬坡或遇到冲击载荷时，齿面接触区中有相当一部分处于边界润滑状态，因此要求齿轮油在较高的负荷下仍能保持有足够厚的油膜。齿轮油黏度的增加有利于承载能力的提高和油膜的保持，但黏度太大会增加摩擦损失。所以在车辆齿轮油中一般都加有极压抗磨添加剂，它能和金属零件表面发生化学反应生成一种性能极强的保护油膜，同时还具有保护金属零件、抗腐蚀的作用，这样可以减少齿轮间的磨损并延长其使用寿命。

2. 适宜的黏度及良好的黏温性

黏度与黏温性也是齿轮油的重要使用性能之一。一般而言，高黏度的齿轮油可以有效防止齿轮和轴承损伤，减小机械运转噪声和漏油现象；低黏度的齿轮油，可以提高传动效率，加强散热和清洗的作用。因此适宜的黏度应该既能保证发动机在低温不经预热便可以顺利起动，又能使齿轮和轴承得到良好的润滑。

齿轮油的黏度是随温度的变化而变化的，其变化幅度越小，证明齿轮油的黏温性能越好。汽车传动机构温度变化较大（例如汽车减速器在冬季起动时温度可能在0℃以下，而工作温度却在80～100℃之间，有时高达150～170℃），若齿轮油的黏温性不好，则起动时由于黏度太大就会增加起动阻力，而当温度上升时，又使黏度下降而削弱了润滑性，因此，齿轮油应具有良好的黏温性。

3. 良好的低温流动性

低温流动性是指齿轮油在低温下或冬季仍能保持最佳流动性的能力。车辆起动时，齿轮油的温度与外界温度几乎保持一致，尤其是在温度较低或冬季起动时，齿轮油流动性的好坏对发动机起动是非常重要的，所以齿轮油应具有良好的低温流动性。

4. 良好的氧化安定性

氧化安定性是指齿轮油在高温条件下抵抗氧化的能力。如果氧化安定性不好，就会使齿轮油的黏度增加并降低齿轮油的流动性，还会生成油泥，并使齿轮油早期变质。同时，氧化产生的腐蚀性物质，会加快金属零部件的腐蚀和磨损。在齿轮油中加入抗氧化添加剂是提高齿轮油氧化安定性的最佳途径。

5. 良好的抗泡沫性

抗泡沫性是指齿轮油在强烈搅动的条件下，抵抗泡沫生成和使泡沫及时消失的能力。如果齿轮油生成的泡沫能及时消除就不会影响正常工作；如果形成较多的泡沫并且不能及时使泡沫消失则会发生溢流或磨损等现象。因此齿轮油应具有良好的抗泡沫性能。

8.2.3 车辆齿轮油的分类及规格

1. 车辆齿轮油的分类

车辆齿轮油的分类依然采用的是美国汽车工程师协会（SAE）的黏度分类法和美国石油协会（API）的使用性能分类法两种。

（1）SAE 黏度分类法　黏度分类法是根据车辆齿轮油的黏度达到 150Pa·s 时的最高温度和 100℃时的运动黏度，将齿轮油分为 70W、75W、80W、85W、80、85、90、110、140、190 和 250 共 11 种黏度牌号（表 8-5）。表中凡带字母 W 的为冬季用齿轮油，是根据齿轮油黏度达到 150Pa·s 时的最高温度划分的。低温黏度规定为 150Pa·s，超过这一黏度，驱动桥准双曲面齿轮和主减速器主动齿轮轴承的润滑条件就会恶化，易发生损坏；表中不带字母 W 的为夏季用齿轮油，黏度等级根据 100℃时的运动黏度范围划分。

表 8-5　车辆齿轮油的黏度分类

SAE 黏度牌号	黏度为 150Pa·s 时的最高温度/℃	100℃时的运动黏度/$mm^2·s^{-1}$	
		最小	最大
70W	-55	4.1	—
75W	-40	4.1	—
80W	-26	7.0	—
85W	-12	11.0	—
80	—	7.0	<11.0
85	—	11.0	<13.5
90	—	13.5	<18.5
110	—	18.5	<24.0
140	—	24.0	<32.5
190	—	32.5	<41.0
250	—	41.0	—

车辆齿轮油也有多级油，常见的多级齿轮油有 75W/90、80W/90、85W/90 和 85W/140 等黏度等级。例如，80W/90 表示这种油在冬季使用时相当于 80W，其 -26℃表面黏度不大于 150Pa·s；在夏季使用时相当于 90 号，其 100℃运动黏度控制在 13.5 ~ 24.0mm²/s。由于多级齿轮油具有良好的低温起动性和良好的高温润滑性，能够同时满足不同地区、不同季节温度下对齿轮润滑的要求，因此许多汽车用户使用多级齿轮油。

（2）API 使用性能分类法　使用性能分类法根据齿轮的承载能力和使用条件不同，将齿轮油分为 GL-1、GL-2、GL-3、GL-4、GL-5 和 GL-6 六个等级，级别中的数字越大，代表车辆齿轮油（图 8-4）的承载能力越强，适应的工作条件越苛刻。车辆齿轮油的使用性能分类级别及适用范围见表 8-6。

图 8-4　车辆齿轮油

表 8-6 车辆齿轮油的使用性能分类级别及适用范围

分类级别	适 用 范 围
GL-1	低齿面压力、低滑动速度下运行的汽车弧齿锥齿轮、蜗轮后轴和各种手动变速器。直馏矿油能满足这级油的要求
GL-2	汽车蜗轮后桥齿轮,其负荷、温度及润滑速度的状况用 GL-1 级齿轮油不能满足要求
GL-3	中等速度及负荷运转的汽车手动变速器和后桥弧齿锥齿轮规定用 GL-3 级齿轮油,其承载能力比 GL-2 高,比 GL-4 低
GL-4	在高速低转矩及低速高转矩下运行的轿车和其他车辆的各种齿轮,特别是准双曲面齿轮
GL-5	在高速冲击负荷、高速低转矩、低速高转矩条件下运行的轿车和其他车辆的各种齿轮,特别是准双曲面齿轮
GL-6	高速冲击负荷下运转的轿车和其他车辆的各种齿轮,特别是高偏置准双曲面齿轮,偏置大于 5cm 或接近大齿圈直径的 25%

2. 车辆齿轮油的规格

我国参照 API 分类法将车辆齿轮油分为普通车辆齿轮油、中等负荷车辆齿轮油和重负荷车辆齿轮油 3 个品种,分别相当于 APIGL-3、GL-4 和 GL-5。

(1) 普通车辆齿轮油(CLC) 普通车辆齿轮油由石油润滑油、合成润滑油及它们的混合组分为原料,并加入抗氧化剂、防锈剂、抗泡剂和少量的极压剂制成,适用于中等速度和负荷比较苛刻的手动变速器和弧齿锥齿轮的驱动桥。

(2) 中等负荷车辆齿轮油(CLD) 中等负荷车辆齿轮油由精制矿物油加抗氧化剂、防锈剂、抗泡剂和极压剂等制成,适用于高速低转矩、低速高转矩条件下工作的各种齿轮和使用条件不太苛刻的准双曲面齿轮。我国还没有制定中等负荷车辆齿轮油的国家标准,目前国产中等负荷车辆齿轮油采用的是中国石油化工总公司暂定技术条件,有 75W、80W/90、85W/90、90 和 85W/140 这 5 个黏度牌号。

(3) 重负荷车辆齿轮油(CLE) 重负荷车辆齿轮油由精制矿物油加抗氧化剂、防锈剂、抗泡剂和极压剂等制成。与中等负荷车辆齿轮油相比,其添加剂品种一样,但剂量要增加一倍,适用于高速冲击负荷、高速低转矩和低速高转矩条件下工作的各种齿轮,特别是客车和其他车辆的准双曲面齿轮。按照国家标准 GB 13895—2018《重负荷车辆齿轮油(GL-5)》规定,重负荷车辆齿轮油有 75W/90、80W/90、80W/110、80W/140、85W/90、85W/110、85W/140、90、110 和 140 这 10 个黏度牌号。

近年来,由于进口品牌的齿轮油在国内大量生产并销售,国内市场出售的齿轮油基本上都使用国际标准的级别,即 SAE 黏度分级级别和 API 质量分级级别。按照国际标准为汽车选用齿轮油,就可以保证汽车使用的要求。齿轮油新旧牌号的对应关系及适用范围见表 8-7。

表 8-7 齿轮油新旧牌号的对应关系及适用范围

旧的分类牌号	新的分类牌号	适 用 范 围
13 号寒区齿轮油	GL-3　85W/90	适用于寒区、严寒区一般汽车工程机械的齿轮传动装置
20 号齿轮油	GL-3　90	冬季适用于一般汽车工程机械的齿轮传动装置
26 号普通齿轮油	GL-4　85W/140	一般地区全年适用于汽车工程机械的齿轮传动装置

(续)

旧的分类牌号	新的分类牌号	适 用 范 围
30号普通齿轮油	GL-3　85W/140	长江以南地区全年，长江以北地区夏季，适用于一般汽车的齿轮传动装置
22号准双曲面齿轮油	GL-4　85W/140	全年适用于寒区具有准双曲面齿轮的汽车后桥
28号准双曲面齿轮油	GL-4　85W/140	全年适用于长江以南地区具有准双曲面齿轮的汽车后桥
7号准双曲面齿轮油	GL-4　75W	适用于气温在-43℃以上严寒地区，具有准双曲面齿轮的汽车后桥
10号寒区准双曲面齿轮油	GL-4　80W/90	适用于-35℃以上严寒地区，具有准双曲面齿轮的汽车后桥
13号寒区准双曲面齿轮油	GL-4　75W	适用于气温不低于-40℃的严寒地区，具有准双曲面齿轮的汽车后桥
15号准双曲面齿轮油	GL-4　90	适用于南方地区，具有准双曲面齿轮的汽车后桥
18号准双曲面齿轮油	GL-4　85W/90	全年适用于气温在-10℃以上地区准双曲面齿轮的汽车后桥
26号准双曲面齿轮油	GL-4　85W/140	全年适用于气温在-10℃以上地区准双曲面齿轮的汽车后桥
合成准双曲面齿轮油	GL-4　80W/90	全年适用于气温在-35℃以上寒区准双曲面齿轮的汽车后桥

8.2.4　车辆齿轮油的选用及使用注意事项

1. 车辆齿轮油的选用

车辆齿轮油主要根据汽车生产厂家的使用说明书要求来选择。如果没有使用说明书，可以按照工作条件选择品种，按照当地气温选择牌号；也可以根据齿轮传动的种类和承载能力及使用条件和工作温度来确定齿轮油的使用性能等级和黏度等级。

（1）使用性能等级的选择　使用性能等级根据齿轮工作条件的苛刻程度来选择。齿轮工作条件的苛刻程度是由齿轮的类型及其工作时的负荷和运动速度决定的。例如中外合资生产的轿车、载货汽车和工程车辆驱动桥中的准双曲面齿轮，其齿轮的接触压力可达3000MPa以上，相对运动速度可达10m/s，齿轮油的温度可高达120~130℃，在高负荷下运转时主要靠齿轮油内的极压抗磨剂的作用来减小磨损，所以准双曲面齿轮或其他工作条件苛刻的齿轮必须使用重负荷的齿轮油（GL-5）。

车辆变速器的负荷一般较轻，转速又比较快，所以很容易形成良好的润滑油膜给予润滑以降低磨损，因此普通的齿轮油就能够满足其润滑的要求。但通常为了简便省工，在性能级别要求相差不大的情况下，转向机构的齿轮传动部分和变速器可以使用同一种润滑油。有的车辆要求驱动桥使用中、重负荷齿轮油，而变速器则要求使用普通齿轮油即可。

（2）黏度等级的选择　主要根据当地季节气温和齿轮油温度来选择适当牌号的齿轮油。

车辆齿轮油应具有良好的黏温性，既能保证在低温下顺利起动，还必须保证在高温时能形成良好的油膜。车辆齿轮油的黏度达到150Pa·s时的最高温度决定其适用的最低温度。黏度牌号为75W、80W和85W的齿轮油适用的最低温度分别为-40℃、-26℃和-12℃。

通常长江流域及冬季气温不低于-10℃的地区，全年可使用90号的齿轮油；长江以北及冬季气温不低于-12℃的地区，一般车辆全年可使用85W/90号的齿轮油；负荷特别重的车辆，可全年使用85W/140号的齿轮油；长江以北及冬季气温不低于-26℃的寒冷地区，可以全年使用80W/90号的齿轮油；黑龙江、内蒙古、新疆等冬季最低温度在-26℃以下的严寒地区，冬季应使用75W号的齿轮油，而夏季应换用90号的齿轮油；在我国北方地区，可以选用四季通用的多级齿轮油。车辆齿轮油适用的环境温度及地域见表8-8。

表8-8 车辆齿轮油适用的环境温度及地域

黏度级别	适用环境温度/℃	适 用 地 域
75W/90	-40~30	尤其适用于特寒区冬季使用，与合成油类机油及防冻液配合使用效果更佳
80W/90 80W/140	-26~40 -26~50	华东、华北、华中、华南地区全年通用
85W/90 85W/140	-12~40 -12~50	华东、华北、华中地区全年通用；华南、西南地区冬季使用
90、140	-5~50	全国各地夏季通用；华南地区冬季可用

2. 车辆齿轮油的使用注意事项

1）使用齿轮油时，不能将使用等级较低的齿轮油用在使用等级要求较高的车辆上，如果将普通齿轮油加在准双曲面齿轮驱动桥中，将使齿轮很快磨损和损坏。使用等级较高的齿轮油可以用在使用等级要求较低的车辆上，但成本会增加。

2）在保证润滑的条件下，应尽量使用黏度合适的齿轮油。如果使用黏度较高的齿轮油，会使燃料消耗明显增加，所以应尽可能使用合适的多级齿轮油。

3）使用中的齿轮油应按规定及时更换。一般汽车每行驶4万~5万km后，应结合定期维护予以换油。更换齿轮油时，应趁热放出旧的齿轮油，并将齿轮及齿轮箱清洗干净后再加入新的齿轮油，同时将换下的废油集中处理，以免污染环境。

4）等级不同的齿轮油不能混合使用，即使是同类、同级别牌号的齿轮油也不能混合使用，否则会降低齿轮油的使用效果。

5）齿轮箱的油面要适当，既不可过高也不可过低。加注齿轮油时油面应与加油口下缘平齐。同时，应经常检查各齿轮箱是否有漏油并保持油面干净，不能混入杂质。

8.3 汽车润滑脂

润滑脂俗称黄油，它是由基础油、稠化剂和液体润滑剂组成的润滑材料，是一种稠化了的润滑油。常温下呈黏稠的半固体油膏状态，颜色一般为深黄色。润滑脂具有许多优良的性能，它是汽车中不可缺少的润滑材料。

8.3.1 润滑脂的特点及其组成

1. 润滑脂的特点

1）润滑脂在金属零件表面具有良好的黏附性能，不易流失，可在不容易密封的部位使用，可以简化润滑系统的结构。

2）润滑脂使用周期长，不需要经常添加，可以减少维护工作量，降低维护作业的费用。

3) 具有较强的承压抗磨性能，在高负荷和冲击负荷下仍能保持良好的润滑能力。

4) 具有较好的密封作用和对金属部件的防腐蚀能力。

5) 由于润滑脂适应的温度范围广，适应的工作条件也较宽，所以汽车或各种机械上不宜用液体润滑剂的部位（例如轴承、传动轴花键、发电机、水泵和离合器轴承等部位）均使用润滑脂。

润滑脂的主要缺点是黏性大，流动性差，运动时阻力大，功率损失也较大，冷却和清洗作用差，杂质混入后不易清除，所以润滑脂在使用范围上受到一定限制。

2. 润滑脂的组成

润滑脂主要由基础油、稠化剂、添加剂和填料四部分组成。一般润滑脂中基础油占80%~90%，稠化剂占10%~20%，其余为添加剂和填料。

（1）基础油　基础油是润滑脂中起润滑作用的主要成分，它对润滑脂的使用性能有较大的影响。润滑脂一般都使用精制的矿物润滑油馏分或采用中等黏度和高黏度的润滑油作为基础油。为能适应机械设备在苛刻工作条件下的润滑和密封的需要，通常采用合成润滑油（酯类油、硅油等）作为基础油。

（2）稠化剂　稠化剂也是润滑脂的重要组成部分，它的性质和含量决定了润滑脂的黏稠程度以及抗水性和耐热性。稠化剂可分为皂基稠化剂和非皂基稠化剂，90%的润滑脂都采用皂基稠化剂，它是用动、植物油或脂肪酸与氢氧化物反应制成的，常用的有钙皂、钠皂和锂皂等。

（3）添加剂和填料　添加剂是润滑脂所特有的，又称为胶溶剂。常用的添加剂有甘油和水，它能使油、皂结合更加稳定。钙基润滑脂中一旦失去水，其结构就会完全被破坏，不能成脂，而甘油在钠基润滑脂中则可以调节脂的稠度。另一种添加剂和润滑油中的一样，例如抗氧剂、抗磨剂和防锈剂等，但其用量一般较润滑油中的多。为了进一步提高润滑脂的润滑能力还可以加入石墨、二硫化钼和炭黑等固体润滑剂作为填料。

8.3.2　润滑脂的主要使用性能

润滑脂的使用范围很广，工作条件差别也很大，不同车辆或机械设备对润滑脂使用性能的要求也有所不同。根据车辆或机械设备的工作条件，对其使用性能的基本要求是具有适当的稠度、良好的高温性能、低温性能、抗磨性、抗水性、防腐蚀性和氧化安定性等。

（1）稠度　稠度是指润滑脂的浓稠程度。适当的稠度可使润滑脂容易加注并保持在摩擦表面上，以保持持久的润滑和密封作用。稠度可以用锥入度来表示。锥入度是指在规定的时间和温度条件下，以规定质量的标准锥体刺入润滑脂试样的深度，以0.1mm为单位。测定时，在25℃条件下，将锥体组合件从锥入度计上释放，当锥体下落5s时，测定其刺入的深度。

锥入度反映润滑脂在低剪切速率下变形和流动阻力的性能。锥入度越大，润滑脂越软，即稠度越小，越容易变形和流动；锥入度越小，润滑脂越硬，即稠度越大，越不容易变形和流动。我国用锥入度划分润滑脂的稠度牌号，是润滑脂选用的重要依据。表8-9是润滑脂的稠度等级和相应的锥入度范围。

表8-9 润滑脂的稠度等级和相应的锥入度范围

稠度等级	000	00	0	1	2	3	4	5	6
锥入度 (25℃)/0.1mm	445~475	400~430	355~385	310~340	265~295	220~250	175~205	130~160	85~115

（2）高温性能　高温性能是指润滑脂在较高使用温度条件下，仍能保持其附着性，同时抵抗氧化变质的能力。温度对润滑脂的流动性有很大影响，温度升高，润滑脂变软，黏附在摩擦表面上的润滑脂会自动流失而失去润滑作用。同时，高温下还会使润滑脂的蒸发损失增大、氧化变质和凝缩分油现象加重等。润滑脂的高温性能可用滴点、蒸发损失和漏失量等性能指标评定。

（3）低温性能　低温性能是指润滑脂在低温条件下，仍能保持良好润滑能力的性能。车辆或工程机械设备在起动时，润滑脂的温度几乎和外界环境温度相等，当环境温度较低时其黏度会较大，所以要求润滑脂在寒冷的地区或冬季使用时仍然能保持良好的润滑性能。它主要取决于润滑脂的相似黏度及黏温性能。相似黏度是指在一定的温度和一定的剪切速率下所测得的黏度。相似黏度对起动阻力、功率损失以及润滑脂进入摩擦面间隙时的难易程度都有影响，因此润滑脂的相似黏度是评定润滑脂低温性能的重要依据。

（4）抗磨性　抗磨性是指润滑脂通过保持在运动部件表面间的油膜，防止摩擦的能力。润滑脂与润滑油的抗磨性几乎是一样的，润滑脂的稠化剂本身就是油性剂，因此润滑脂的抗磨性能一般比基础油好。为了使润滑脂具有更好的润滑性能，通常在润滑脂中添加二硫化钼等减磨剂和极压抗磨剂，使之在较为苛刻的润滑条件下比普通润滑油的润滑效果更好，这种润滑脂称为极压型润滑脂。

（5）抗水性　抗水性是指润滑脂遇水后不改变其结构和稠度的能力。抗水性差的润滑脂遇水后稠度下降，甚至造成乳化而流失。汽车在雨天和涉水行驶时，底盘各摩擦点可能与水接触，所以要求润滑脂应具有良好的抗水性能。测定润滑脂抗水性采用抗水淋性能测定法（SH/T 0109—2004《润滑脂抗水淋性能测定法》），是在规定条件下，将已知量的润滑脂加入试验机的轴承中，在运转时受水喷淋，根据实验前、后轴承中润滑脂的质量差值，得出因受水喷淋而损失的润滑脂量。

（6）抗腐蚀性　抗腐蚀性是指润滑脂抵抗与其相接触的金属被腐蚀的能力。润滑脂本身如果含有过量的游离酸、碱或活性硫化物，或在储存、使用过程中因氧化产生有机酸，都可能腐蚀金属，因此润滑脂中不能含有过量的游离酸、水、碱等。

（7）氧化安定性　氧化安定性是指润滑脂在储存和使用过程中抵抗因氧化而变质的能力。润滑脂中的基础油和稠化剂与空气接触时，在不同程度上会被氧化，使其酸值增加，稠度变软，易腐蚀金属，而使其使用寿命缩短。因此通常在润滑脂中加入抗氧化添加剂，以提高润滑脂的抗氧化能力。

8.3.3　润滑脂的分类、品种与规格

1. 润滑脂的分类

1）按基础油分为矿物油润滑脂和合成油润滑脂。

2）按用途分为减摩润滑脂、防护润滑脂、密封润滑脂。

3）按特性分为高温润滑脂、耐寒润滑脂、极压润滑脂。

4）按稠化剂的类别分为皂基润滑脂和非皂基润滑脂。皂基润滑脂分为单皂基润滑脂（如钠基、锂基、钙基润滑脂等）、混合皂基润滑脂（如钙钠基润滑脂）和复合基润滑脂（如复合钙、复合锂、复合铝基润滑脂等）；非皂基润滑脂分为烃基润滑脂、无机润滑脂、有机润滑脂等。

2. 润滑脂的品种与规格

汽车常用润滑脂有钙基润滑脂、钠基润滑脂、汽车通用锂基润滑脂等品种。

（1）钙基润滑脂　钙基润滑脂是由动、植物脂肪与石灰制成的钙皂稠化矿物油润滑脂，并以水作为胶溶剂。钙基润滑脂按锥入度分为1、2、3、4共4个牌号，号数越大，脂越硬，滴点越高。钙基润滑脂的特点是不溶于水，抗水性较强，且润滑、防护性能较好，但其耐热性较差，在高温、高速部位润滑时易造成油皂分离，所以钙基润滑脂最高使用温度一般不高于60℃，且使用寿命较短。

钙基润滑脂在汽车上主要用于底盘的摩擦部位、水泵轴承、分电器凸轮、变速器前球轴承、底盘拉杆球节等部位。表8-10是钙基润滑脂的规格。

表8-10　钙基润滑脂的规格

项　目		质量指标				试验方法
		1号	2号	3号	4号	
外　观		淡黄色至暗褐色均匀油膏				目测
工作锥入度/0.1mm		310~340	265~295	220~250	175~205	GB/T 269
滴点/℃	≥	80	85	90	95	GB/T 4929
腐蚀（T2铜片，24h）		铜片上没有绿色或黑色变化				GB/T 7326
水分（%）	≤	1.5	2.0	2.5	3.0	GB/T 512
灰分（%）	≤	3.0	3.5	4.0	4.5	SH/T 0327
钢网分油量（60℃，24h）（%）	≤	—	12	8	6	SH/T 0324
延长工作锥入度，1万次与工作锥入度差值/0.1mm	≤	—	30	35	40	GB/T 269
水淋流失量（38℃，1h）	≤	—	10	10	10	SH/T 0109
矿物油黏度（40℃）/mm^2·s^{-1}		28.8~74.8				GB/T 265

（2）钠基润滑脂　钠基润滑脂是以动、植物脂肪加烧碱制成的钠皂稠化矿物油润滑脂，外观为深黄色至暗褐色的纤维状均匀油膏，按锥入度分为2号和3号两个牌号。钠基润滑脂的特点是滴点很高（可达160℃），耐热性好，可在120℃下较长时间内工作，并有较好的承压抗磨性能，可适应较大的负荷；但它的耐水性很差，遇水易乳化变质，因此不能用于潮湿和易于与水接触的摩擦部位，适合用于离发动机很近、温度较高的风扇离合器等部位。钠基润滑脂的规格见表8-11。

表 8-11 钠基润滑脂的规格

项目		质量指标		试验方法
		2 号	3 号	
滴点/℃	≥	160	160	GB/T 4929
锥入度/0.1mm 延长工作（10 万次）	≤	265～295 375	220～250 375	GB/T 269
腐蚀试验（T2 铜片，室温，24h）		铜片无绿色或黑色变化		GB/T 7326 乙法
蒸发量（99℃，22h）/%		2.0	2.0	GB/T 7325

（3）汽车通用锂基润滑脂　汽车通用锂基润滑脂（图 8-5）是由天然脂肪酸锂皂稠化低凝点润滑油加入抗氧剂、防锈剂制成的。其稠度牌号为 2 号，滴点达 180℃。它具有良好的胶体安定性、氧化安定性、防锈性和抗水性，适用于 -30～120℃ 范围内，汽车轮毂轴承、底盘、水泵和发电机等各摩擦部位润滑。进口车辆和国产新车普遍推荐使用这种润滑脂，其规格见表 8-12。

此外，汽车常用润滑脂还有极压锂基润滑脂和石墨钙基润滑脂等。极压锂基润滑脂适用于高负荷齿轮和轴承的润滑，高性能的进口轿车推荐使用这种润滑脂；石墨钙基润滑脂具有良好的抗水性和抗压性，适用于汽车钢板弹簧、半挂车转盘等承压部位的润滑。表 8-13 为常见润滑脂的性能比较。

图 8-5　汽车通用锂基润滑脂

表 8-12　锂基润滑脂的规格

项目		质量指标	试验方式
锥入度（25℃，60 次）/0.1mm		265～295	GB/T 269
滴点/℃	≥	180	GB/T 4929
钢网分油（100℃，30h）(%)	≤	5	SH/T 0324
相似黏度（-20℃，10s^{-1}）/Pa·s	≤	1500	SH/T 0048
游离碱/（NaOH%）	≤	0.15	SH/T 0329
腐蚀（100℃，3h，T2 铜片）		铜片无绿色或黑色变化	GB/T 7326 乙法
蒸发量（99℃，22h）(%)	≤	2.0	GB/T 7325
漏失量（104℃，6h）/g	≤	5.0	SH/T 0326
水淋流失量（79℃，1h）(%)	≤	10	SH/T 0109
延长工作锥入度（1 万次），变化率（%）	≤	20	GB/T 269
氧化安定性（99℃，770MPa，100h），压力降，MPa	≤	0.070	SH/T 0325
防腐蚀性（52℃，48h，相对湿度 100%）		1 级	GB/T 5018

表 8-13 常见润滑脂的性能比较

润滑脂	耐热性	机械安定性	抗水性	缓蚀性	极压性	使用寿命	最高使用温度/℃	价格
钙基脂	差	—	好	—	—	—	65	低
钠基脂	一般	—	极差	一般	—	—	80	低
铝基脂	差	—	差	好	—	—	50	低
通用锂基脂	好	—	好	好	—	—	120	适中
极压锂基脂	好	—	好	好	好	—	120	适中
二硫化钼极压锂基脂	好	—	好	好	好	—	120	适中
膨润土润滑脂	好	—	好	差	—	—	130	较高
复合钙基脂	好	—	好	好	—	—	130	较高
极压复合锂基脂	好	好	好	好	好	—	160	较高
聚脲脂	好	好	好	—	好	长	—	高

8.3.4 润滑脂的选用及使用注意事项

1. 润滑脂的选用

选择润滑脂时，主要根据车辆或机械设备使用说明书的规定，选用与用润滑脂部位操作条件相适应的润滑脂品种和稠度牌号。在没有使用说明书时，应根据工作温度、运动速度、承载负荷和工作环境等条件来选择。

（1）工作温度　润滑部位温度的高低对润滑脂的使用效果和使用寿命影响很大，一般轴承温度升高 10~15℃，润滑脂的使用寿命下降 1/2。若对润滑脂影响最大的是工作温度，就应选用合适滴点的润滑脂。工作温度越高，选用的滴点越高；工作温度低，可选用滴点低的润滑脂。温度高的部位一定要选用抗氧化安定性好、热蒸发损失少、滴点高、分油量少的润滑脂；温度较低的部位，一定要选用低温起动性能好、相似黏度小的润滑脂。例如，水泵轴承、离合器分离轴承、轮毂轴承、发电机轴承等均可选用复合钙基润滑脂。

（2）运动速度　若对润滑脂影响最大的是运动速度，就应该选用合适的黏度指标。速度越大，选用的黏度越大；反之，应选用低黏度的润滑脂。

（3）承载负荷　对重负荷机械，应选用稠度大的润滑脂。若承载负荷对润滑脂的影响最大，就应选用合适锥入度指标的润滑脂。承载负荷较大、速度较低的摩擦件，应选用锥入度较小的润滑脂；承载负荷较小的摩擦件，应选用锥入度较大的润滑脂。

（4）工作环境　选用润滑脂时，还应考虑润滑部位的湿度、灰尘、腐蚀性等因素，特殊环境选用特殊性能的润滑脂。若润滑部位直接与水接触，就应选用耐水性强的润滑脂，例如汽车钢板弹簧可选用石墨钙基润滑脂。传动轴中间支承轴承和十字轴承的工作温度虽不高，但容易与水接触，应选用钙钠基润滑脂和汽车通用锂基润滑脂。

2. 润滑脂的使用注意事项

1）润滑脂的选用要合理，否则会造成很大的浪费。轮毂轴承是主要用润滑脂部位，我国南方地区可四季通用 2 号润滑脂；我国北方地区冬季可使用 1 号润滑脂，夏季可使用 2 号润滑脂。但不少用户习惯常年使用 3 号润滑脂，该润滑脂稠度较大，会增加轮毂轴承的传动阻力。试验表明，用2号润滑脂比用3号润滑脂节能，3号润滑脂只适合在高温重载负荷车辆上使用。

2）润滑脂的填充量要适当。润滑脂填充量大，工作时搅动阻力就大，轴承温升高，燃料消耗量相应增加。因此更换轮毂轴承润滑脂时，只要在轴承的滚珠（或滚柱）之间塞满润滑脂即可；而轮毂内腔则采用"空毂润滑"，即在轮毂内腔仅薄薄地涂上一层润滑脂，起防锈作用即可。这样既利于散热，又可节约润滑脂。电动机轴承在添加润滑脂时，一般只添加1/2或1/3即可；如果添加过多，会增加摩擦阻力，使轴承易发热，而导致电量消耗过大。

3）钙基润滑脂的耐热性较差，因为它是以水为稳定剂的钙皂水化物，温度在100℃左右便开始水解，当超过100℃时便丧失润滑脂的稠度。所以在使用时不要超过规定温度，以免失水并破坏结构而引起油皂分离，失去润滑作用。

4）要保持润滑脂的清洁性。润滑脂混入杂质后不易清除，所以在储存和使用过程中要尽量避免灰尘、水分等杂质混入其中。在加注润滑脂时，必须保证工作场所干燥清洁，尽可能减少与空气的接触。

5）润滑脂不能混合使用，否则会破坏原有结构而失去润滑的作用。钙基润滑脂要避免放在阳光直射处，最好放在阴凉干燥的地方。

拓展知识

矿物油、半合成油、全合成油的区别是什么？

1. 矿物油（Mineral Lubricant）

矿物油是从石油中提炼出来的润滑油，矿物油的基础油是原油提炼过程中，在分馏出有用的轻物质（如航空用油、汽油等）之后剩下来残留的塔底油再经提炼而成的产物。就本质而言，它使用的是原油中较差的成分。矿物油是目前市场上最常见的润滑油类型。矿物油的价格虽然低廉，但其使用寿命、润滑性能等都较半合成油和合成油逊色，同时对环境也有较大的污染。

另外，矿物油在提炼过程中无法将所含的杂质完全除去，因此流动点较高，不适合寒冷地区作业使用，随着半合成油和合成油生产成本的降低，矿物油将逐渐被市场淘汰。

2. 半合成油（Semi-Synthetic Lubricant）

半合成油是使用半合成基础油（即国际三类基础油）调制而成的润滑油，是在矿物油的基础上经过加氢裂变技术提纯后的产物。半合成油的纯度非常接近全合成油，但其成本较矿物油略高，是矿物油向合成油过渡的产品。

3. 全合成油（Synthetic Lubricant）

全合成油是来自原油中的瓦斯气或天然气所分散出来的乙烯、丙烯，再经聚合、催化等复杂的化学反应炼制成大分子组成的润滑液。在本质上，它使用的是原油中较好的成分，这些成分加以化学反应并在人为的控制下达到预期的分子形态。全合成油分子排列整齐，抵抗外来变数的能力很强，因此体质较好，热稳定、抗氧化反应、抗黏度变化的能力要比矿物油和半合成油强得多。

第8章 汽车润滑材料

本章小结

1. 机油具有润滑、冷却、清洗、密封、防锈、减振的作用。其主要使用性能包括适当的黏度、良好的黏温性、较强的抗氧化安定性、良好的清净分散性、较好的抗腐蚀性等。

2. 机油分类方法有两种：美国汽车工程师协会（SAE）黏度等级分类和美国石油协会（API）使用性能分类。SAE 将发动机机油分为 0W、5W、10W、15W、20W、25W、20、30、40、50、60 等 11 个黏度牌号，数字越大，表示黏度受温度影响越小，黏温性越好。其中，带 W 的为冬季用油，不带 W 的为非冬季用油。润滑油有单级油和多级油之分，单级油只能适应很窄的温度范围，是季节用油，多级油能够适应很宽的温度范围，四季通用。API 将汽油机油分为 SC、SD、SE、SF、SG、SH 级，柴油机油分为 CC、CD、CD-Ⅱ、CE、CF-4 级。

3. 机油的选用原则：先选使用等级，后选黏度等级。应严格按车辆使用说明书的规定和机油的工作条件选择合适的使用等级；根据气温、工况、发动机技术状况选择合适的黏度级别。

4. 我国车辆齿轮油等级分类参照美国汽车工程师协会（SAE）车辆齿轮油黏度等级分类，分为 70W、75W、80W、85W、80、85、90、110、140、190 和 250 共 11 个牌号。车辆齿轮油按质量分为 3 类，即普通车辆齿轮油、中等负荷车辆齿轮油、重负荷车辆齿轮油，分别相当于国际上的 GL-3、GL-4、GL-5 级别。车辆齿轮油选用原则：根据车辆使用说明书的规定和齿轮油的工作条件选用质量等级；根据最低气温和最高油温选用黏度等级。

5. 我国常用的润滑脂品种有钙基、钠基、汽车通用锂基、极压复合锂基、石墨钙基润滑脂。常用的润滑脂是汽车通用锂基润滑脂，推荐使用的有 1 号和 2 号，实际上多用 2 号。

测 试 题

一、选择题

1. （　　）不是车用润滑材料。
A. 发动机机油　　　B. 车辆齿轮油　　　C. 汽车润滑脂　　　D. 汽油
2. 国产重负荷车辆齿轮油相当于 API 使用分类中（　　）级齿轮油。
A. GL-2　　　B. GL-3　　　C. GL-4　　　D. GL-5
3. 润滑脂的稠度通常用（　　）表示。
A. 滴点　　　B. 锥入度　　　C. 黏度　　　D. 水分
4. 现代汽车普遍推荐使用（　　）润滑脂。
A. 钙基　　　B. 钠基　　　C. 钙钠基　　　D. 汽车通用锂基

二、填空题

1. 发动机机油的主要作用就是给发动机进行_____、_____、_____、_____、防锈和减振。
2. 发动机机油的主要使用性能包括适当的_____、良好的_____、较强的

_____、良好的_____、较好的抗腐蚀性和良好的抗磨性等。

3. 按SAE黏度分类法将润滑油分为冬季用油和非冬季用油。冬季发动机机油有0W、5W、10W、15W、20W、25W共6个等级，其数字越小，说明其低温黏度越_____，低温流动性越_____，适应的温度越_____。非冬季用油有20、30、40、50和60共5个等级，其数字越大，适用的最高温度越_____。

4. 按API使用性能分类法将齿轮油分为GL-1、GL-2、GL-3、GL-4、GL-5和GL-6共6个等级，级别中的数字越大，代表齿轮油的承载能力越_____，适应的工作条件越苛刻。

5. 润滑脂的稠度可以用_____来表示。_____越大，润滑脂越软，即稠度越小，越容易变形和流动。

6. 汽车钢板弹簧适合选用_____润滑脂进行润滑。

三、简答题

1. 机油如何选用？
2. 车辆齿轮油应具备哪些使用性能？如何选用车辆齿轮油？
3. 比较钙基润滑脂、钠基润滑脂和汽车通用锂基润滑脂在使用性能上的差别。
4. 使用机油、车辆齿轮油和汽车润滑脂时应注意哪些事项？

第9章

汽车工作液

知识目标

1. 了解汽车减振器油、液压油和空调制冷剂的使用性能和分类。
2. 掌握汽车制动液、防冻液和液力传动油的使用性能、分类、牌号和规格。

能力目标

能够合理选用和正确使用汽车制动液、防冻液和液力传动油。

案例引入

一辆捷达轿车经常在湿热气候下的山区行驶。对于其制动液的选用和使用,应该做哪些经常性的工作?有哪些注意事项?

一辆液压制动汽车在连续下坡途中,驾驶人突然感觉制动踏板缓慢下沉,制动发软,制动性能明显下降,以至于难以控制车速。在这紧急时刻,驾驶人应该采取怎样的紧急处理措施?

假如你有一辆本田ACCORDF23A3型汽车,怎样选用和使用防冻液对汽车进行冷却系统维护?

一辆轿车的自动变速器需要更换液力传动油,市场上有多种牌号和规格,怎样进行选择和合理使用?怎样进行检查和更换操作?有哪些注意事项?

汽车工作液是指汽车正常工作中所使用的液态工作介质。汽车工作液在汽车发动机、制动系统、传动系统以及悬架系统中得到了广泛应用,它对汽车的动力性、安全性和行驶平顺性都有直接影响,因此需要合理选择和正确使用。

汽车工作液主要包括汽车制动液、汽车防冻液、液力传动油、减振器油和液压油等。

9.1 汽车制动液

制动液俗称刹车油或刹车液(图9-1),是车辆液压制动系统中传递压力的工作介质。当驾驶人踩制动踏板时,从踏板传力至制动总泵的活塞,再通过制动液传递能量到车轮各分泵,使摩擦片张开,达到停车的目的。汽车制动液质量的好坏直接影响到汽车的行驶安全,使用质量低劣的制动液会产生高温气阻、低温制动迟缓等故障,导致车辆制动失灵而引起交通事故。

9.1.1　汽车制动液的性能要求

为保证汽车在严寒、酷暑的气温条件和高速、重负荷、大功率及频繁制动的操作条件下，有效、可靠地使汽车灵活制动，确保行车安全，要求汽车制动液具有良好的高温抗气阻性、低温流动性和黏温性、与橡胶的配伍性、抗腐蚀性、溶水性和抗氧化性等。

（1）高温抗气阻性　高温抗气阻性是指制动液在高温时抵抗气阻产生的能力。车辆在行驶时由于频繁制动，摩擦产生的热会使制动液的温度显著升高，有时可达150℃以上。如果制动液的沸点低，会在高温作用下蒸发成蒸气，使制动系统产生气阻，从而导致制动失灵。为保证车辆行车安全可靠，要求制动液必须具有较高的沸点。

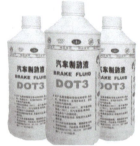

图9-1　汽车制动液

（2）低温流动性和黏温性　制动液的工作温度很宽，冬季接近最低气温，而在制动时由于摩擦发热可使制动系统工作温度达70~90℃，有时高达150℃。为保证制动液在低温下制动油缸活塞能随踏板的动作灵活移动，在高温时又有适宜的黏度，不影响油缸的润滑和密封，要求制动液有良好的低温流动性和黏温性。为此，在制动液的使用技术条件中规定了各级制动液在-40℃和100℃时的运动黏度。

（3）良好的与橡胶配伍性　良好的与橡胶配伍性是指制动液对橡胶零件不会造成显著的溶胀、软化和硬化等不良影响。在汽车制动系统中采用了许多橡胶零部件（如皮碗、油管和油封等），这些橡胶件经常泡在制动液中，如果制动液对这些橡胶制品有溶胀作用，则其体积和质量就会发生变化，出现渗漏、制动压力下降等现象，严重时会导致制动失灵，因此要求制动液与橡胶有良好的配伍性。

制动液与橡胶配伍性是通过皮碗试验测定的。测试时，要求皮碗在120℃下经过70h和在70℃下经过120h的浸泡后，皮碗外观无发黏、无鼓泡、不析出黑炭，且皮碗根径增值能控制在规定范围内。

（4）抗腐蚀性　抗腐蚀性是指制动液抵抗与其相接触的金属被腐蚀的能力。制动系统中传动装置多数采用铸铁、铜、铝等金属制成，它们长期与制动液接触，极易产生腐蚀，使制动失灵。为减少对金属的腐蚀，在制动液使用技术条件中，要求制动液能通过金属腐蚀试验。其方法是将镀锡薄钢板、铸铁、黄铜、纯铜、钢和铝等金属片，分别置于温度在100℃的制动液中浸泡120h，观察其质量变化，要求其不超过各自的规定值。

（5）溶水性　溶水性是指制动液吸水后还能与水相溶，不产生分离和沉淀的能力。车辆在频繁制动时制动液难免与空气接触，这样空气中的水分就会被制动液吸收，如果这些水分不被制动液溶解，则将会对金属零部件产生一定的腐蚀；并且这些水分还会随工作温度的变化而变化：在较低的温度下会结冰，而在高温下会蒸发形成蒸汽从而导致制动性能下降，所以要求制动液能将这些水分溶解。

（6）抗氧化性　制动液在常温下是比较稳定的，但在受高温和金属催化等因素影响时，会使其氧化而变质，所以要求制动液具有良好的抗氧化性。抗氧化性决定制动液在储存和使用的过程中是否容易因氧化而变质。抗氧化性越好，则制动液就越不容易变质，储存和使用期就会越长。

9.1.2 汽车制动液的分类及规格

1. 汽车制动液的分类

根据制动液的组成和特性不同,可将制动液分为醇型制动液、矿油型制动液和合成型制动液3类。其中,合成型制动液是目前主要应用的品种。

(1) 醇型制动液 醇型制动液是由低碳醇类和蓖麻油按同等比例调和,经过沉淀和过滤制成的制动液。其价格虽低廉,但由于其高、低温性能均较差,容易分层,易发生交通事故,因此我国自1990年5月起就已将此制动液淘汰。

(2) 矿油型制动液 矿油型制动液是用精制轻柴油馏分为原料,加入稠化剂和其他多种添加剂调和而成的。其特点是工作温度范围广,一般在-50~150℃,具有良好的润滑性,对金属无腐蚀作用,但其与水混合后易产生气阻,对天然橡胶有溶胀作用,必须使用耐油橡胶密封件,以免导致制动失灵,因此在我国也未推广使用。

(3) 合成型制动液 合成型制动液是由基础液、润滑剂和添加剂组成的。其工作温度范围宽,黏温性好,对橡胶和金属的腐蚀作用均很小,故适合于高转速、大功率、重负荷和制动频繁的车辆使用,是目前使用最多、最广的一种制动液。按其基础液不同,常用的有醇醚制动液、酯制动液和硅油制动液3种。

1) 醇醚制动液。醇醚制动液基础液主要有乙二醚类、甘醇醚类化合物或聚醚等。常用的润滑剂有聚乙二醇、聚丙二醇、环氧乙烷和环氧丙烷共聚物等,润滑剂约占总量的20%。添加剂主要有抗氧化剂、抗腐蚀剂、抗橡胶溶胀剂和pH值调整剂等。醇醚制动液平衡回流沸点较高、性能稳定、成本低,是目前用量最大的一种制动液。其缺点是吸湿性强,湿沸点较低。

2) 酯制动液。酯制动液是为克服醇醚制动液吸湿性强的缺点而生产的一种制动液,其基础液通常采用乙二醇醚酯、乙二醇酯或硼酸酯等。这类制动液能保持醇醚的高沸点,同时吸湿性小或基本不吸湿,适合在湿热环境中使用。

3) 硅油制动液。硅油制动液的高温稳定性、氧化安定性、高低温润滑性均高于其他制动液。其缺点是具有很强的疏水性,只要有少量水混入制动系统,在低温下就有可能结成冰,对制动系统会造成不利的影响。另外,硅油制动液的原材料成本高,因此该制动液并未普及,只在军用车辆等车辆上使用。

2. 汽车制动液的规格

2012年我国颁布了GB 12981—2012《机动车辆制动液》,该标准参照国际通行的DOT、SAE和ISO分类规格,根据制动液高温气阻性的不同,从低到高分为HZY3、HZY4、HZY5、HZY6四种规格(级别),并规定了各级制动液应达到的规格要求和使用范围。例如,牌号HZY3的含义为:H、Z、Y分别表示"合成""制动""液体",是合成制动液的汉语拼音首字母,数字表示级号。机动车辆制动液的技术要求和试验方法见附录D。

9.1.3 汽车制动液的选用及注意事项

1. 汽车制动液的选用

合成制动液是按等级来划分的,选用时,应严格按照车辆使用说明书的规定选用合适等级的制动液,以确保行车安全。若国产车使用进口制动液或进口车使用国产制动液,应根据其对应关系正确选用。若无说明书，则可根据车辆的工作条件（气候特点、道路条件和行驶速度）进行选择。

（1）根据环境条件　主要指气温、湿度和道路条件，若在炎热的夏季、在山区多坡或高速公路上行驶，车辆制动强度大，制动液工作温度高，特别是在湿热条件下，则要选用沸点较高的制动液（如HZY5），非湿热条件可选用HZY3、HZY4等合成制动液。

（2）根据车辆的速度　高速车辆，特别是高级轿车与一般货车比，制动液工作温度较高，应选用级别较高的制动液。

（3）优先选用高等级产品　选择车辆制动液时，应选高于或等于车辆规定使用级别的产品；最好选用合成型制动液；尽量选用经常为车辆制造厂提供配套制动液的生产厂家的产品，以确保质量的可靠性和使用性能的稳定性。

汽车制动液的选用及注意事项

2. 汽车制动液的使用注意事项

1）不同型号、不同厂家的制动液不能混用，否则会影响制动效果。

2）加注或更换制动液时，最好使用专业设备。更换制动液时应彻底清洗制动系统，特别要防止水分、矿物油和机械杂质混入。因为水分等杂质会导致制动失灵，水分还会使制动系统中的金属零部件产生腐蚀。当换用不同品种制动液时，应用新液清洗一次。

3）制动液使用一定时间后会发生变质而影响车辆的制动性，所以要求制动液要按期更换，更换期一般为车辆行驶20000~40000km或1年。

4）制动液应密封储存，以免吸收大气中的水分后使沸点降低。

5）制动液多以有机溶液制成，易挥发、易燃，使用中应注意防火，存放时应避免阳光直射。

9.2　汽车防冻液

防冻液实际上就是冷却液（图9-2），它是由降冰点剂、缓蚀剂、消泡剂、着色剂、防腐剂和缓冲剂等多种添加剂调和而成的，是具有特殊性能的冷却液。水冷式发动机用冷却液作为传热介质，通过冷却系统把热量带出并散失掉，使发动机能在合适的温度范围内正常工作。直接用水作为发动机冷却液时有很多缺陷：水的冰点较高，在0℃时就会结冰，水结冰后体积膨胀，会使气缸体、散热器等破损，水在工作中还易生成水垢，影响传热效果。汽车防冻液具有冬季防冻、夏季防沸、全年防水垢和防腐蚀等优点。

图9-2　汽车防冻液

9.2.1　对防冻液的性能要求

（1）较低的冰点　冰点是评定防冻液性能的基本指标，冰点越低，其防冻效果越好。选择防冻液时，其冰点应低于当地最低温度10℃以上，以保证温差的变化。

（2）较高的沸点　通常水的沸点是100℃，而标准防冻液的沸点则在110℃以上，这样在温度较高的环境中工作时就不易开锅，从而保证车辆在满载、高负荷、高速或山区以及炎热的夏季都能正常行驶。另外，沸点越高的防冻液其蒸发损失就越小。

（3）良好的传热性能　为了保证防冻液在夏季时对发动机有较强的冷却作用，要求防冻液有良好的传热性，以保证冷却系统的散热效果。

（4）防腐蚀性　冷却系统中的金属件经常与高温冷却水接触而被慢慢地腐蚀。采用优质的防冻液不仅不会对金属件造成腐蚀，而且对冷却系统中使用的水管、水封等橡胶制品也没有腐蚀性。

（5）防水垢　水垢是冷却系统危害最为严重的因素。水垢易黏附在散热器、水套等金属表面，而影响散热器的散热效果，很难清除。优质的防冻液不但可以避免生成水垢，而且还具有清除水垢的作用。

（6）抗泡性好　防冻液中若有泡沫，则会降低防冻液的冷却效果，所以在防冻液中必须加有适量的消泡剂，以提高防冻液的抗泡性。

9.2.2　防冻液的种类与性能

防冻液主要是由防冻剂与水按一定比例混合而成的。按防冻剂的不同，汽车常用的防冻液有酒精型防冻液、甘油型防冻液和乙二醇型防冻液3种。

1. 酒精型防冻液

酒精型防冻液是用酒精作为防冻剂，与水配制而成的。酒精与水可按各种比例混合而组成不同冰点的防冻液。酒精的沸点为78.3℃，冰点为-114℃。酒精含量越高，防冻液的冰点越低。这类防冻液的特点是流动性好、散热快、配制简单，但其沸点低、蒸发损失大、挥发后冰点容易回升、易燃、易爆。在高原地区不宜使用酒精型防冻液。

2. 甘油型防冻液

甘油型防冻液是由甘油（丙三醇）作为防冻剂与水配制而成的。由于甘油的沸点、闪点高，所以这类防冻液的沸点高，不易蒸发和着火，对金属的腐蚀性小，但其降低冰点的效率低，甘油用量大，成本较高，所以这种防冻液只适宜在环境气温不太低的地区使用。

3. 乙二醇型防冻液

乙二醇型防冻液是由乙二醇作为防冻剂与水配制而成的。乙二醇是一种无色微黏的液体，它的沸点为197.4℃，冰点为-11.5℃。与水混合后，其冰点会有明显降低。其降低的程度在一定的范围内随乙二醇的增加而降低，最低可达-68℃。用不同比例的乙二醇和水可以配制成不同冰点的防冻液。这类防冻液的优点是沸点高、冰点低、冷却效果好、黏度较小，但乙二醇有毒性，对金属有腐蚀作用。因此，常用的乙二醇型防冻液多加有防腐剂和染色剂，可长期使用，故称为长效防冻液。目前发动机使用的防冻液主要是乙二醇型防冻液，它也是目前最好的防冻液。

乙二醇型防冻液根据石化行业标准 NB/SH/T 0521—2010《乙二醇型和丙二醇型发动机冷却液》规定，按其冰点不同有-25、-30、-35、-40、-45、-50共6个牌号。各种牌号的成品防冻液和浓缩液均有一级品和合格品之分。合格品在防腐性上的要求不及一级品，合格品不要求进行模拟使用腐蚀实验。

9.2.3　防冻液的选用及使用注意事项

1. 防冻液的选用

选用防冻液时主要依据车辆使用说明书的规定进行选择。不同发动机的技术特性、热负荷情况以及冷却系统材料等均有不同,对其质量要求也有所不同。若无特殊要求的车辆,可以选用乙二醇型防冻液以降低运输成本。对于一些中、高档车辆,要求使用专用防冻液的,应按车辆使用说明书选用对应的防冻液。

乙二醇型防冻液的选用,应根据当地冬季最低气温来选择适当冰点牌号的防冻液,其冰点应至少低于当地最低气温5℃以上。选用浓缩防冻液时,应按车辆使用说明书规定的比例加入蒸馏水或去离子水,配制出具有与使用条件相对应冰点的防冻液,配制时不得使用自来水等非清洁水。

汽车防冻液的选用及注意事项

2. 防冻液的使用注意事项

1)不同厂家、不同牌号的防冻液不能混用,否则会影响发动机的使用寿命。

2)使用防冻液时严禁口吸,因为防冻液中的某些添加剂有一定的毒性。

3)加注防冻液之前应对发动机冷却系统进行清洗,加注量一般为冷却系统总容量的95%,以免温度升高后膨胀溢出。加注时,不要将防冻液滴落在车漆和温度较高的零部件上,否则会由于化学作用损伤漆膜或引起燃烧。

4)应经常检查防冻液液面高度,若液面下降,应及时加水,保持原有容量。

9.3 液力传动油

液力传动油(图9-3)又称汽车自动变速器油(ATF),通用型液力传动油呈紫红色,有些呈淡黄色,它是汽车自动变速器和助力转向系统的工作介质。它不仅对液力变矩器、液力偶合器和机械变速器构成的自动变速器起到传递动力的作用,而且对齿轮、轴承等摩擦副起润滑和冷却的作用,同时在伺服机构中起着液压自动控制的作用。

图9-3 液力传动油

9.3.1 对液力传动油的性能要求

液力传动油的主要使用性能要求有适宜的黏度及良好的黏温性、热氧化安定性、抗泡沫性和抗磨性等。

(1)适宜的黏度及良好的黏温性 作为传动介质,液力传动油的黏度对变矩器的传动效率影响很大,一般黏度越小,其传动效率越高。但黏度过小会导致液压系统的泄漏增加和换档迟缓等故障;黏度过高,则会降低其传动效率,而且低温起动困难。为了兼顾上述两方面对液力传动油黏度的不同要求,液力传动油在100℃时的运动黏度为$7mm^2/s$左右较为适宜。同时,由于液力传动油的工作范围很宽,一般在 -40~150℃之间,为适应自动变速器使用条件比较复杂的特点,保证良好的润滑和使用效率,液力传动油应有良好的黏温性。

(2)良好的热氧化安定性 由于液力传动油使用温度较高,高速行驶的轿车的液力传动油的温度为80~90℃,在苛刻条件下运行时最高油温可达150~170℃,此时若液力传动油的热氧化安定性不好,当油温升高时则会形成油泥、漆膜和沉淀物等,影响自动变速器的性能,甚至会堵塞滤清器、油路等,造成摩擦片打滑和控制系统失灵等严重后果。因此,应在液力传动油中加入性能良好的抗氧化剂,以提高液力传动油的热氧化安定性。

(3) 良好的抗泡沫性 液力传动油在高速流动中极易产生泡沫,泡沫会使油压降低,影响控制的准确性,破坏正常润滑,导致离合器打滑和烧坏等故障。泡沫主要是气体的掺入以及油液中的少量水分蒸发造成的。为了防止泡沫的产生,油中要加入抗泡沫添加剂,以降低油品表面张力,使气泡能迅速从油液中溢出。

(4) 良好的抗磨性 为了满足润滑的需要,为确保自动变速器的行星齿轮机构、轴承、垫圈和油泵等长期正常工作,要求液力传动油要有相匹配的静摩擦和动摩擦因数,从而适应离合器在换档时对摩擦因数的不同要求。为了提高液力传动油的抗磨性,通常都会加入抗磨添加剂。

此外,还要求液力传动油具有良好的与橡胶配伍性和防腐蚀性、缓蚀性等。

9.3.2 液力传动油的分类及规格

1. 国外液力传动油的分类

国外液力传动油的分类多采用美国材料试验协会(ASTM)和美国石油协会(API)共同提出的 PTF(Power Transmission Fluid)分类法,将其分为 PTE-1、PTE-2 和 PTE-3 共 3 类。

(1) PTE-1 类液力传动油 主要适用于轿车或轻型货车的液力传动系统。其特点是低温起动性能好,对液力传动油的低温黏度及黏温性有很高的要求。

(2) PTE-2 类液力传动油 主要适用于重负荷的液力传动系统。例如客车、越野汽车和工程机械等。由于在重负荷下工作,对其极压抗磨性要求高,通常加极压抗磨添加剂。

(3) PTE-3 类液力传动油 主要适用于农业及建筑机械的液力传动系统和齿轮箱。其特点是适用范围广,例如作为传动、差速器和驱动齿轮的润滑,以及液压转向、制动和悬架等装置的工作介质。其极压抗磨性能和负荷承载能力比 PTF-2 类传动油要求更严格。

2. 我国液力传动油的分类

我国液力传动油的分类是按照中国石油化工总公司的标准,将其分为 6 号、8 号和 8D 号共 3 种,其规格见表 9-1。

表 9-1 液力传动油的规格

项 目		质量指标			实验方法
		6 号	8 号	8D 号	
运动黏度(100℃)/mm^2·s^{-1}		5.0~7.0	7.5~9.0	7.5~9.0	GB/T 265
运动黏度比(100℃/50℃)		—	3.6	3.6	
黏度指数	≥	100	200	—	GB/T 2541
闪点(开口)/℃	≥	180	150	150	GB/T 267
腐蚀试验(铜片,100℃,3h)		合格			SH/T 0195
水溶性酸或碱		无			GB/T 259
机械杂质(%)		无			GB/T 511
水分(%)		无			GB/T 260
泡沫性(93℃)/(ml/ml)		报告			GB/T 12579
凝点/℃		-20	-25	-50	GB/T 510
最大无卡咬负荷 P_B/N		784.5	784.5	784.5	GB/T 3142

（1）6号液力传动油　6号液力传动油是以精制的石油馏分，加入抗氧化剂、抗磨剂等调制而成的。它的抗磨性好，但黏温性稍差，适用于内燃机车和重型货车的多级变矩器和液力偶合器。这种油接近于PTF-2级油。

（2）8号液力传动油　8号液力传动油是以润滑油馏分，经脱蜡、深度精制并加入增黏、抗氧化、抗腐蚀等多种添加剂调制而成的。这种传动油具有良好的黏温性、抗磨性和较低的摩擦因数，适用于轿车和轻型货车的自动变速系统。这种油接近于PTF-1级油，外观为红色的透明体。

（3）8D号液力传动油　8D号液力传动油的各项技术指标除凝点外均与8号液力传动油相同。因其凝点较低，专用于严寒地区液力传动系统。

9.3.3　液力传动油的选用及使用注意事项

1. 液力传动油的选用

选择液力传动油时，应严格按使用说明书的规定选用适当品种的液力传动油。轿车和轻型货车应选用8号液力传动油；进口轿车要求使用的GM-A型、A-A型或Dexron型自动变速器油都可以用8号油来代替。重型货车、工程机械的液力传动系统应选用6号液力传动油。严寒地区应选用8D号液力传动油。

2. 液力传动油的使用注意事项

1）应保持正常的工作油温。因为油温过高会加速液力传动油的氧化变质，引起汽车故障。

2）要经常检查液力传动油的油面高度。通常车辆每行驶1万km应检查1次。检查时，应将车辆停放在平坦路面上，并使发动机保持运转状态，此时油面应在自动变速器油标的上、下刻度线之间，过低时应及时补给。若发现油面下降过快，则可能漏油，应及时予以检查并排除。

3）应按车辆使用说明书的规定期限，及时更换液力传动油和滤清器或清洗滤网，同时拆洗自动变速器油底壳并更换密封垫。若无车辆使用说明书，则通常每行驶3万km时应更换1次液力传动油以延长传动系统的使用寿命。

4）检查液力传动油质量时，可直接通过油的外观和气味进行检查。液力传动油外观检查及出现的相应问题见表9-2。

表9-2　液力传动油外观检查及出现的相应问题

液力传动油液外观检查	出现的相应问题
清澈并带有红色	此现象正常
颜色发白、浑浊	油水混合，水进入油中
颜色清淡、气泡多	油面过高、内部空气泄漏
油中有固体残渣	离合器或轴承有损伤
油尺上有胶状物	油液温度过高

9.4 其他汽车工作介质

除了汽车制动液、防冻液和液力传动油以外,在汽车上还会用到减振器油、液压油、空调制冷剂等工作介质。

9.4.1 减振器油

为了提高汽车的舒适性、延长汽车的使用寿命,汽车上都装有减振系统,其中大部分车辆都采用液压减振器,它是利用液体流动通过节流阀时产生的阻力来起减振作用的。

减振器油是汽车减振器的工作介质,其使用性能对减振器的工作性能影响极大。对减振器油的主要性能要求有:适当的黏度、良好的氧化安定性、抗泡沫性、抗磨性、防腐性以及低凝点等。目前多数国产汽车推荐使用克拉玛依炼油厂生产的减振器油和按上海石油公司企业标准生产的减振器油。前者的特点是凝点很低,有良好的黏温性,适合在寒冷地区使用;后者的特点是凝点不高于 -8℃,适合在温暖地区使用。

减振器油可自行配制,例如可用 25 号变压器油和 22 号汽轮机油各 50%(质量分数)配制而成;也可用体积比为 70% 的 10W/30(或 30 号汽油机油)和 30% 的 -35 号柴油配制;还可用 10 号机械油代替。定期维护拆检减振器时,应按规定更换减振器油,油量要适中,不能过多或过少。

9.4.2 液压油

随着汽车工业的发展,现代汽车上的许多机构广泛采用了液压和液力传动。除液压制动系统、液压减振器、自动变速器以外,离合器液压操纵系统、液力转向系统、自动倾斜机构等均采用了液压传动系统。另外,在汽车维修机械中也广泛应用了液压传动,例如各种作业装置、平台回转机构、提升及夹紧机构等。

液压油就是用于液压传动系统中的工作介质。为保证液压系统的正常工作,液压油必须保证其不可压缩性和良好的流体状态。对液压油的主要性能要求有:适宜的黏度和良好的黏温性,良好的抗磨性、抗乳化性、抗泡沫性和抗氧化性等。

1. 液压油的分类

按国标规定,液压油属于 L 类(润滑剂和有关产品)中的 H 组(液压系统),并统一命名。汽车及其维修机械液压系统常用 L-HL 液压油、L-HM 液压油(抗磨型)、L-HV 液压油(低温抗磨型)、L-HR 液压油(高黏度指数)等品种。

(1)L-HL 液压油(通用工业机床润滑油) L-HL 液压油是一种精制矿物油,具有良好的抗氧、防锈性能,常用于低压液压系统和传动装置,在 0℃ 以上环境下使用,适用于机床和其他设备的低压齿轮泵,也可以用于其他抗氧防锈型润滑油的机械设备(如轴承和齿轮等)。L-HL 液压油按照 40℃ 时的运动黏度可分为 15、22、32、46、68 和 100 共 6 个黏度牌号。

(2)L-HM 液压油(抗磨液压油) L-HM 液压油是在 L-HL 液压油的基础上通过改善其抗磨性能而得来的,适用于低、中和高压的叶片泵、柱塞泵和齿轮泵的液压系统,也可以用于中、高压的工程机械或车辆上的液压系统(如数控机床、起重机和挖掘机等中、重型机械)和中等负荷机械上的润滑部位,其适应的温度范围为 -5~60℃。L-HM 液压油按照

40℃时的运动黏度可分为 15、22、32、46、68、100 和 150 共 7 个黏度牌号。

（3）L-HV 液压油（低温抗磨液压油） L-HV 液压油是在 L-HM 液压油的基础上通过改善其黏温性能而得来的液压油。L-HV 液压油属于宽温度范围下使用的液压油，适用于环境温度变化较大和工作条件恶劣的低、中和高压液压系统（野外作业的工程车辆、军车等）和其他中等负荷机械的润滑部位，其适用温度在 -30℃以上。按其基础油可将其分为矿油型和合成油型两种；按照 40℃时的运动黏度可以分为 15、22、32、46、68 和 100 共 6 个黏度牌号。

（4）L-HR 液压油（低温液压油） L-HR 液压油是在 L-HL 液压油的基础上通过改善其黏温性能而得来的液压油。它具有良好的防锈、抗氧性和黏温性，适用于环境温度变化较大和工作条件恶劣的中、低压液压系统和其他轻负荷机械的润滑部位。L-HR 液压油分为 15、32 和 46 共 3 个黏度牌号。

2. 液压油的选用及使用注意事项

液压油的选用应根据工作环境温度和液压泵的类型进行。汽车举升机和轮胎起重机液压系统采用 21MPa 以上的高压泵，应选用黏温性好的 L-HR 液压油、抗磨性好的 L-HM 液压油，或抗磨性和黏温性都好的 L-HV 液压油。L-HL 普通液压油适用于环境温度为 0~40℃ 的各类液压泵（6.3~21MPa）。各种液压泵液压油的选择见表 9-3。

表 9-3 各种液压泵液压油的选择

泵的类型	系统压力	温度/℃	液压油品种	黏度级别
齿轮泵	>7MPa	5~40	L-HL 液压油，中、高压以上用 L-HM 液压油	32、46、68
	—	40~80	L-HL 液压油，中、高压以上用 L-HM 液压油	100、150
径向柱塞泵	—	5~40	L-HL 液压油，中、高压以上用 L-HM 液压油	32、46
	—	40~80	L-HL 液压油，中、高压以上用 L-HM 液压油	68、100、150
轴向柱塞泵	—	5~40	L-HL 液压油，中、高压以上用 L-HM 液压油	32、46
	—	40~80	L-HL 液压油，中、高压以上用 L-HM 液压油	68、100、150
叶片泵	<7MPa	5~40	L-HM 液压油	32、46
	>7MPa	40~80	L-HM 液压油	46、68
	<7MPa	5~40	L-HM 液压油	46、68
	>7MPa	40~80	L-HM 液压油	68、100

使用液压油时应注意以下几点：

1）不同品种、不同牌号的液压油不得混合使用。

2）液压油在储存或使用过程中应确保其清洁，否则会缩短液压系统的工作寿命。

3）应按车辆使用说明书规定的换油标准及时换油，一般条件下汽车和工程机械在高级维护时应更换液压油。

9.4.3 空调制冷剂

空调制冷剂又称为制冷工质，在南方一些地区俗称雪种。它是汽车空调制冷系统中循环流动的工作介质。由于受到压缩机的作用，它在系统的各个部件之间循环流动，进行能量的转换和传递，完成制冷剂向高温热源放热和从低温热源吸热的过程，从而实现制冷的目的。

制冷剂的性质直接影响制冷装置的制冷效果、经济性、安全性及运输管理，因而汽车空调制冷剂应满足以下性能要求：①无毒、无异味；②不易燃、不易爆；③易于改变吸热和散热状态；④化学性质稳定，无腐蚀性；⑤与润滑油无亲和作用，可与冷冻机油以任意比例相溶；⑥有利于环境保护。

1. 制冷剂的分类

目前汽车空调制冷系统使用的制冷剂主要有 R12 和 R134a 两种，其中 R 是英文"Refrigerant"（制冷剂）的第一个字母。

汽车空调制冷剂最早广泛使用的是 R12。R12 属于氟利昂系制冷剂，其特点是蒸发潜热大、易液化，对金属、橡胶的腐蚀性小，无毒且不易燃烧，但遇火会产生有毒物质。由于 R12 制冷剂会严重破坏大气臭氧层，引起严重的环保问题，目前世界各国都已禁止使用，取而代之的是 R134a。

R134a 制冷剂的特点是沸点较低，蒸发潜热高于 R12 制冷剂，传热性能好，但其中水分含量高、管路压力高、温度及负荷大。用 R134a 制冷剂代替 R12 制冷剂后，空调系统的输入功率和制冷量都有明显的提高，而且占用面积也有所减小。

2. 制冷剂的使用注意事项

1）制冷剂在储存和使用过程中应尽量避热。制冷剂极易蒸发，在储存时应尽量避开阳光直射、火炉及其他热源，添加制冷剂时应在低温下进行。

2）应尽量避免制冷剂与皮肤接触。因为制冷剂在大气压力下会急剧蒸发制冷，极易冻伤皮肤，在加注制冷剂时，要避免接触皮肤和进入眼睛。

3）加注制冷剂时要选择通风良好的环境。因为制冷剂排到大气中会造成氧气浓度急剧下降，严重时会使人窒息，因此在检查及填充时要在通风良好的环境中进行。

4）不得混合使用制冷剂，因为不同的制冷剂对空调系统结构的要求不同。

空调发展史

被称为"空调之父"的美国发明家威利斯·哈维兰德·卡里尔（有的地方译作开利）于 1902 年设计并安装了第一部空调系统。卡里尔的专利在 1906 年得到注册。

1902 年 7 月 17 日，卡里尔这名才从康奈尔大学毕业 1 年的年轻人，在"水牛锻造公司"（The Buffalo Forge Co.）工作时，发明了冷气机。当年公司的一个客户——纽约市沙克特威廉印刷厂的印刷机由于空气的温度及湿度变化，使纸张扩张及收缩不定，油墨对位不准，无法生产清晰的彩色印刷品，于是求助于水牛锻造公司。卡里尔心想既然可以利用空气通过充满蒸汽的线圈来保暖，何不利用空气经过充满冷水的线圈来降温？空气中的水会凝结于线圈上，工厂里的空气将会既凉爽又干燥，空调的时代就由这家印刷厂首次使用冷气机而开始。其他的行业如纺织业、化工业、制药业、食品业甚至军火业等，也因空调的引进而使产品质量大大提高。1907 年，卡里尔的公司出口了第一台空调，买家是日本的一家丝绸厂。

1915 年，卡里尔成立了一家公司，至今它仍是世界最大的空调公司之一。但空调发明后的前20多年,享受的一直都是机器,而不是人。直到1924年,底特律的一家商场常因天气闷热造成不少人晕倒,首先安装了3台中央空调。此举大大成功,凉快的环境使得人们的消费意愿大增,自此空调成为商家吸引顾客的有力工具,空调为人们服务的时代正式来临了。

空调可以普及主要是通过电影院成功的,大多数美国人是在电影院第一次接触到空调的。20世纪20年代的电影院利用空调技术,承诺能为观众提供凉爽的空气,使空调变得和电影本身一样吸引人,而夏季也取代了冬季成为看电影的高峰季节。随后出现了大量全年开放的室内娱乐场所,例如赌场、室内运动场和商场,这些都得归功于空调的出现。

制冷剂的发展历程可以划分为两个阶段,第一个阶段是从自然物质到人工合成的物质;第二个阶段再次回归到自然物质。

早期的制冷剂是自然界中容易获得或制取的物质,例如乙醚、氨、CO_2等。但是这些早期的制冷剂最后都因为制冷设备庞大、效率较低,在20世纪50年代退出了常规制冷系统。

1929年美国通用公司合成出R12,随后很快出现了R11、R22等称为氟利昂的系列卤代烃化合物,因其优良的热力学特性,以及无毒、不燃烧、极其稳定等性质,很快成为制冷剂的主角,被大量生产和使用,例如家用冰箱、汽车空调、小型冷库都用R12作为制冷剂。到20世纪70年代,包括制冷剂、发泡剂在内的各种卤代烃的年产量达到数百万吨,并有继续增加的趋势。

但是,氟利昂是一种化学性质非常稳定的人工合成物质,当它们挥发到大气中以后,很长时间不会被自然界分解,而且一直会扩散到平流层,在大气层11km至45km处的同温层与臭氧层相遇。由于在平流层受到强烈太阳紫外线照射,含氯的氟利昂分子(称为氯氟碳化合物,英文缩写为CFC)便会分解游离氯原子,而氯原子可以催化分解臭氧分子,在反应中氯原子被不断地放出,所以分解反应不断进行。氯原子会使臭氧层受到破坏,使其减薄直至消失。由于氟得昂被大量使用,导致近年来南极上空的臭氧空洞不断扩大(据报道在我国青藏高原上空也出现了臭氧空洞),因此对氟利昂制冷剂的替代势在必行。

本章小结

1. 合成制动液是我国目前汽车使用的主要制动液,其牌号有JG_3、JG_4、JG_5共3种。

2. 防冻液的作用不仅是降低发动机冷却液的冰点,还具有提高冷却液沸点、防止散热器金属被腐蚀、提高传热效率等优点。目前广泛使用的是乙二醇型冷却液,按冰点分为-25、-30、-35、-40、-45、-50共6个牌号。

3. 我国液力传动油分为6号、8号和8D号共3种。8号液力传动油主要用于轿车,6号液力传动油用于内燃机车、载货汽车、工程机械等,8D号液力传动油专用于严寒地区液力传动系统。

4. 目前,多数国产汽车推荐使用克拉玛依炼油厂生产的减振器油和按上海石油公司企业标准生产的减振器油。前者的特点是凝点很低,有很好的黏温性,适合在寒冷地区使用;后者的特点是凝点不高于-8℃,适合在高温地区使用。

5. 汽车空调制冷介质有R12和R134a两种。其中R134a也称为环保制冷剂,已取代R12。

测 试 题

一、名词解释

汽车制动液　汽车防冻液　液力传动油　减振器油　液压油　空调制冷剂

二、填空题

1. 汽车工作液主要包括_____、_____、_____、减振器油和液压油等。
2. 制动液是车辆液压制动系统中_____的工作介质。
3. 为保证制动液在低温下制动液压缸活塞能随踏板的动作灵活移动，在高温时又有适宜的黏度，不影响液压缸的润滑和密封，要求制动液有良好的_____和_____。
4. 我国液力传动油按现行标准分为_____、_____和8D号共3种。
5. 汽车防冻液用于发动机的冷却系统，具有冬季防_____、夏季防_____、全年防水垢和防腐蚀等优点。
6. 防冻液主要是由_____剂与_____按一定比例混合而成的。
7. 乙二醇型防冻液按其冰点不同有－25号、_____、_____、_____、－45和－50共6个牌号。
8. 汽车空调制冷系统使用的制冷剂主要有R12和R134a两种，其中_____属于氟利昂系制冷剂，会严重破坏大气臭氧层，引起严重的环保问题，取而代之的是_____。

三、选择题

1. （　）制动液已被淘汰。
A. 醇型　　　　　B. 醇醚　　　　　C. 酯　　　　　D. 硅油
2. （　）不是防冻液的作用。
A. 降低冰点　　　B. 提高沸点　　　C. 降低沸点　　D. 加强散热
3. 目前发动机使用的防冻液主要是（　）型防冻液。
A. 酒精　　　　　B. 乙醇　　　　　C. 乙二醇　　　D. 甘油
4. （　）是环保制冷剂。
A. R12　　　　　B. R134a　　　　C. R22　　　　D. 氨

四、简答题

1. 各种制动液能否混合使用，为什么？
2. 如何正确加注防冻液？
3. 汽车制动液、汽车防冻液、液力传动油分别有哪些主要性能要求？
4. 使用汽车制动液、汽车防冻液、液力传动油和空调制冷剂应注意哪些事项？

第10章

汽车轮胎

1. 了解汽车轮胎的使用性能。
2. 掌握汽车轮胎的基本结构、分类和规格。

学会轮胎的选配和合理使用。

当你驾驶车辆经过一处减速带时,发现胎压监测警告灯亮了,可能是什么原因呢?是由于轮胎经过减速带颠簸后导致轮胎螺母松动?是因为碾压石子、尖锐物体后导致轮胎漏气?还是因为气门嘴磨损导致漏气致使胎压不足?

轮胎是汽车的重要组成部分,在汽车运输过程中,轮胎费用占10%左右。汽车轮胎的作用是:支承汽车的总质量;吸收和缓和汽车行驶时所受到的一部分冲击和振动,以保证汽车具有良好的乘坐舒适性和行驶平顺性。保证轮胎与路面有良好的附着作用,可以提高汽车的牵引性、操作性和通过性。轮胎的性能直接影响汽车的动力性、制动性、行驶稳定性、平顺性、越野性和燃料经济性。因此合理选择、正确使用和及时维护轮胎,对延长其使用寿命,提高汽车的使用性能,降低运输成本有着重要的意义。

10.1 轮胎的类型与结构特点

10.1.1 轮胎的类型

1)按配套车辆可分为轿车轮胎、载重汽车轮胎、工程机械轮胎。
2)按组成结构可分为有内胎轮胎和无内胎轮胎。
3)按胎体中帘线排列方向可分为普通斜交轮胎、带束斜交轮胎和子午线轮胎等。
4)按胎面花纹可分为普通花纹轮胎、混合花纹轮胎和越野花纹轮胎。

形形色色的轮胎

5）按胎内气压可分为高压轮胎、低压轮胎和超低压轮胎。目前，轿车、货车几乎全部采用低压轮胎，因为低压轮胎弹性好、断面宽，与道路接触面大，壁薄而且散热性能好。这些特点提高了汽车行驶的平顺性和转向操纵性。

不同类型的轮胎有不同的结构特点和使用性能。

10.1.2 轮胎的结构及特点

轮胎通常由外胎、内胎和垫带组成（有内胎轮胎），如图10-1所示。也有没有内胎的轮胎，但其对内胎层的橡胶性能要求较高。现以目前常见的普通斜交轮胎、子午线轮胎和无内胎轮胎为例说明轮胎的结构。

1. 普通斜交轮胎

普通斜交轮胎如图10-2所示，是一种老式结构，其结构特点是胎体中的帘线与胎面中心线呈35°角，帘线由一侧胎边穿过胎面到另一侧胎边。由这种斜置帘线组成的帘布层通常有多层，它们交错叠合起来，成为胎体的基础。由于帘布层的交错排列，给轮胎胎面和胎体增加了强度，在适当充气时，会使驾驶人感到较为柔软、舒适。普通斜交轮胎接触地面的面积大，使汽车行驶更加平稳，从而延长了轮胎的使用寿命。但普通斜交轮胎的滚动阻力大，承载能力较低，因此在使用上受到了一定的限制，有被子午线轮胎取代的趋势。

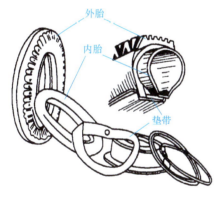

图10-1 有内胎轮胎的组成

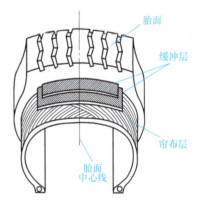

图10-2 普通斜交轮胎

2. 子午线轮胎

子午线轮胎用钢丝或纤维织物作为帘布层，其帘线与胎面中心线的夹角接近90°，从一侧胎边穿过胎面到另一侧胎边环形排列。其帘线的分布就像地球上的子午线，故称为子午线轮胎。子午线轮胎的结构如图10-3所示。

由于子午线轮胎的帘线呈环状排列，使帘线的强度得到充分利用，所以子午线轮胎帘布层数比普通斜交轮胎少40%～50%。帘线在圆周方向上若只靠橡胶来维系，则难以承担行驶时产生的切向力，所以子午线轮胎一般采用强度较高、伸张很小的纤维织物帘布或钢丝帘布制造的带束层。带束层像刚性环形带一样，紧紧箍在胎体上，以保证轮胎具有一定的外形尺寸，承受内压引起的负荷及滚动时所受的冲击力，减少胎面与胎体帘布层所受的负荷等。带束层一般有多层，相邻层帘线呈交叉排列，它们与胎面中心线夹角很小，一般为10°～20°，这就使得帘布层帘线和带束层帘线交叉于3个方向，形成许多密实的三角形网状结构（图10-4）。这种结构有效阻止了胎面向周向和横向的伸张与压缩，大大提高了胎面的刚性，减少了胎面与路面的滑移现象,提高了胎面的耐磨性。图 10-5 所示为子午线轮胎和普通斜交轮胎的帘布层比较。

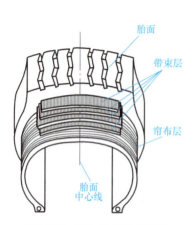

图 10-3 子午线轮胎的结构

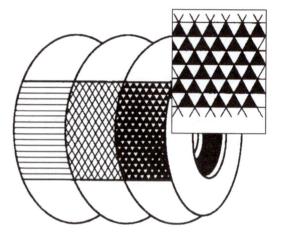

图 10-4 子午线轮胎帘布层帘线和带束层帘线
组成的三角形网状结构

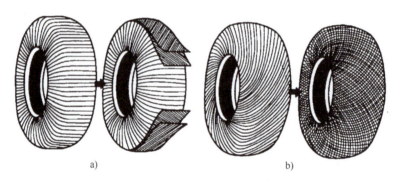

a) b)

图 10-5 子午线轮胎和普通斜交轮胎的帘布层比较
a) 子午线轮胎 b) 普通斜交轮胎

由于子午线轮胎的这些结构特点,使子午线轮胎具有比普通斜交轮胎显著的优点:

1) 附着性能好。由于子午线轮胎胎体弹性大,使其滚动时与地面接触面积大,胎面滑移小,所以其附着性能好。

2) 滚动阻力小,节省燃料。由于子午线轮胎帘布层数少,层间摩擦力小,所以其滚动阻力比普通斜交轮胎小 20%~30%,不但可提高汽车的动力性,还可以提高燃料的经济性,一般可降低油耗 6%~8%,并且随着车速的提高,节油效果更加明显。

3) 承载能力大。由于子午线轮胎的帘线排列与轮胎的主要变形方向一致,因而其帘线强度可得到充分利用,故其承载能力比普通斜交轮胎高。

4) 胎面耐穿刺,不易爆胎。由于子午线轮胎有多层坚硬的环形带束,胎面刚性大,能够减小胎面橡胶的伸张变形,接触地面的面积大,单位面积压力小,因而提高了胎面的耐刺穿性能,在恶劣的使用条件下也不易发生爆裂。

5) 由于子午线轮胎帘布层数少,胎侧薄,所以散热性能好,有利于提高车速。

子午线轮胎在具有以上优点的同时,也存在一些缺点。例如,胎侧薄、变形大、胎侧与胎圈受力比普通斜交轮胎大，因而胎面与胎侧的过渡区易产生裂口；吸振能力弱，胎面噪声大；制造技术要求高，成本高等。

由于子午线轮胎明显优越于普通斜交轮胎，因此在轿车上已广泛使用，在货车上也越来越多地采用了子午线轮胎。随着汽车技术的发展，结合无内胎轮胎和子午线轮胎的优点，已开发出了无内胎子午线轮胎，现在轿车上已开始广泛使用的无内胎轮胎（真空胎）大多数是无内胎子午线轮胎。

3. 无内胎轮胎

无内胎轮胎与有内胎轮胎在外观和结构上基本相似，不同之处是无内胎轮胎没有内胎，而是将压缩空气直接压入外胎内。无内胎轮胎在外胎的内壁上有一层2～3mm厚的专门用来密封压缩空气的橡胶密封层，它是采用硫化的方法黏附上去的。其特点是只有在爆胎时才会失效，并且爆胎后可从外部进行紧急处理。车辆行驶时，当尖物刺破无内胎轮胎后，其内部的压缩空气不会立即消失，从而提高了车辆的行驶安全性。无内胎轮胎散热性能好，可通过轮辋直接散热，可以延长轮胎的使用寿命。目前在小型轿车上，无内胎轮胎得到了广泛应用。

10.2 轮胎的规格及合理使用

10.2.1 轮胎的规格

按国家标准规定，在轮胎外胎的两侧标有生产编号、厂家商标、尺寸规格、层级、额定载荷、胎压、胎体帘布层的汉语拼音代号（如M——棉帘布轮胎、R——人造丝帘布轮胎、N——尼龙帘布轮胎、G——钢丝帘布轮胎、ZG——钢丝子午线帘布轮胎)、旋转方向等。

1. 轮胎的尺寸规格

轮胎尺寸规格可用外胎直径D、轮辋直径d、断面宽度B和断面高度H的名义尺寸代号表示。

（1）外胎直径D 是指轮胎按照规定压力充足气后，在无负载状态下轮胎外表面的直径。

（2）轮辋直径d 是指轮胎按照规定压力充足气后，在无负载状态下轮胎内圈的直径。

（3）断面宽度B 是指轮胎按照规定压力充足气后，在无负载状态下轮胎外侧两面间的距离。

（4）断面高度H 是指轮胎按照规定压力充足气后，在无负载状态下轮胎外径与内径的差值的一半，即

$$H = (D - d)/2$$

2. 不同轮胎规格的表示方法

（1）高压轮胎 一般用$D \times B$表示。D表示轮胎的外胎直径，B表示轮胎的断面宽度，均使用英寸（in）为单位（1in＝2.54cm），"×"表示为高压轮胎。目前在汽车上高压轮胎已经很少使用。

（2）低压轮胎 一般用B-d表示。B表示轮胎的断面宽度，d表示轮胎的轮辋直径，均

使用英寸（in）为单位，"-"表示为低压轮胎。例如 9.00-20，"9.00"表示轮胎断面宽度为 9in，"20"表示轮辋名义直径为 20in，"-"表示为低压轮胎。

（3）超低压轮胎 超低压轮胎规格的表示方法与低压轮胎基本相同。在一般情况下，轮辋直径在 15in 以下的为超低压轮胎，例如 7.00-14，表示轮胎断面宽度为 7in，轮辋名义直径为 14in。

（4）国产子午线轮胎 规格用 BRd 表示，其中 R 表示子午线轮胎（Radial 的首字母）。

随着轮胎的扁平化发展，原先使用轮胎断面宽度和轮辋直径的表示方法已经不能完全表示轮胎的规格。即在断面宽度相同的情况下，其断面高度随不同扁平率的变化而变化。轮胎按照扁平率的高宽比划分，目前国产轿车的子午线轮胎有 80、75、70、65 和 60 五个系列，数字分别表示为断面高度和断面宽度的百分比，即相对应的是 80%、75%、70%、65% 和 60%。从比例的数值可以看出，数字越小，轮胎就越矮，即轮胎越扁平。例如 9.00R20，"9.00"表示轮胎名义断面宽度，"R"表示子午线结构，"20"表示轮辋名义直径；185/60R13 中，"185"表示轮胎名义断面宽度，"60"表示轮胎名义高度比，"R"表示子午线结构，"13"表示轮辋名义直径。

（5）无内胎轮胎 按国家标准规定，载货汽车的子午线无内胎轮胎的规格表示为 BRd。例如 8R22.5 中，"8"表示轮胎名义断面宽度，"R"表示子午线轮胎，"22.5"表示无内胎轮胎的轮辋名义直径。

有些子午线无内胎轮胎在规格中加"TL"标识表示，例如轻型载货汽车子午线轮胎 7.00R16.5TL，其中"TL"就表示无内胎轮胎。

3. 轮胎的层级

轮胎的层级是表示轮胎承载能力的相对指数，主要用于区别尺寸相同但结构和承载能力不同的轮胎。轮胎的层级数与轮胎帘布层的实际层数没有直接的关系。轮胎层级常用 PR（Ply Rating）表示。

4. 轮胎最高行驶速度和速度级别代号

轮胎最高行驶速度是指在规定条件（路面级别、轮辋名义直径）下，在规定的持续行驶时间内，允许使用的最高行驶速度。

将轮胎最高行驶速度（km/h）分为若干级（目前有 25 个），用字母表示，称为速度级别代号。表 10-1 是部分轮胎速度级别代号与最高行驶速度的关系，表 10-2 是轮胎速度级别代号在不同轮辋名义直径时表示的轿车轮胎最高行驶速度。

表 10-1 轮胎速度级别代号与最高行驶速度的关系

轮胎级别代号	轮胎最高行驶速度/km·h^{-1}	轮胎级别代号	轮胎最高行驶速度/km·h^{-1}
L	120	R	170
M	130	S	180
N	140	T	190
P	150	U	200
Q	160	H	210

表10-2 轮胎速度级别代号在不同轮辋名义直径时表示的轿车轮胎最高行驶速度

轮胎速度级别代号	轮胎最高行驶速度度/km·h^{-1}		
	轮辋名义直径10in	轮辋名义直径12in	轮辋名义直径≥13in
R	135	145	160
S	150	165	180
T	165	175	190
H		195	210

5. 轮胎负荷指数与轮胎负荷能力

轮胎负荷指数是指在规定条件（轮胎最高速度、最大充气压等）下轮胎负荷能力的数字符号。轮胎负荷指数用 *LI* 表示，轮胎负荷能力用 *TLCC* 表示。轮胎负荷指数目前有0~279共280个。表10-3是部分轮胎负荷指数与轮胎负荷能力的对应关系。图10-6所示为型号为225/60R16 98H的轮胎，其中"225"表示轮胎断面宽度（mm）；"60"表示轮胎的扁平率；"R"表示子午线轮胎；"16"表示轮辋直径（in）；"98"表示负荷指数（即轮胎负荷能力为7500N）；"H"表示速度级别，即轮胎在负荷指数内允许的最高时速为210km/h。

表10-3 轮胎负荷指数与轮胎负荷能力的对应关系

轮胎负荷指数（*LI*）	轮胎负荷能力（*TLCC*）/N	轮胎负荷指数（*LI*）	轮胎负荷能力（*TLCC*）/N
85	5150	92	6300
86	5300	93	6500
87	5450	94	6700
88	5600	95	6900
89	5800	96	7100
90	6000	97	7300
91	6150	98	7500

图10-6 型号为225/60R16 98H的轮胎

10.2.2 轮胎的合理使用

合理使用轮胎可降低轮胎的磨损速度，防止不正常的磨损和损坏，从而延长轮胎的使用寿命。轮胎使用的基本要求有以下几个。

1. 保持轮胎气压正常

轮胎的充气压力是决定轮胎使用寿命和行驶安全性的重要因素。轮胎气压过低，会使胎体变形增大，从而造成内应力增加并过度生热，加快橡胶老化和帘线疲劳，导致帘线因疲劳而折断、松散和帘布脱层；还会使轮胎的接地面积增大，滑移量增加及磨损加剧（特别是胎肩的磨损较为严重）；导致轮胎的滚动阻力增加，从而使燃料消耗增加。如果使用双轮胎时，一轮胎气压过低，会造成另一轮胎磨损加快。轮胎气压过高时，会使轮胎接地面积减小，单位压力增大，从而使胎冠磨损加剧；导致材料过度拉伸，会使轮胎的刚性增大，胎体弹性下降，当轮胎受到冲击时，极容易发生胎冠爆裂。

试验表明，轮胎气压过低或过高时，轮胎的使用寿命都将缩短。图10-7所示为轮胎气压与使用寿命的关系，轮胎气压降低20%，轮胎的使用寿命会缩短15%。汽车超载或装载不均衡时，都会引起轮胎超载。

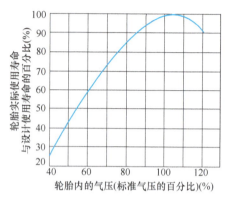

图10-7 轮胎气压与使用寿命的关系

2. 防止轮胎超载

应严格控制车辆不能超载装物，因为每一个轮胎都有它的最大装载质量，所以在使用时要严格按照规定进行装载。如果超载行驶，轮胎的变形就会增大，其帘布层和帘线应力也会增大，此时极易造成帘线折断和帘布层脱落，导致轮胎的接地面积增大，从而加快轮胎胎肩的磨损。当车辆行驶时，特别是遇到障碍物时，即使是一个不大的石块，也会引起爆胎。在转弯或不平的路面上行驶时，若轮胎负荷超过50%，其轮胎使用寿命将缩短59%；若超过一倍，其使用寿命将会缩短80%以上。轮胎超载时的损坏和胎压过低时的损坏相似，只是超载时轮胎损坏更严重。因此，装载货物时必须按照规定的装载质量装载，并注意货物装载时要保持装载平衡，以防止车辆在行驶时发生货物移动或漂移等现象。

3. 合理搭配轮胎

在同一辆汽车上或同一轴上应该使用规格、结构、层级和花纹等完全一样的轮胎，双胎并装时，要求必须选用同一厂牌的轮胎，以保持负荷相同、磨损一致。

当轮胎磨损到一定程度需要更换时，应尽可能全车更换或同轴更换。如果条件不允许，可将新胎或磨损较轻的轮胎装在转向轮上，将旧胎或磨损较重的轮胎装在其他轮上，以确保行车安全。规格相同但结构、层级以及花纹不同的轮胎不能装在同一轴上使用，特别是子午线轮胎和普通斜交轮胎不能混装在同一辆汽车上或同一轴上使用。轮胎应按规定的型号与轮辋配套使用，因为不同型号规格的轮辋，即使直径相同，其轮辋宽度和突缘高度也有所不同。窄胎装宽轮辋或宽胎装窄轮辋，都会造成轮胎的早期损坏。

4. 控制行驶车速，注意轮胎温度

随着汽车行驶速度的提高，轮胎在单位时间内与地面的接触次数也相应增多，轮胎的变形频率、胎体的振动也随之增加。当车速达到某一值时，轮胎的工作温度和气压升高，会加速橡胶的老化，产生帘布层断裂和胎面剥落现象，严重时会造成轮胎爆裂。因此，一定要坚持中速行驶，控制胎体温度不超过100℃。夏季行驶时应增加停歇次数，若轮胎发热或胎压增高，应停车休息散热。严禁放气降低轮胎气压和泼冷水降温。

5. 精心驾驶车辆

不正确或不精心驾驶车辆都会使轮胎的使用寿命急剧缩短。为此，驾驶车辆时应做到起步平稳、加速均匀、中速行驶、直线前进、减速转向、少用制动、选择路面。

6. 做好日常维护

轮胎的日常维护包括出车前、行车中和收车后的检查，主要检查轮胎的气压和有无不正常磨损以及损伤，并及时预防隐患和消除故障。

出车前用气压表检查各个轮胎的气压是否符合规定，气门嘴有无漏气现象，以及是否碰到制动鼓；检查各个轮胎的螺母是否松动，挡泥板、货箱等有无碰擦轮胎的现象，并及时消除，以排除故障隐患。

行车中的检查要利用停车时进行，检查项目与出车前检查项目基本相同。

收车后检查轮胎是否有漏气的现象，若有则查找其漏气部位并及时修补；检查轮胎花纹之间是否有夹杂石子等现象并及时清除；检查轮胎螺母是否有松动，若有松动应及时拧紧，以排除故障隐患。若行车中换用了备用轮胎，收车后应及时维修替换下来的轮胎。

拓展知识

固特异轮胎的诞生

美国固特异轮胎橡胶公司始建于1898年，至今已有百余年的历史。固特异轮胎橡胶公司是世界上最大规模的轮胎生产公司之一。固特异轮胎如图10-8所示。

自橡胶发现伊始，西方人便不断开发它的用途：德国的佛雷德里克用溶解在乙醚中的橡胶制成了一双骑马用的长筒靴；由于橡胶能擦去铅笔痕迹，因而人们把它制作成了橡皮；1791年英国制造商用松节油作为溶剂将橡胶制成了防水服，并申请了橡胶的第一个专利。在19世纪初，英国和美国兴起了早期的橡胶工业。但橡胶却有一个致命的缺点，就是对温度过于敏感，温度稍高它就会变软变粘，而且有臭味，温度一低它就会变脆变硬。这一缺点使得橡胶产品毫无市场，早期的橡胶工业陷入了危机。

1834年夏天，查尔斯·固特异参观了纽约的印第安橡胶

图10-8 固特异轮胎

公司，他了解到橡胶的缺点困扰着整个橡胶工业，但橡胶同时具有高弹性、可塑性、耐用、防水、绝缘等一系列优秀性质，因而固特异决心研究橡胶的改性。从这时一直到他的生命结束，他都到致力于橡胶的研究和推广。

固特异在工厂中像工人一样不停地劳作，不停把各种材料拿来与橡胶一起试验。经过持之以恒的试验，固特异的研究不断取得突破。1837年，固特异用硝酸处理橡胶薄片并取得"酸气过程"的专利。1839年1月，固特异的试验有了重大突破，他偶然把橡胶、氧化铅和硫磺放在一起加热并得到了类似皮革状的物质。这种物质不像通常知道的弹性橡胶那样会在较高的温度下分解。固特异经过一系列改良，最终确信他所制备的这种物质不会在沸点以下

的任何温度分解,"橡胶硫化技术"问世了。但可惜的是,这一技术的问世与这一技术的价值却没有同时到来。

1841年11月6日,美国专利局承认了他的发明。同一年,他不顾极端贫困和身体疾病,把自己的发明投入生产,还没有产生效益他就再次破产,被关进监狱。1844年6月14日,美国专利局批准了他的专利,但他不得不把该专利的制造和收益的权利转给他的债权人。

在固特异人生最后的16年间,他仍然围绕着自己的专利开发了各种各样的产品。但由于硫化技术"太容易"掌握,许多橡胶厂都在无偿享受他用辛苦换来的成果,固特异陷入与侵权者无休止的斗争。1852年9月28日,固特异在新泽西伦登获得了诉讼的决定性胜利,但这些诉讼大量消耗了固特异的时间和金钱,固特异依然一贫如洗。

1851年5月1日,固特异靠借来的3万美元参加了维多利亚女王主办的展览会,他的展品从家具到地毯,从梳子到纽扣都是由橡胶制成的,有成千上万的人参观了他的作品。他因此被授予国会勋章以及拿破仑三世的英雄荣誉勋章、军团英雄十字勋章。但他的债权人以他的发明得不到收益为由将他告上法庭,这次他挂着勋章进了牢房。1860年6月1日,固特异在贫病中去世,这时他还欠债权人几十万美元。

在固特异去世后,为了纪念查尔斯·固特异对美国橡胶工业做出的巨大贡献,弗兰克·希柏林把自己创建的轮胎橡胶公司命名为"固特异"。

本章小结

1. 轮胎的作用是支承汽车总质量,吸收和缓和汽车行驶时所受到的一部分冲击及振动,保证与地面良好的附着作用,以提高汽车的牵引性、操作性和通过性。

2. 子午线轮胎和无内胎轮胎由于具有良好的使用性能而被广泛用于载重汽车和轿车上。

3. 选择轮胎时,应考虑所选轮胎的尺寸规格要符合车辆使用说明书的规定,轮胎的速度等级必须与车辆最高行驶速度相适应,轮胎的负荷能力要与承载能力相适应,轮胎的花纹要与道路条件相适应等。

4. 使用轮胎时,应保持轮胎气压正常,防止超载,合理搭配轮胎,合理控制车速,注意轮胎温度。

测 试 题

一、名词解释

子午线轮胎　外胎直径 D　轮辋直径 d　断面宽度 B　断面高度 H

二、填空题

1. 汽车轮胎的作用是支承汽车的_____;吸收和缓和汽车行驶时所受到的一部分_____;保证轮胎与路面有良好的_____作用,以提高汽车的牵引性、操作性和通过性。

2. 轮胎的分类方法有很多，按组成结构可分为_____和_____；按胎内气压可分为_____、_____和_____。

3. 轮胎通常由_____、_____和_____组成。

4. 轮胎尺寸规格可用_____、_____、_____和_____的名义尺寸代号表示。

5. 轮胎的日常维护包括_____、_____和_____的检查。

三、简答题

1. 汽车轮胎有哪些类型？各有何优缺点？
2. 为什么无内胎轮胎在轿车上得到广泛使用？
3. 无内胎轮胎在结构上是如何实现密封的？
4. 如何合理使用轮胎？
5. 子午线轮胎和普通斜交轮胎相比有什么特点？为什么子午线轮胎得到越来越广泛的使用？
6. 轮胎气压对轮胎有什么影响？

第 3 篇

金属加工基础知识

一辆汽车有 2 万多个零件，这些零件中约有 80% 是由金属材料加工制造的。金属零件的加工过程，其实质就是零件的成形过程。金属零件的成形方式主要有铸造、锻造、冲压、焊接、切削加工等。通常，材料不同，零件所选择的加工方法也不同。零件的成形一般是由原材料先制成毛坯，再对毛坯进行切削加工，最后形成零件。常见的机械零件制造过程如下：

$$\text{金属原材料} \xrightarrow[\text{冲压、焊接}]{\text{铸造、锻造}} \text{毛坯} \xrightarrow{\text{切削加工或热处理}} \text{零件} \xrightarrow{\text{装配}} \text{部件或总成}$$

本篇主要介绍金属铸造、锻压、焊接以及切削加工的基本知识。

第11章

铸 造

知识目标

1. 了解铸造成形的基本原理、工艺特点及应用范围。
2. 掌握砂型铸造的工艺过程。

能力目标

1. 具有砂型铸造手工造型的能力。
2. 具有识别汽车上使用的铸件的能力。

案例引入

在金属材料成形工艺发展过程中，铸造在我国有着悠久的历史，气势雄伟的司母戊鼎、精美绝伦的四羊方尊（图11-1）、气势磅礴的战国编钟（图11-2）等造型精美、形状各异的文化艺术杰作，都是通过铸造方法成形的。

图11-1 四羊方尊

图11-2 战国编钟

铸造是将液态金属浇注到与零件形状相适应的铸型型腔中，待其冷却凝固后，获得零件或毛坯的成形工艺，如图11-3所示。

铸造成形具有适应范围广、成本低的特点。

1）铸造成形适应的形状和尺寸范围广。铸造是依靠液态金属的流动成形的，可以生产各种形状和尺寸的毛坯，特别是具有复杂内腔的毛坯。例如，汽车发动机的铸铁气缸体（图11-4a），通过铸造工艺获得毛坯，然后局部切削加工后进行装配，是唯一经济可行的制造

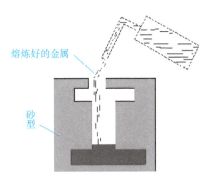

图11-3 铸造示意图

方案。

2）铸造成形适应的材料范围广。工业中常用的金属材料，例如碳素钢、合金钢、铸铁、青铜、黄铜、铝合金等，都可用于铸造，其中应用最广的是铸铁。

3）铸造所用的原材料来源广泛、价格低廉，设备投资小，因此，铸件成本较低。

但由于铸造生产环节多，易产生多种铸造缺陷，且一般铸件的晶粒粗大、组织疏松，力学性能不如锻件，因此铸件一般不适宜制作受力复杂的和受力大的重要零件，而主要用于制作受力不大或受简单静载荷的零件，例如箱体、床身、支架、机座等。汽车上常见的铸件如图11-4所示。

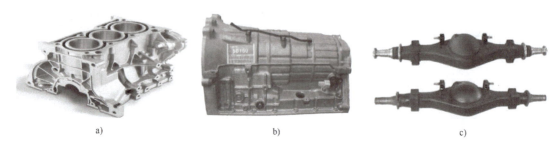

图11-4 汽车上常见的铸件

a）铸铁气缸体 b）铝合金变速器壳 c）铸铁后桥壳

根据生产方式的不同，铸造分为砂型铸造和特种铸造两大类。

11.1 砂型铸造

砂型铸造是指用型砂紧实成形的铸造方法。由于砂型铸造造型材料来源广泛，成本低廉，所以成为最常用的铸造方法。目前我国砂型铸造生产的铸件约占铸件总产量的80%。

砂型铸造工艺过程如图11-5所示，主要包括以下几个工序：制造模样和型芯盒→制备型（芯）砂→制造砂型、型芯→合金熔炼→合型、浇注→落砂、清理→铸件检验入库。

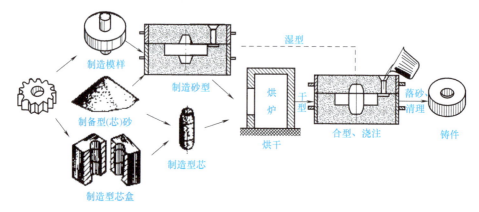

图11-5 砂型铸造工艺过程

1. 模样与型芯盒

模样与型芯盒是用来造型和造芯的基本工艺装备。模样用于形成铸型的型腔，它和铸件的外形相适应。模样是根据零件图的形状和尺寸，同时考虑铸造工艺需要（如加工余量、铸造圆角、拔模斜度等）制作的，常用的有木模、金属模、塑料模等。型芯盒用于制造型芯，其内腔与型芯的形状和尺寸相适应。型芯是用于形成铸件内腔和局部外形的，它是以石英砂为基础，添加黏结剂和附加物而成的。

2. 型砂和芯砂

型（芯）砂由原砂、黏结剂、附加物、水、旧砂按一定比例混合而成。型砂应具有足够的强度、较高的耐火性、良好的透气性和较好的退让性。由于型芯的周围被高温金属液包围，故芯砂的上述性能要求比型砂更高。

3. 造型

造型是砂型铸造中最基本的工序，它是用模样和型砂制成与铸件形状和尺寸相适应的铸型的过程。通常造型分为手工造型和机器造型两大类，其中手工造型应用最广。根据铸件的结构特点，可采用整模造型、分模造型、挖砂造型、活块造型、刮板造型、三箱造型等。表 11-1 为常用造型方法的特点及应用。

表 11-1 常用造型方法的特点及应用

造型方法	简图	主要特点	应用
整模造型		模样为整体，分型面为平面，型腔在同一砂箱中，不会产生错型缺陷，操作简单	用于最大截面在一端且为平面的铸件，应用较广
分模造型		模样在最大截面处分开，型腔位于上、下型中，操作较简单	用于最大截面在中部的铸件，常用于回转体类铸件
挖砂造型		模样是整体的，分型面为曲面，为了能取出模型，造型时用手工挖去阻碍起模的型砂。对工人的操作技术要求高，生产率低	用于单件小批生产、分型面不是平面的铸件
活块造型		将妨碍取模的部分做成活动的模块，取出模样主体部分后，再小心将活块取出，其造型费工时，要求工人的技术水平高	用于单件、小批生产、带有凸起部分、难以起模的铸件
刮板造型		用刮板代替木模造型，可大大降低木模成本，节省木材，缩短生产周期；但生产率低，要求工人的技术水平高	用于有等截面的大中型轮类、管类铸件的单件小批生产

(续)

造型方法	简图	主要特点	应用
三箱造型		用上、中、下3个砂型,有两个分型面,中箱高度有一定要求,操作复杂	用于中间截面小、两端截面大的铸件,单件小批生产

现以图11-6所示轴承座整模造型为例,简要介绍整模造型过程。

1) 把模样放在底板上→套下箱→放砂→撞砂→紧实→刮平(图11-6a、b)。
2) 翻转下箱→修光→撒分型砂(图11-6c)。
3) 套上箱→放浇注棒→放砂→撞砂→紧实→扎通气孔(图11-6d)。
4) 开起上箱→从下箱取出模样(图11-6e)。
5) 开横浇道→修型→合上箱→造型完成(图11-6f)。

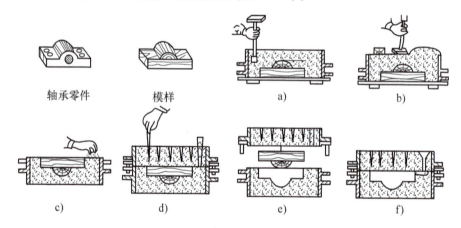

图11-6 轴承座整模造型

a) 将模样置于砂箱制造下型　b) 用砂春锤平,用刮板刮去余砂　c) 翻转下箱,修光,撒分型砂
d) 放浇注棒,造上型,扎通气孔　e) 开箱起模　f) 开横浇道,修型,合箱

4. 合型、浇注

(1) 合型　合型是将铸型的各个组元(上型、下型、型芯等)组成一个完整铸型的过程。合型时,应检查铸型型腔是否清洁,型芯的安装是否准确牢固,砂箱的定位是否准确、牢固。

(2) 浇注　浇注是将液态金属注入铸型的操作。浇注时金属液的温度和浇注速度对铸件的质量有很大影响,若掌握不当,将会生产各种缺陷。铸铁的浇注温度一般在1280~1350℃。浇注速度是先快后慢,浇注时中途不得断流,同时应防止飞溅和满溢。

5. 落砂、清理

落砂和清理是指铸件冷凝后,从铸型中取出,清除表面粘砂、浇冒口及毛刺的操作。单件或小批量的落砂,可用手工清理,大批量生产一般用落砂机清砂。落砂和清理后,铸件还要进行检验,确定是否存在缺陷。

11.2 特种铸造

除砂型铸造以外，所有其他铸造方法都称为特种铸造。与砂型铸造相比，特种铸造具有良好的铸件精度和表面质量、较高的生产效率和较好的劳动条件等优点。目前常用的特种铸造方法有金属型铸造、压力铸造、熔模铸造和离心铸造等。

11.2.1 金属型铸造

金属型铸造是将液态金属浇入金属铸型中而获得铸件的铸造方法。因金属型可重复使用，又称为永久型铸造。图 11-7 所示为垂直分型式金属型。

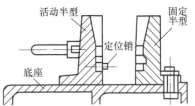

图 11-7 垂直分型式金属型

与砂型铸造相比，金属型铸造有以下特点：

1) 金属型导热性能好，冷却快，铸件晶粒细小、组织致密，力学性能高。

2) 实现了"一型多铸"，一个金属型可使用几百次到数万次，节省了造型材料和造型工时，提高了生产效率，改善了劳动条件。

3) 金属型尺寸精度高，表面光洁，大大提高了铸件的尺寸精度和表面质量。

4) 金属型制造成本高，生产周期较长，不适于单件小批量生产。而且由于金属型不透气、没有退让性，铸件容易产生浇不足、冷隔、气孔、裂纹等缺陷。

金属型铸造主要用于非铁金属的大批量生产，典型的产品有汽车发动机的铝合金气缸盖（图 11-8a）、排气管（图 11-8b）、铝合金活塞（图 11-8c）、轮毂等。

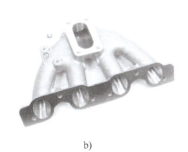

a) b) c)

图 11-8 汽车上常见的铸件
a) 铝合金气缸盖　b) 排气管　c) 铝合金活塞

11.2.2 压力铸造

压力铸造是将液态金属在高压下快速压入铸型，并在压力下凝固的铸造方法，简称压铸。

压力铸造使用的压铸机如图 11-9 所示，它由定型、动型、压室等组成。首先使动型与定型合紧，用上边活塞将压室中的熔融金属压射到型腔（图 11-9b），凝固后打开铸型并顶出铸件，用下边的活塞将余料推出压室，即完成压铸全过程（图 11-9c）。

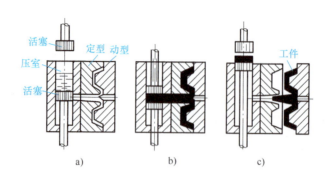

图 11-9 压铸机
a）合型浇注　b）压射　c）开型顶件

压力铸造有以下特点：

1）由于金属液是在高压、高速下充填金属型腔的，提高了合金的充型能力，因此可压铸出形状复杂的薄壁件。例如，压力铸造可直接铸出零件上的各种孔眼、螺纹、齿形、花纹、图案等，锌合金的最小壁厚可达 0.3mm，铝合金可达 0.5mm。

2）由于压力铸造保留了金属型铸造的一些特点，合金是在压力下结晶的，所以铸件晶粒细小，组织致密，强度较高。

3）压力铸造件的尺寸精度及表面质量高，实现了少切屑或无切屑加工，因此省工、省料、省设备，降低了零件的生产成本。

4）压力铸造的主要缺点是压铸机造价高、压铸型结构复杂、制造费用较高、生产周期长；金属液充型速度快、凝固快、补缩困难，铸件中容易产生气孔和缩孔等缺陷。

压力铸造主要用于低熔点的非铁金属的小型、薄壁、复杂铸件的大批量生产，例如汽车发动机的气缸体、气缸盖、变速器壳体、轮毂、齿轮、叶轮等。图 11-10 所示为汽车铝合金压铸件。

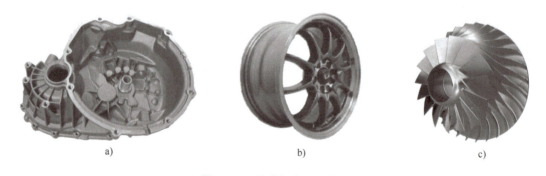

图 11-10　汽车铝合金压铸件
a）压力铸造铝合金变速器前壳　b）压力铸造轮毂　c）压力铸造叶轮

11.2.3　熔模铸造

用易熔材料（如蜡料）制成模样，再在模样上包覆若干层耐火材料，制成蜡壳，待模样熔化流出后经高温焙烧即可浇注的铸造方法，称为熔模铸造，也称失蜡铸造。

熔模铸造工艺过程如图 11-11 所示。

（1）制造蜡模　如图 11-11a~f 所示，首先根据铸件的形状和尺寸，用钢、铜或铝合金制成压型；然后把熔化成糊状的蜡质材料（常用 50% 石蜡 + 50% 硬脂酸）压入压型中，制成单个蜡模，再把多个蜡模与浇注系统粘成蜡模组，形成铸件的模样。

（2）制造型壳　如图 11-11g 所示，将蜡模组浸入以水玻璃与石英粉配制的耐火材料中，取出后撒上石英砂并在氯化铵溶液中硬化，重复数次直到结成 5~10mm 厚的型壳。待型壳干燥后，将它放在 85~90℃ 的热水中浸泡，使蜡模熔化并经浇口流出，形成铸型的型腔。

（3）焙烧、浇注　如图 11-11h 所示，为了提高铸型的强度，排除残蜡和水分，将型壳在 850~950℃ 的炉内焙烧，然后将铸型放在砂箱内，周围填充干砂，即可进行浇注。

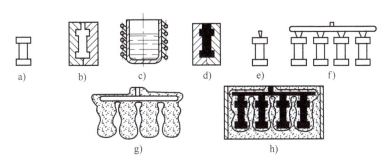

图 11-11　熔模铸造工艺过程

a）制造母模　b）压型　c）熔蜡　d）制造蜡模　e）蜡模　f）蜡模组　g）结壳、脱蜡　h）填砂、浇注

熔模铸造有以下特点：

1）铸型是一个整体，无分型面，可以制作出各种形状复杂的零件。

2）铸件尺寸精度高，表面质量好，可实现少切屑或无切屑加工。

3）熔模铸造工艺过程较复杂，生产周期长（4~15 天），铸件成本较高。

4）由于型壳强度的限制，不适宜制造尺寸较大的铸件，一般为几十克至 25kg，最大质量不超过 80kg。

熔模铸造主要用于高熔点合金及难切削合金的小型铸件，例如形状复杂的汽轮机叶片和叶轮、复杂的刀具、阀体（图 11-12a）等。图 11-12b、c 所示的钢板支架、摇臂为汽车熔模铸件。

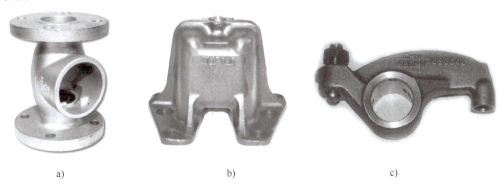

图 11-12　熔模铸件

a）阀体　b）钢板支架　c）摇臂

11.2.4 离心铸造

离心铸造是将液态金属浇入高速旋转的铸型中，使金属液在离心力的作用下凝固成铸件的铸造方法。

离心铸造是在离心铸造机上进行的。根据铸型旋转轴位置的不同，离心铸造机可分为立式和卧式两大类，如图11-13、图11-14所示。

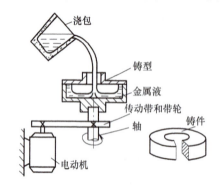

图11-13 圆环件的立式离心铸造示意图

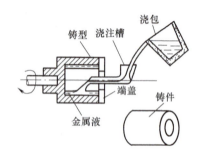

图11-14 圆筒件的卧式离心铸造示意图

离心铸造有以下特点：

1) 金属液在离心力作用下成形，组织致密，铸件的力学性能好，且内部不易产生缩孔、气孔、夹渣等缺陷。

2) 金属液的充型能力强，便于铸造流动性差的合金及薄壁铸件。

3) 便于生产双金属铸件，例如钢套镶铜轴承，其结合面牢固，可节省许多贵重金属。

4) 铸件内表面质量较差，尺寸不够精确，所以应加大内孔的加工余量。

离心铸造多用于生产圆形中空铸件，例如各种管子、气缸套、轴套、圆环等。图11-15所示为离心铸造成形的汽车上的气缸套。

图11-15 汽车上的气缸套

大国工匠之毛腊生——我用砂子铸"神剑"

导弹和砂子，二者风马牛不相及，然而，有这样一位技工，他的工作是铸造导弹的舱体，和砂子打了几十年的交道。今天，我们来认识这位给导弹铸造"衣服"的人，中国航天科工首席技师——毛腊生。

砂型铸造由于成本低、生产周期短，是目前应用最广泛的一种铸造方法，在全球的铸件生产中，约70%的铸件是用砂型铸造生产的。将调配好的砂子做成铸件的形状，然后浇灌金属熔液，冷却后打开铸型就可以得到最终的铸件。在这个过程中，配制砂子是至关重要的一道工序，它的质量好坏最终决定铸件的质量，毛腊生干这行已经几十年了，不管什么样的砂子，他抓一把就知道好坏。

砂子调配好之后，就要进行造型，这也是整个铸造过程最考验"功力"的环节，毛腊生的工作就是对砂模进行造型、修型。为导弹铸造舱体，就相当于给导弹做一件外衣，由于导弹在高速飞行过程中，与空气摩擦会产生高热，因此这件"衣服"要求耐得住高压、抗得住高温，任何一点瑕疵都会埋下重大的隐患。

在铸造行业，导弹舱体属于大件，内部结构复杂，造型无法用机器替代，即便是在制造业高度发达的国家，面对这样的铸件，也只能手工操作。砂子本身质地疏松，对造型的精准度有很高的要求，在造型的过程中，工人还要不停地移动。为了更灵活方便，工人都是蹲着来完成作业的，一蹲就是七八个小时甚至十几个小时。作为造型工，毛腊生还承担着翻模、搬模等工作，身体的着力总是朝着一个方向，时间久了，毛腊生的鞋也变了样。

由于工作强度非常大，本来身材就矮小的毛腊生背驼了，腿也弯了，当年和他一起进厂的不少同事因为各种原因早早就离开了这个行业，只有他一直坚持了下来。当年刚进厂的时候，毛腊生没想到自己能坚持下来，因为只有初中文化的他，连图样都看不懂，没少挨师傅的骂。

师傅炉火纯青的技艺让毛腊生感慨，凭着不服输的干劲，他终于成为了厂里公认的技术能手。然而一次他做的砂模造型浇铸出来的竟然是废件，这让他百思不得其解，后来他发现这是溶液里混入了其他材料导致的。毛腊生意识到，铸造是一个团队合作的行业，任何环节出了问题，都会让所有人的努力前功尽弃，从那以后，毛腊生开始了对铸造全工艺流程的钻研。

2006年，毛腊生所在的工厂与中南大学合作，为国家某重点型号导弹共同开发舱体，但在实验室试验成功的技术到了实际操作中却出现了问题，试验了20多次全部失败。

就在大家都一筹莫展的时候，有人提出，让毛腊生来试一试。带着干粮和一节废件，毛腊生住进了实验室。当时大家都在怀疑，专家教授都解决不了的问题，一个普通工人能行么？两天两夜过去，当毛腊生红着眼睛走出来的时候，大家知道，问题终于解决了。

在2015年的"9·3"阅兵式上，红旗12导弹的舱体就出自毛腊生之手，这已经是他制造的产品第4次出现在共和国的阅兵庆典上了。随着新材料、新工艺在军品生产中的不断出现，毛腊生在自豪的同时也感到压力越来越大。毛腊生不停地学习新技术，有空就钻在书堆里。

毛腊生说："无聊的时候就跑到车间里，和砂子玩一玩，把砂子弄成各种各样的形状。砂子不和我交流，但是它听话啊，我让它成什么形状它就成什么形状，它就是比较听话，像个小孩子一样。"

毛腊生几十年来只做了一件事——读懂砂子，铸好导弹。在一些人看来这是个老实人，在另一些人看来这个人木讷，然而，当你为国之利器喝彩时，当你为祖国强大欢呼时，你可曾知道，支撑这强大国防的力量，正是千千万万如毛腊生一样的普通工人。

本章小结

1. 铸造是制造毛坯的主要方法之一，在机械制造中占有极其重要的地位。汽车上，形状复杂、受简单载荷的一般结构件，例如发动机气缸体、变速器壳等多以铸件为毛坯。

2. 砂型铸造是铸造生产中最基本、应用最广泛的方法，主要包括制造模样和型芯盒、制备型（芯）砂、制造砂型和型芯、合金熔炼及合型、浇注、落砂、清理、铸件检验等工序。

3. 特种铸造是除了砂型铸造以外的其他铸造方法，有金属型铸造、压力铸造、熔模铸造和离心铸造等。

测 试 题

一、名词解释

铸造　砂型铸造　特种铸造　造型

二、填空题

1. 模样用于形成铸型的型腔，它和铸件的_____相适应。
2. 型芯盒用于制造型芯，其_____与型芯的形状和尺寸相适应。
3. 型砂应具有足够的强度、较高的_____性、良好的_____性和较好的_____性。
4. 常用手工造型方法有_____造型、_____造型、_____造型、_____造型、_____造型和_____造型。
5. _____铸造的造型材料来源广泛、成本低廉，是最常用的铸造方法。

三、简答题

1. 铸造成形有哪些优缺点？
2. 什么是金属型铸造？金属型铸造有哪些特点？
3. 什么是压力铸造？压力铸造有哪些特点？
4. 什么是熔模铸造？熔模铸造有哪些特点？
5. 什么是离心铸造？离心铸造有哪些特点？

第12章

锻 压

知识目标

1. 了解锻压成形的基本原理、工艺特点及应用范围。
2. 掌握自由锻造和板料冲压的基本工序。

能力目标

能识别汽车上使用的锻压件。

案例引入

由于铸造生产环节多，容易产生多种铸造缺陷，且一般铸件的晶粒粗大、组织疏松，力学性能不高，因此铸件不适宜制作受力复杂的和受力大的重要零件。那么受力复杂的和受力大的重要零件应该采用什么毛坯加工方法呢？

锻压是锻造和冲压的总称，是指在外力作用下，通过工具或模具使金属坯料产生塑性变形，从而获得具有一定形状、尺寸和力学性能的零件或毛坯的加工方法。

锻压是使金属在固态下加工成形。经锻压成形的制件，不仅可得到所需的形状和尺寸，同时能提高金属的力学性能。因此，它是机械制造中生产毛坯的主要方法之一。

锻压加工在汽车零件制造中应用很广。一些重要的金属零件大多由锻造加工而获得毛坯，例如汽车变速器的输入轴、齿轮、轴承圈、汽车等速万向节滑套系列产品、汽车差速器齿轮、汽车前轴、汽车离合器接合齿圈等。而汽车车身的板件则由冲压加工完成，按质量计算，汽车上约70%的零件或毛坯都是锻压加工制造的。

12.1 锻 造

锻造是对加热的金属坯料施加冲击力或压力，使之产生塑性变形，从而获得所需锻件的加工方法。根据成形方式不同，锻造分为自由锻造和模型锻造两类。

与其他加工方法相比，锻造具有以下特点：

1）锻造能改善金属组织，提高金属的力学性能。这是因为锻造可以压合铸造组织中的内部缺陷，使组织更加致密；可以使粗大的晶粒细化；可以击碎高合金工具钢中的碳化物，并且使其合理分布。

2）可以节省金属材料。由于锻造提高了金属的力学性能，因此相对缩小了同等载荷下零件的截面尺寸，减轻了零件的重量。另外，采用精密锻造可使锻件的尺寸精度和表面粗糙度接近成品零件，做到少切削或无屑加工。

3）具有较高的生产率。模锻成形比切削加工成形生产效率高。例如，生产内六角圆柱头螺钉，用模锻成形的生产率是切削加工的 50 倍，若采用冷镦工艺制造，其生产效率是切削加工成形的 400 倍以上。

由于锻造是以金属的塑性变形为基础的，因此用于锻造的材料必须具有良好的高温塑性，以便在加工时能产生较大的塑性变形而不被破坏。各种钢材和大多数非铁金属及其合金都具有一定的塑性，可以锻造成形，而铸铁、铸造铜合金、铸造铝合金等脆性材料则不能进行锻造成形。图 12-1 所示为汽车上常见的锻造加工零件。

图 12-1　汽车上常见的锻造加工零件

12.1.1　自由锻造

自由锻造是利用锻造设备的冲击力或压力，使加热的金属坯料在两个砧铁之间产生变形，从而获得所需锻件的加工方法。自由锻造分为手工锻造和机器锻造两种，手工锻造劳动强度大，只适合于小批量小型锻件的生产，现代生产中主要依靠机器锻造生产。自由锻造可锻小至几克，大至几百吨的锻件，是生产大型锻件的唯一方法。

1. 自由锻造设备

自由锻造常用设备有空气锤和蒸汽-空气锤两种，如图 12-2 所示。空气锤的吨位一般为 50～1000kg，其特点是吨位较小，操作方便，广泛用于质量为 2.5～84kg 的小型锻件生产。蒸汽-空气锤利用蒸汽或压缩空气来驱动锤头，故锻锤的打击力度大为提高，其吨位一般为 1～5t，适合锻造中型或大型的锻件。自由锻造常用手工工具如图 12-3 所示。

2. 自由锻造的基本工序

自由锻造的基本工序有镦粗、拔长、冲孔、弯曲、错移和扭转等，其主要工序图例及应用见表 12-1。

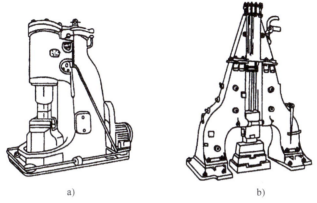

图 12-2 自由锻造常用设备
a）空气锤 b）蒸汽-空气锤

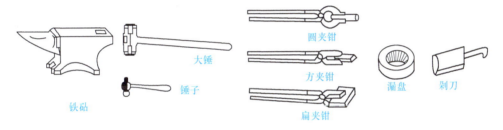

图 12-3 自由锻造常用手工工具

表 12-1 自由锻造主要工序图例及应用

工序名称	图　例	应　用
镦粗	整体镦粗　局部镦粗	镦粗是减小坯料高度、增大坯料横截面的锻造工序，常用于齿轮、法兰等锻件加工，也可作为冲孔前的准备
拔长	拔长　带心棒拔长	拔长是减小坯料横截面、增加其长度的锻造工序，也可用于扩孔，通常用于长而截面小的工件，以及圆环、套筒等，还常用于改善锻件内部质量
冲孔	单面冲孔　双面冲孔	冲孔是利用冲头在镦粗后的坯料上冲出通孔或不通孔的锻造工序。通常薄坯料采用单面冲孔，厚坯料采用双面冲孔。冲孔常作为锻造圆环、套筒零件的准备工序

(续)

工序名称	图例	应用
弯曲	角度弯曲　弧度弯曲	弯曲是将坯料弯成所需形状的锻造工序。汽车上的弯板和拖钩都是通过弯曲工序成形的
错移		错移是将坯料的一部分相对另一部分平行错开一段距离的锻造工序,常用于锻造曲轴类零件。错移时,先对坯料进行局部切割,然后在切口两侧分别施加大小相等、方向相反且垂直于轴线的冲击力或压力,使坯料实现错移
扭转		扭转是将坯料的一部分相对另一部分绕其轴线旋转一定角度的锻造工序,常用于锻造多拐曲轴、麻花钻和某些需要校正的锻件。小型坯料在扭转角度不大时,可采用锤击方法扭转

12.1.2 模型锻造

模型锻造是使用模具对坯料进行加工的锻造方法,常用的有锤上模锻和胎模锻造。

1. 锤上模锻

锤上模锻所用的设备主要是蒸汽-空气模锻锤,如图12-4所示。蒸汽-空气模锻锤结构上与自由锻锤的最大区别是砧座与锤身连接,形成封闭结构,锤头与导轨的间隙较小,使锤头上下运动更精确,以保证锻件的精度。模锻锤的吨位为1~16t,可生产150kg以下的锻件。

图12-5所示为弯曲连杆锤上模锻示意图。锻模由上、下模组成,坯料在模膛中经拔长、滚压、弯曲3个工步,使毛坯接近于锻件,然后经预锻和终锻制成有飞边的锻件,切除飞边即得到合格的锻件。

锤上模锻的特点是能加工形状比较复杂的锻件,锻件表面质量高,加工余量小,可节省金属材料和加工工时,生产效率高。但由于受到模锻设备的限制,锻件质量不能太大,而且制造锻模的成本较高,通常适合于小型锻件的大批量生产。

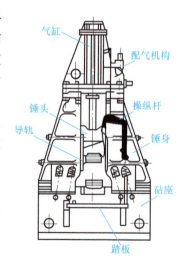

图12-4　蒸汽-空气模锻锤

2. 胎模锻造

胎模锻造是在自由锻造设备上使用可移动的简单模具(胎模)生产锻件的锻造方法。通常采用自由锻方法使坯料成形,然后放在胎模中终锻成形。

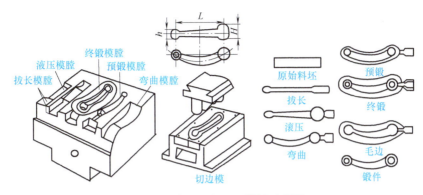

图 12-5　弯曲连杆锤上模锻示意图

与自由锻造相比，胎模锻造具有操作简单、生产效率高、锻件尺寸精度高、表面粗糙度值低、加工余量小、节约金属等特点；与锤上模锻相比具有胎模制造简单、不需要贵重的锻造设备、成本低、使用方便等优点。但胎模锻件尺寸精度和生产效率比锤上模锻低，工人劳动强度大，胎模使用寿命短。

胎模按其结构可分为摔子、扣模、筒模和合模 4 种，如图 12-6 所示。

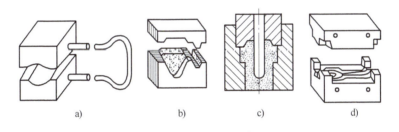

图 12-6　胎模的种类
a）摔子　b）扣模　c）筒模　d）合模

近年来随着制造工业的发展，汽车上不少零件采用精密模锻制造。图 12-7 所示的汽车行星齿轮即为精密模锻件。精密模锻是利用某些刚度大、精度高的模锻设备（曲柄压力机、摩擦压力机等），锻造出形状复杂、精度高的模锻件的模锻工艺。精密模锻件公差可在 ±0.02mm 以下，达到少切削或无屑加工就能使用的目的。

精密模锻的工艺特点是：对坯料材料要求比较高，计算要更精确；锻模的精度要比普通模具高两级以上，并要求加工时有良好的导向、润滑、冷却和排气等；模锻设备要求刚度大、精度高；控制锻件的加热温度，使锻件表面少氧化或无氧化。

图 12-7　精密模锻造的汽车行星齿轮

12.2　冲　压

冲压是利用冲模使板料分离或成形的加工方法。冲压通常是在常温下进行的，所以又称为冷冲压。冲压的特点是：

1）冲压件尺寸精度高，表面质量好，互换性好，材料利用率高。

2）能生产出形状复杂的零件，冲压件一般不再进行切削加工，生产周期短。
3）冲压生产率高，零件成本低，操作简单，工艺过程便于实现机械化和自动化。
4）冲模制造成本高，只有在大批量生产时才能显示其优越性。

由于冲压是以金属的塑性变形为基础的，因此用于冲压的板料必须具有足够高的塑性。冲压常用的金属材料有低碳钢，低碳合金钢，铝、铜、镁及其合金。

冲压在工业生产中有着广泛的应用，特别是在汽车、航空航天、电器、仪表等行业中占有极其重要的地位。冲压是汽车制造的四大工艺之一，汽车的四翼（左/右前翼子板、左/右后翼子板）、四门（左/右前门外板、左/右后门外板）、三盖（顶盖、发动机舱盖外板、行李舱盖外板）、其他覆盖件（前/后底板、前挡板、发动机舱盖内板等）都是冲压成形的。图 12-8 所示为汽车上常见的冲压加工零件。

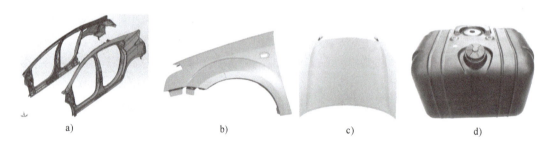

图 12-8　汽车上常见的冲压加工零件
a）轿车侧围　b）前翼子板　c）发动机舱盖　d）燃油箱

1. 冲压常用设备

冲压加工常用的设备有剪切机、压力机和油压机。剪切机是使板料分离的设备，其用途是把板料剪成一定宽度的条料，以供下一步冲压工序用。常用的剪切机如图 12-9 所示。

压力机是冲压加工的基本设备，用于坯料落料或成形。压力机常用的有开式和闭式两类，开式压力机的吨位一般在 6.3~200t，常用于加工截面不大的零件。图 12-10 所示为开式压力机。

图 12-9　剪切机

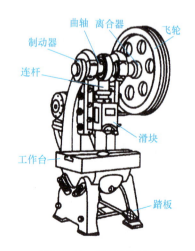

图 12-10　开式压力机

油压机是以油为工作介质的压力机,主要用于生产大、中型冲压件,例如汽车的车门、侧围、后围、行李舱盖等。油压机通常是汽车厂生产车身覆盖件的主要设备。

2. 冲压的基本工序

冲压的基本工序可分为分离工序和成形工序两大类。分离工序是使坯料的一部分与另一部分相互分离的工序,例如切断、落料、冲孔、切口、切边等。常见分离工序见表 12-2。成形工序是使坯料的一部分相对另一部分产生位移但不破裂的工序,例如弯曲、拉深、翻边、缩口、胀形、起伏等。常见成形工序见表 12-3。汽车的前后车门、左右侧围、发动机舱盖、行李舱盖、顶盖等,基本都是由落料、拉深、切边、冲孔、翻边等工序加工成形的。汽车上的冲压加工零件如图 12-11 所示。

表 12-2 常见分离工序

工序名称	图 例	特 点
切断		使板料沿不封闭轮廓分离的工序
落料		使板料沿封闭轮廓分离的工序,冲下来的部分为制件
冲孔		使板料沿封闭轮廓分离的工序,冲下来的部分为废料
切口		在坯料上沿不封闭线冲出缺口,切口部分发生弯曲,例如通风板
切边		将制件的边缘部分切掉

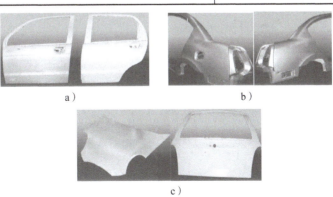

图 12-11 汽车上的冲压加工零件
a) 前、后车门　b) 左、右侧围　c) 发动机舱盖、行李舱盖

表12-3 常见成形工序

工序名称	图例	特点	举例
弯曲		将板料弯成所需形状的加工方法	
拉深		将板料成形为开口的空心零件的加工方法，也称为拉延	
翻边		把制件上有孔的边缘翻出竖立直边	
缩口		将管件或空心制件的端部加压，使其径向尺寸缩小的成形方法	
胀形		对空心件施加径向外力，使局部直径扩张的成形方法	
起伏（压筋）		利用局部变形使板料凸起或凹进的工序，用于制造刚性的筋条、花纹或文字等	

图12-12所示为汽车消声器的冲压工艺。它是由3次拉深、1次冲孔、两次翻边和1次切槽共7个工序组成的，是冲压加工较为典型的实例。

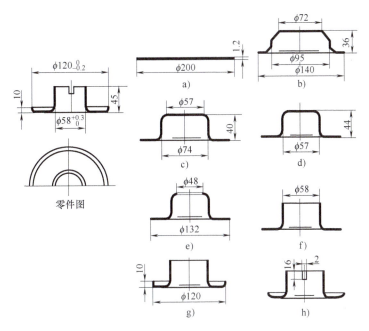

图 12-12 汽车消声器的冲压工艺

a) 坯料 b) 第 1 次拉深 c) 第 2 次拉深 d) 第 3 次拉深 e) 冲孔 f) 翻边 g) 翻边 h) 切槽

 拓展知识

大国工匠之刘伯鸣——锻造大国重器的锻工

《黑龙江日报》2019 年 10 月 9 日讯，15000t 水压机是名副其实的国之重器，几百吨重的大钢锭在它的掌控下乖顺地变形为轴、辊、筒、环各类大锻件。刘伯鸣就是这座万吨水压机的操作者，他是中国第一重型机械集团公司的一名锻工。

刘伯鸣和他的工友们几乎见证了中国超大锻件国产化、产业化的全部历程。"全世界每年需要核电锻件至少几十套，可是有能力、有技术生产的企业屈指可数。即便并不太大的核电锻件，要想从国外及时买到，也要花上天价。从国外获得大型铸锻件的制造技术和成品锻件都十分困难。"

"核电锻件必须也一定能够国产化，我们一定能用自己亲手制造的锻件装备自己的核电站！"核电锻件生产动员会上，公司领导那激愤的表情、坚定的语调，令刘伯鸣深受鼓舞。

锥形筒体形状复杂，锻造难度极高，这种个性化、小批量、大吨位的锻件，属于核电装备的高端产品，是对制造企业锻造水平和极端制造能力的严苛考验，也是第三代百万千瓦核电装备国产化进程中必须突破的生产操作型难关。火红灼热、硕大浑圆的坯料向四周辐射着热浪。拭去额角的汗水，操作台上，刘伯鸣聚精会神地观察着形变的料面，变换着指挥的手势，牢牢掌控着质量控制的每一处要点，国内最大的首件 CAP1400 锥形筒体最终一次锻造成功！随后，刘伯鸣带领工友们一鼓作气，一连锻造了 6 件锥形筒体，全部一次通过检验。他们用智慧和毅力填补了我国核电装备制造中仿形锻造技术的一项空白，也由此登上了国际高端锻件产品制造的又一座顶峰。

如果说锥形筒体已是难关迭起，那么核电蒸发器堪称高难度复杂部件的集大成者，它的水室封头制造更是险阻丛生。水室封头可谓异形锻件的典型代表，它不仅要满足普通锻件所必需的均匀性、纯净性和致密性要求，还要满足整体性和仿形性的特殊要求，需要锻造行业的高端技术。模具附具位置的每次测量、安装与摆放，刘伯鸣都亲自把关，专注的目光上百次地锁定卡尺刻度计的黑色数值，反复调整，精细入微、精准到位。精心至极的准备换来了梦寐以求的结果，刘伯鸣一举攻克了水室封头这一最具挑战性的异形核电锻件难关。伴随着万吨水压机铿锵有力的坚定锤音，一批又一批优质核电锻件发往九州四海，共同打造出中国核电发展之光。

本章小结

1. 承受重载荷、冲击载荷的重要机械零件多以锻件为毛坯；板料冲压在汽车、拖拉机、航空航天、家用电器、仪器仪表等工业中有着广泛的应用。

2. 各种锻造工艺过程都包括加热、成形和冷却3个阶段。

3. 自由锻造变形阻力相对较小，故设备所需吨位较模型锻造小，但锻件的尺寸精度低、生产效率低，对操作者技术水平要求较高；适合于形状较简单的单件小批生产和大型锻件的生产。

4. 模型锻造变形阻力较大，故设备所需吨位较大，可锻出形状比较复杂的锻件，锻件尺寸精度、表面质量及力学性能较高，材料利用率、生产效率较高，但其模具费用较高，生产成本较高；主要用于中、小件的大批量生产。

5. 板料冲压所用材料为塑性较好的薄板。其变形过程分为3个阶段：弹性变形、塑性变形和剪裂分离阶段。冲压既可以直接冲出成品零件，也可以为后续变形工序准备坯料，在汽车上应用广泛。冲压件尺寸精度高，表面质量好，材料利用率、生产效率也很高，但其模具费用较高。

测 试 题

一、名词解释

锻压　自由锻造　模型锻造　胎模锻造　冲压　冲孔　落料

二、填空题

1. 自由锻造常用设备有空气锤和蒸汽—空气锤两种，空气锤的特点是吨位_____，广泛用于_____型锻件生产；蒸汽—空气锤吨位较大，适合锻造_____或_____锻件。

2. 自由锻造的基本工序有_____、_____、_____、_____、错移和扭转等。

3. 镦粗是减少坯料_____，增大坯料_____的锻造工序，常用于齿轮、法兰等锻件加工，也可作为冲孔前的准备。

4. 拔长是减小坯料_____，增加其_____的锻造工序，通常用于长而截面小的工件。

5. 落料是使板料沿封闭轮廓分离的工序，冲下来的部分为_____。

6. 冲孔是使板料沿封闭轮廓分离的工序，冲下来的部分为_____。

三、判断题

1. 用于锻造的材料必须具有良好的高温塑性，以便在加工时能产生较大的塑性变形而不被破坏。（　　）
2. 用于冲压的板料不必具有很高的塑性，因此任何材料都适合冲压成形。（　　）
3. 自由锻造是生产大型锻件的唯一方法。（　　）
4. 落料和冲孔的工序方法相同，只是工序目的不同。（　　）

四、简答题

1. 为什么要"趁热打铁"？
2. 试比较自由锻造、锤上模锻、胎模锻造的优缺点。
3. 生活用品中有哪些是由板料冲压而成的？

第13章

焊 接

 知识目标

1. 了解焊接生产的工艺特点及应用范围。
2. 掌握焊条电弧焊、气体保护焊、埋弧焊、气焊、电阻焊的工艺特点及其应用。

 能力目标

能根据汽车零部件的使用条件和性能要求选用合适的焊接方法。

 案例引入

1930 年以前，船舶、飞机、锅炉等基本上采用铆接方法制造，即先将铆接件平整地互相重叠在一起钻孔，然后把铆钉插入孔中，锤击铆钉的长度余量，形成永久性的连接。焊接与同样是永久连接的铆接相比，具有哪些优势呢？

焊接是用加热或加压的方式，借助于金属原子的结合和扩散，使分离金属结合的加工方法。
焊接与其他加工方法相比，具有以下特点：

1) 节省金属材料。焊接与铆接相比，可以节省金属材料 15% ~ 20%。由于节约了材料，金属结构的自重也减轻了。

2) 可以制造双金属结构。不但同种金属可以焊接，不同种金属也可以焊接。

3) 可以化大为小，拼小成大。板材、型材等可以焊接成大型、复杂的结构件；也可以采用铸-焊、锻-焊、冲-焊复合工艺，有利于降低成本，节省材料，提高经济效益。

4) 焊接接头密封性能好。高压容器产品焊接是其他工艺方法无法替代的。

5) 由于焊接是一个不均匀的加热和冷却过程，所以焊接后会产生焊接应力与变形，因此焊接过程中应采取一定的工艺措施，以减轻或消除焊接应力与变形。

焊接是汽车制造的四大工艺之一，汽车车架、车桥、车身、车厢等几大总成都应用了焊接技术，尤其是轿车车身覆盖件的拼装更离不开焊接技术。随着汽车工业的迅速发展，汽车制造的批量化、高效率以及对产品质量一致性的要求，使焊接的生产方式发生了巨大改变。焊接机器人在生产中获得了较多的应用，从而使焊接的操作向自动化、智能化方向发展。图 13-1 所示为汽车焊接生产线。

焊接的方法很多，按其工艺特点可分为熔焊、压焊和钎焊。本章主要介绍几种常用的焊接方法。

图 13-1　汽车焊接生产线

13.1　电　弧　焊

电弧焊是利用电弧热加热并熔化金属来进行焊接的，常用的有焊条电弧焊、埋弧焊和气体保护焊。

13.1.1　焊条电弧焊

焊条电弧焊是用手工操纵焊条进行焊接的电弧焊方法，如图 13-2 所示。它利用焊条和焊件之间产生的电弧热，使焊条和焊件局部熔化，冷却后形成焊缝而获得牢固的焊接接头。

图 13-3 所示为焊条电弧焊焊缝成形过程。焊接前，将焊机输出端分别与焊件和焊钳连接，用焊钳夹持焊条。焊接时，先在焊件与焊条之间引燃电弧，由电弧产生的热量使焊条和焊件熔化并形成熔池，随着焊条的移动，被熔化的金属迅速冷却凝固形成焊缝，使两个焊件成为一体。焊缝如图 13-4 所示。

图 13-2　焊条电弧焊

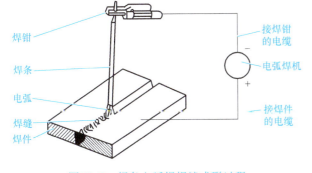

图 13-3　焊条电弧焊焊缝成形过程

图 13-4　焊缝

1. 焊条电弧焊的设备及工具

（1）设备　电弧焊的主要设备是电弧焊机，它为焊接提供电流。焊接时可根据焊件的厚度、焊条直径以及焊接方法等的不同，选择所需要的电流。按电流种类的不同，电弧焊机分为交流电弧焊机和直流电弧焊机两类。常用的交流电弧焊机如图 13-5 所示。

（2）工具　进行焊条电弧焊时必需的工具有夹持焊条的焊钳，保护操作者皮肤、眼睛免于灼伤的手套和防护面罩，清除焊缝表面渣壳用的清渣锤和钢丝刷等。图 13-6 所示为焊钳与防护面罩。

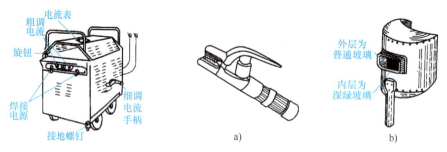

图 13-5　交流电弧焊机　　　　　图 13-6　焊钳与防护面罩

2. 焊条

焊条由焊芯和药皮两部分组成，如图 13-7 所示。焊芯是一根具有一定直径和长度的金属丝。根据用途不同，它可由碳钢、合金钢、铸铁或非铁金属等制成。焊芯有两个作用：一是作为电极传导电流，产生电弧；二是本身熔化后作为填充金属与熔化的焊件形成焊缝。

图 13-7　焊条

药皮是压涂在焊芯表面的涂料层，它由稳弧剂、造渣剂、脱氧剂、合金剂、黏结剂等组成。其作用是提高焊接电弧的稳定性，防止空气对熔化金属的侵害，保证焊缝金属具有合乎要求的化学成分和力学性能。

3. 焊条电弧焊的特点及应用

（1）特点　焊条电弧焊设备简单，操作方便，对空间不同位置、不同接头形式的焊件都能进行焊接，因此，焊条电弧焊是焊接生产中应用最广泛的焊接方法。但焊条电弧焊生产效率低，劳动强度大，对焊工的技术水平要求高，焊接质量不易保证。

（2）应用　焊条电弧焊在汽车上常用于厚板零部件（例如支架、备胎架、车架等）的焊接。

13.1.2　埋弧焊

埋弧焊是电弧在焊剂层下燃烧进行焊接的方法。它是利用焊丝和焊件之间燃烧的电弧产生热量，熔化焊丝、焊剂和焊件而形成焊缝的。焊丝作为填充金属与熔化的焊件共同组成焊缝，而焊剂（相当于焊条的药皮）则对焊接区起保护和合金化作用。如果埋弧焊中的引弧、焊丝送进、移动电弧、收弧等过程由机械自动完成，则称为自动埋弧焊。

埋弧焊的焊接过程如图 13-8 所示。焊接前，在焊件接头处覆盖一层 30～50mm 厚的颗粒状焊剂，然后将焊丝插入焊剂中，使它与焊件接头处保持适当距离，并使其产生电弧。电弧产生的热量使周围的焊剂熔化成熔渣和高温气体，高温气体将熔渣排开形成一个空腔，电弧就在这一空腔中燃烧。覆盖在上面的液体熔渣和表面未熔化的焊剂将电弧与外界空气隔离。焊丝熔化后形成熔滴落下，并与熔化了的焊件金属混合形成熔池。随着焊丝的不断移动，其后方熔池中的金属凝固形成焊缝，同时浮在熔池上面的熔渣凝固成渣壳。

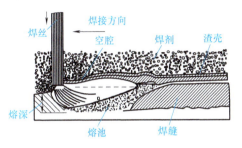

图 13-8　埋弧焊的焊接过程

与焊条电弧焊相比，埋弧焊具有以下特点：

1）生产效率高。埋弧焊可以使用较大的电流，焊接速度快，且焊接过程可以连续进行，无须频繁更换焊条，因此生产效率比焊条电弧焊高 5～10 倍。

2）焊接质量好。由于焊接过程能自动控制，各项工艺参数可以调整到最佳值，焊缝的化学成分均匀稳定，因此焊缝成形光洁平整，焊接缺陷少。

3）劳动条件好。焊接时没有弧光辐射和飞溅，烟尘较少，劳动条件得到极大改善。

4）操作不够灵活，适应性较差。由于采用颗粒状焊剂，只能在水平位置施焊、焊接长直焊缝或大直径的环焊缝。

汽车上埋弧焊主要用于焊接半轴套管、法兰、天然气汽车的压力容器等。

13.1.3　气体保护焊

气体保护焊是在焊接区内喷入保护气体，将熔池与空气隔开，达到保护熔化金属目的的电弧焊方法。常用的气体保护焊有氩弧焊和 CO_2 气体保护焊两种。

1. 氩弧焊

氩弧焊是用氩气作为保护气体的气体保护焊。按电极在焊接过程中是否熔化，氩弧焊分为熔化极氩弧焊和非熔化极（钨极）氩弧焊两种。氩弧焊示意图如图 13-9 所示。

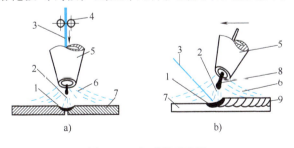

图 13-9　氩弧焊示意图

a）熔化极氩弧焊　b）非熔化极（钨极）氩弧焊

1—熔池　2—电弧　3—焊丝　4—送丝枪　5—喷嘴　6—氩气　7—焊件　8—钨极　9—焊缝

熔化极氩弧焊是以连续送进的焊丝作为电极，焊丝既是电极也是填充金属。非熔化极氩弧焊是以高熔点的钍钨棒或铈钨棒作为电极，焊接过程中钨极不熔化，只起导电和产生电弧的作用，填充金属由另外的焊丝提供，故又称钨极氩弧焊。

由于氩气是惰性气体，因而能有效地保护熔池，获得高质量的焊缝。此外，氩弧焊是一种明弧焊，便于观察，操作灵活，适用于全位置焊接。但氩气价格昂贵，焊接成本高，焊前清理要求严格。

目前，氩弧焊主要用于焊接易氧化的非铁金属以及高强度合金钢、不锈钢、耐热钢等。

2. CO_2 气体保护焊

CO_2 气体保护焊是用 CO_2 作为保护气体的电弧焊方法。图 13-10 所示为 CO_2 气体保护焊示意图，电弧焊机的两极分别接在导电嘴和焊件上，焊丝由送丝机构经导电嘴送出，与焊件一同熔化形成熔池；CO_2 气体以一定流量经焊炬喷嘴喷出，形成保护气流，防止空气侵入，从而保证焊缝质量。

CO_2 气体保护焊的优点是焊接成本低，生产效率高，焊接质量好，操作方便。缺点是飞溅较大，烟雾较多，弧光强烈，若操作不当，容易产生气孔等缺陷。

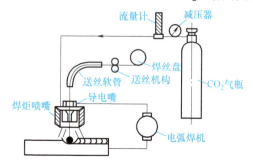

图 13-10　CO_2 气体保护焊示意图

CO_2 气体保护焊在汽车制造和维修上应用广泛，常用于车厢、油底壳、后桥、车架、减振器阀杆、横梁、传动轴等的焊接。

随着汽车工业向大批量、高效率、高质量方向发展，汽车领域先进技术不断涌现，对焊接质量和焊接速度都提出了越来越高的要求，一般工人已难以胜任，因此大部分汽车制造厂都采用了焊接机器人替代人工进行焊接。用焊接机器人焊接不仅可以大大提高生产效率，而且可以保证很高的焊接质量。目前焊接机器人已成为汽车焊接生产的主要装备。

13.2　气　焊

气焊是利用气体火焰作为热源的焊接方法，最常用的是氧-乙炔焊。

气焊时，可燃气体乙炔和助燃气体氧气按一定比例混合后，从焊炬喷嘴喷出，被点燃后形成高温火焰（温度可达 3000℃），可熔化焊件和焊丝形成熔池，待熔池冷却凝固后形成焊缝，如图 13-11 所示。气焊的装置如图 13-12 所示，由氧气瓶、乙炔瓶、减压器、焊炬等组成。

气焊的优点是设备简单，不需要电源，适合各种空间位置的焊接；但气焊火焰温度低，生产效率较低，焊接变形大，只适合焊接薄板或小型零件。

在汽车制造中，气焊常用于车身的焊补，而在汽车维修中则应用较多。

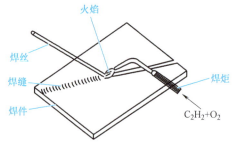

图 13-11　气焊示意图

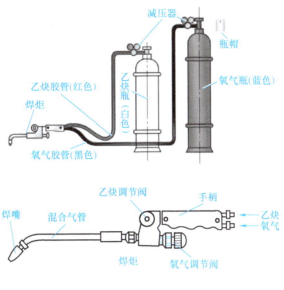

图 13-12　气焊的装置图

13.3　电 阻 焊

电阻焊是在焊件组合后，通过电极施加压力，利用电流在焊接处产生的电阻热而进行焊接的方法。

与其他焊接方法相比，电阻焊的优点是生产效率高，焊接变形小，劳动条件好，容易实现自动化；但电阻焊设备复杂，耗电量大，适用的接头形式与焊件厚度受到一定的限制。电阻焊主要有点焊、缝焊和对焊 3 种方式，如图 13-13 所示。

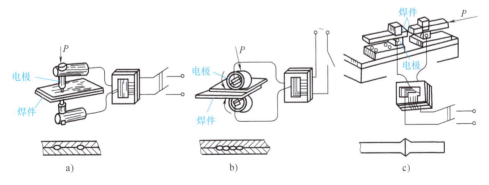

图 13-13　电阻焊示意图
a）点焊　b）缝焊　c）对焊

1. 点焊

点焊是将焊件装配成搭接接头并压紧在两个柱状电极之间，利用电阻热熔化焊件金属形成焊点的焊接方法。点焊适用于板厚小于 4mm、不要求密封的薄板件的焊接。

在汽车生产中点焊是应用最广的焊接方法。一般 1 辆汽车车身有 3000～4000 个焊点，其中大部分使用点焊焊接。例如车身底板、载货车车厢、发动机舱盖、行李舱盖、车身总成、车门、侧围、后围、前桥等都是点焊而成。目前汽车车身点焊大部分由点焊机器人完成。图 13-14 所示为点焊机器人的工作情况。

图 13-14　点焊机器人的工作情况

2. 缝焊

缝焊过程与点焊相似，所不同的是以盘状滚动电极代替了柱状电极。焊接时，盘状滚动电极压紧焊件，边焊边滚，配合断续送电形成连续重叠的焊点。缝焊的焊缝具有良好的密封性。

缝焊主要适用于厚度小于 3mm、有密封性要求的薄壁容器和管道等，例如汽车车身顶盖雨檐、减振器封头、燃油箱、消声器和油底壳等。

3. 对焊

对焊是将焊件装配成对接接头，利用电阻热将两工件端面对接起来的焊接方法，分为电阻对焊和闪光对焊两种。

电阻对焊是使焊件两端面紧密接触，利用电阻热将焊件接触面加热至塑性状态，然后迅速施加轴向压力完成焊接的方法。电阻对焊只适合于焊接截面形状简单、直径小于 20mm 和强度要求不高的焊件。闪光对焊是将焊件装配成对接接头，接通电源后使其端面逐渐移近达到局部接触，利用电阻热加热这些接触点（产生闪光）使端面金属熔化，直至端部在一定深度范围内达到预定温度时，迅速施加轴向力完成焊接的方法。

对焊常用于汽车轮毂、锚链、刀具、自行车车圈、钢轨和管道的焊接。

大国工匠之高凤林——火箭"心脏"焊接人

1. 极致：焊点宽 0.16mm，管壁厚 0.33mm

38 万 km，是"嫦娥三号"从地球到月球的距离；0.16mm，是火箭发动机上一个焊点的宽度；0.1s，是完成焊接允许的时间误差。在中国航天领域，53 岁的高凤林的工作没有几个人能做得了，他给火箭焊"心脏"，是发动机焊接的第一人。下面我们来认识一下为长征火箭焊接发动机的国家高级技师高凤林。

焊接这个手艺看似简单，但在航天领域，每一个焊接点的位置、角度、轻重都需要经过缜密思考。"长征五号"火箭发动机的喷管上有数百根几毫米的空心管线，管壁的厚度只有

0.33mm，高凤林需要通过3万多次精密的焊接操作才能把它们编织在一起，焊缝细到接近头发丝，而长度相当于绕一个标准足球场两周。

2. 专注：为避免失误，练习十分钟不眨眼

高凤林说，在焊接时得紧盯着微小的焊缝，一眨眼就会有闪失。"如果这道工序需要十分钟不眨眼，那就十分钟不眨眼。"高凤林的专注来自于刚入行时的勤学苦练，航天制造要求零失误，这一切都需要从扎实的基本功开始。发动机被称为火箭的心脏，对于焊接工作来说，一点小小的瑕疵可能就会导致一场灾难。因此，焊接不仅需要高超的技术，更需要细致严谨。高凤林说："在工作中动作不对、呼吸太重，焊缝就不均匀了。"从姿势到呼吸，高凤林从学徒起就接受了最严苛的训练。带上焊接面罩，这只是一个普通的操作动作，但是对高凤林来说，却是进入到一种状态。

3. 坚守：35年焊接130多枚火箭的发动机

每当有新型火箭型号诞生，对高凤林来说就意味着一次次技术攻关。最难的一次，高凤林泡在车间整整一个月几乎没合眼。高凤林说，他的时间80%给工作，15%给学习，留给家庭的只有5%。高凤林技艺高超，很多企业试图用高薪聘请他，甚至有人开出几倍工资加两套北京住房的诱人条件。高凤林说："诱惑还是比较巨大的，你说谁能不心动，都是人。"妻子也劝他，说"给房子给车，你去呗"，但高凤林最后还是拒绝了。高凤林说："每每看到我们生产的发动机把卫星送到太空，就有一种成功后的自豪感，这种自豪感用金钱买不到。"

正是这份自豪感，让高凤林一直以来都坚守在这里。35年，130多枚长征系列运载火箭在他焊接的发动机的助推下，成功飞向太空。

4. 匠心：用专注和坚守创造不可能

火箭的研制离不开众多的院士、教授、高工的努力，但火箭从蓝图变成实物，靠的是一个个焊接点的累积，靠的是一位位普通工人的匠心。每天，高凤林都是最后一个下班，离开前，他都会回头看一看。那些摆着的元件金光闪闪，就像一个个艺术品，很完美。"它是我们的金娃娃，是我们手下产生的东西。"高凤林说。

本章小结

1. 焊接是一种不可拆的连接方式，它不仅可以连接各种同类金属，还可以连接不同类金属，主要应用于金属结构的制造上。汽车车架、车桥、车身、车厢等几大总成都应用了焊接技术。

2. 焊条电弧焊设备简单，操作灵活，对空间不同位置、不同接头形式的工件都能进行焊接，是焊接生产中应用最广泛的焊接方法，汽车上常用于支架、备胎架、车架等厚板零部件的焊接。

3. 埋弧自动焊生产率高、劳动条件好、焊缝质量容易保证，适用于低碳钢、低合金钢、不锈钢等金属材料中厚板的长、直焊缝和较大直径的环焊缝的焊接，汽车上主要用于焊接半轴套管、法兰、天然气汽车的压力容器等。

4. 气体保护焊是利用具有一定性质的气体对金属熔池内的熔化金属进行保护的焊接方法，常用的有氩弧焊和CO_2气体保护焊两种。CO_2气体保护焊在汽车制造和维修上应用广

泛，常用于车厢、油底壳、后桥、车架减振器阀杆、横梁和传动轴等的焊接。

5. 气焊具有设备简单、不需要电源、操作灵活方便、成本低、适用性好等特点，因此在工业生产、建筑施工中得到了广泛应用，尤其适用于没有电源的野外焊接，在汽车制造中常用于车身的焊补，而在汽车维修中应用较多。

6. 电阻焊生产效率高、焊接变形小、劳动条件好、操作方便、易于实现自动化，适用于成批大量生产。汽车生产中点焊是应用最广的焊接方法，例如车身底板、载货车车厢、发动机舱盖、车身总成、车门、前桥等都是点焊而成。缝焊可用于燃油箱、消声器和油底壳等有密封性要求的薄壁件焊接。

测 试 题

一、名词解释

焊接　焊条电弧焊　埋弧焊　气体保护焊　气焊　电阻焊

二、填空题

1. 焊接的方法按其工艺特点可分为＿＿＿＿、＿＿＿＿和＿＿＿＿。
2. 焊条由＿＿＿＿和＿＿＿＿两部分组成。
3. 焊芯有两个作用：一是＿＿＿＿，二是＿＿＿＿。
4. 药皮的作用是＿＿＿＿＿＿＿＿。
5. 气体保护焊根据保护气体的不同，分为＿＿＿＿焊和＿＿＿＿焊两种。

三、判断题

1. 埋弧焊适合于空间不同位置的焊接。（　　）
2. 气焊和气体保护焊都适合在没有电源的野外焊接。（　　）
3. 氩弧焊主要用于焊接易氧化的非铁金属以及高强度合金钢、不锈钢、耐热钢等。（　　）
4. 点焊和缝焊都适用于有密封性要求的薄壁容器和管道等的焊接。（　　）

四、简答题

1. 焊接与其他加工方法相比有哪些优点？
2. 试比较焊条电弧焊、埋弧焊、气体保护焊的优缺点及适用范围。
3. 观察并分析汽车上的车架、半轴套管、法兰、车身总成、车门、侧围等都是由什么方法焊接而成的。

第14章

金属切削加工

知识目标

1. 了解金属切削加工的基础知识。
2. 掌握车削、铣削、钻削、镗削和磨削的常用设备、工艺特点和应用范围。

能力目标

具有根据汽车零部件的结构特点选用合适的金属切削加工方法的能力。

案例引入

汽车上的金属零件有些采用特种铸造、精密锻造和焊接成形后不需要进行加工就可以达到使用要求,但绝大多数情况下,为了经济地获得高精度的零件,通常需要对毛坯采用切削加工成形。切削加工是汽车制造和维修中应用广泛的加工方法,汽车绝大多数的金属零件是通过切削加工方法获得和修复的。

金属切削加工是指利用切削刀具从工件上切除多余材料的加工方法。切削加工通常是在常温下进行的,所以又称冷加工。

切削加工方法主要有车削、铣削、磨削、镗削、钻削、刨削以及齿轮加工等,所用的机器称为机床,对应的有车床、铣床、磨床、镗床、钻床、刨床及齿轮加工机床,所用的刀具为车刀、铣刀、砂轮、镗刀、钻头、刨刀及齿轮加工刀具等。

14.1 金属切削加工基础知识

14.1.1 切削运动和切削用量

1. 切削运动

切削运动是指切削过程中,刀具和工件之间的相对运动。切削运动分为主运动和进给运动,如图14-1所示。

(1) 主运动 切除工件多余材料的基本运动称为主运动。例如,车削加工时工件的回转运动,铣削加工时铣刀的回转运动,钻削加工时钻头的回转运动,刨削加工时刨刀的直线往复运动,磨削加工时砂轮的回转运动,都是主运动。

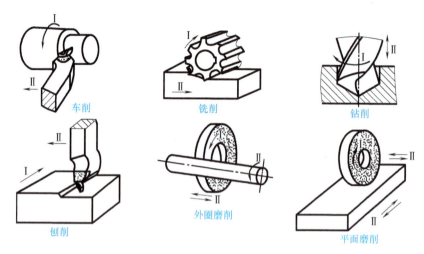

图 14-1 切削运动
Ⅰ—主运动　Ⅱ—进给运动

（2）进给运动　使工件多余材料不断投入切削的运动称为进给运动。进给运动可以是连续运动，也可以是间歇运动。例如，车削加工时车刀的直线运动，铣削加工时工件的直线运动，钻削加工时钻头的轴向运动，刨削加工时工件的间歇运动，磨削加工时工件的直线往复运动和回转运动，都是进给运动。

切削加工时，主运动只有一个，通常是速度最高、消耗功率最大的运动。进给运动可以是一个或多个，速度较低、消耗功率较小。

在切削加工过程中，工件上形成 3 种表面（以车削加工为例，如图 14-2 所示）：待加工表面，即工件上待切除的表面；已加工表面，即工件上切除多余金属后形成的新表面；过渡表面，即正在被切除的表面，它在待加工表面和已加工表面之间。

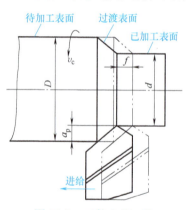

图 14-2　工件上的 3 种表面及切削用量

2. 切削用量

切削用量包括切削速度、进给量和切削深度，通常称为切削用量三要素。

（1）切削速度 v_c　刀具切削刃上的某一点相对于待加工表面在主运动方向上的瞬时速度，称为切削速度，单位为 m/min。当主运动为回转运动时，切削速度按下式计算：

$$v_c = \frac{\pi D n}{1000}$$

式中　D——工件待加工表面或刀具的直径（mm）；

　　　n——工件或刀具每分钟转数（r/min）。

（2）进给量 f　在主运动的一个循环内（1 转或 1 次往复行程），刀具在进给运动方向上相对工件的移动量。当主运动是回转运动时，单位是 mm/r；当主运动为直线往复运动时，单位是 mm/往复行程。

（3）切削深度 a_p　工件待加工表面与已加工表面的垂直距离，也称背吃刀量，单位是 mm。

切削用量三要素是切削加工的基本参数，它的大小直接影响到工件的加工质量、生产效率和加工成本，因此，在切削加工中要合理地选择切削用量。

14.1.2 切削刀具

1. 刀具的结构

切削刀具的种类很多，形状各异，但它们的结构却存在着共性，都可看作是外圆车刀的演变与组合。外圆车刀是最基本、最典型的切削刀具，其结构如图 14-3 所示。

外圆车刀由刀头和刀体组成。刀头直接承担切削工作，也称为切削部分；刀体用于装夹，一般选用优质碳素钢或合金钢制造。外圆车刀的特点是三面两刃一尖，即前刀面、主后刀面、副后刀面、主切削刃、副切削刃和刀尖。对于切削刀具来说，其切削部分的材料和几何角度是进行切削加工的重要因素。

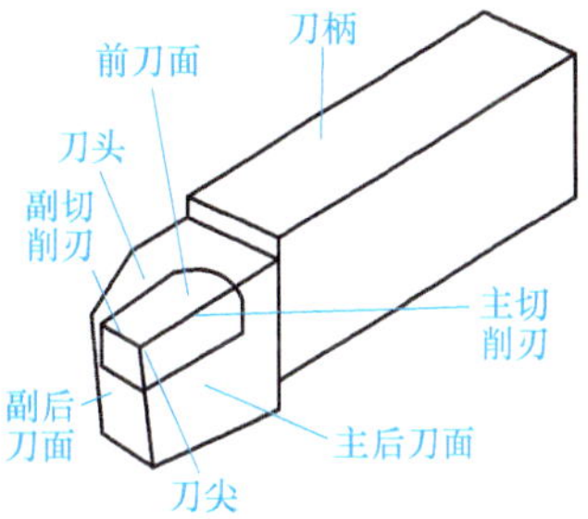

2. 刀具材料

刀具材料是指刀头的材料。切削过程中，刀具的切削部分在很高的切削温度下工作，并承受着很大的压力、振动和强烈的摩擦，因此要求刀具材料必须具有很高的强度、硬度、耐磨性、耐热性和足够的韧性。常用的刀具材料有碳素工具钢、合金工具钢、高速钢和硬质合金。常用刀具材料的种类、性能和应用范围见表 14-1。

图 14-3 外圆车刀的结构

表 14-1 常用刀具材料的种类、性能和应用范围

种类	常用牌号	硬度	热硬性/℃	工艺性能	应用范围
碳素工具钢	T8A、T10A、T12A、T13A	60~65HRC	200~250	可冷、热加工成形，刃磨性能好	用于手动刀具，例如锉刀、丝锥、板牙、锯条等
合金工具钢	9SiCr、CrWMn	60~65HRC	300~350	可冷、热加工成形，刃磨性能好，热处理变形小	用于低速成形刀具，例如丝锥、板牙、铰刀等
高速钢	W18Cr4V、W6Mo5Cr4V2	63~70HRC	600~700	可冷、热加工成形，刃磨性能好，热处理变形小	用于中速及形状复杂的刀具，例如钻头、铣刀、拉刀等
硬质合金	P01、P10、M01、M10	89~94HRC	800~1000	粉末冶金成形，多镶片使用，脆性大	用于高速切削刀具，例如车刀、刨刀、铣刀等

14.1.3 金属切削机床

金属切削机床是用切削的方法将金属毛坯加工成零件的机器，简称机床。

1. 机床的分类

机床的种类和规格繁多，按机床使用的刀具和加工方式，可分为车床、钻床、镗床、磨床、齿轮加工机床、螺纹加工机床、铣床、刨床、拉床、锯床和其他机床等；按加工精度，

可分为普通机床、精密机床和高精度机床等；按使用范围，可分为普通机床和专用机床；按尺寸和质量，可分为一般机床和重型机床。

2. 机床的编号

机床的型号用来表示机床的类别、主要参数和主要特性代号。机床型号的编制采用汉语拼音字母和阿拉伯数字按一定规律组合的方式来表示。例如 CM6140 型精密卧式车床，其编号中代号及数字的含义如下：C——机床类型代号（车床类）；M——机床通用特性代号（精密机床）；6——机床组别代号（落地及卧式车床组）；1——机床系别代号（卧式车床系）；40——主参数代号（床身上最大回转直径 400mm）。

14.2 车　　削

车削是指在车床上用车刀切削工件的加工方法。车削时，工件的旋转为主运动，车刀的移动为进给运动。车削主要用于轴类或盘类零件回转表面的加工。

车削是切削加工中最基本的加工方法，汽车中的曲轴、变速齿轮、半轴、衬套、制动盘、螺栓等的回转表面大多数是通过车削加工成形的，因此，车削加工在汽车零件的制造和汽车维修中应用很广。

14.2.1 车床

车床是进行车削加工的机床。车削加工时，工件夹持在卡盘（或其他夹具）上，车刀夹持在刀架上，通过主轴和刀架的相互配合来完成对工件的车削加工。车床的种类很多，其中卧式车床应用最普遍。

卧式车床如图 14-4 所示。它由主轴箱、挂轮箱、进给箱、溜板箱、溜板、刀架、尾座、光杠、丝杠和床身等组成。

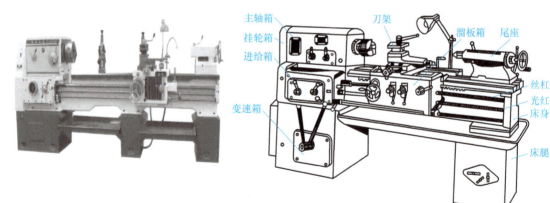

图 14-4　卧式车床

（1）主轴箱　用来支撑主轴，并将电动机的旋转运动传递给主轴。箱内有变速机构，调整箱外手柄的位置可以使主轴获得不同的转速。主轴前端可安装卡盘或其他附件，用以装夹并带动工件一同旋转。

（2）挂轮箱　把主轴的旋转运动传递给进给箱。调换箱内的齿轮并与进给箱配合，可以车削不同螺距的螺纹。

(3) 进给箱　用来实现车刀的进给运动。通过箱内的变速机构可以把主轴的旋转运动传递给光杠或丝杠。调整进给箱外手柄的位置可使光杠或丝杠获得不同的转速。

(4) 溜板箱　把丝杠或光杠的旋转运动变为溜板和刀架的直线运动。调整溜板箱外的手柄位置可控制溜板做横向或纵向运动。

(5) 溜板　分为上、中、下3层。上溜板用于纵向调节车刀位置或手动纵向进给，也可转动一定角度用于短锥面加工；中溜板用于横向进给，可控制工件的切削深度；下溜板用于纵向进给。

(6) 刀架　固定在小溜板上，用来装夹刀具。

(7) 尾座　安装在车床右端的导轨上，可沿导轨移动。尾座上的锥孔可装顶尖支撑工件，也可装钻头、铰刀、丝锥等刀具进行孔的各种加工。尾座的位置可横向调整，常用于加工细长的小锥度工件。

(8) 光杠和丝杠　将进给箱的运动传递给溜板箱。光杠用于一般的车削加工，丝杠用于螺纹车削。

(9) 床身　床身是车床的基本支承件，车床的各主要部件均安装在床身上，它保持了各部件间具有准确的相对位置，并且承受了切削力和各部件的重量。

卧式车床的运动传递框图如图 14-5 所示。

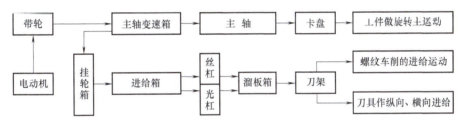

图 14-5　卧式车床的运动传递框图

14.2.2　车刀及车削工作

1. 常用车刀的种类及应用

常用车刀有外圆车刀、端面车刀、车槽刀、内孔车刀、圆头车刀和螺纹车刀等，如图 14-6 所示。外圆车刀用于车削工件的外圆柱面和外圆锥面；端面车刀用于车削工件的端面、台阶和倒角；车槽刀用于切断工件或在工件上车出沟槽；内孔车刀用于车削工件的各种内孔；圆头车刀用于车削工件的圆角、圆槽和特形面；螺纹车刀用于车削各种螺纹。

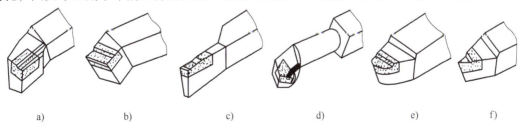

图 14-6　常用车刀

a) 外圆车刀　b) 端面车刀　c) 车槽刀　d) 内孔车刀　e) 圆头车刀　f) 螺纹车刀

2. 车削加工

车削加工的范围很广，大部分具有回转表面的工件都可以用车削加工，例如车外圆柱面、车端面、车沟槽、车内孔、车螺纹、车圆锥面以及车成形面等。此外，还可以用钻头、铰刀、丝锥和滚花刀进行钻孔、铰孔、攻螺纹和滚花等操作。车削的主要工作内容如图 14-7 所示。

车削加工

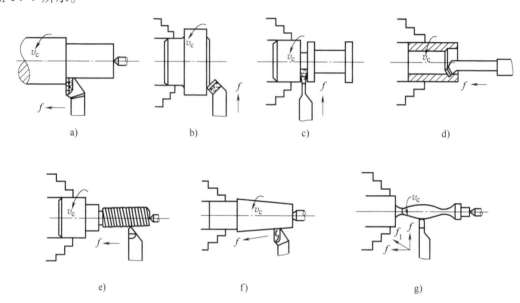

图 14-7 车削的主要工作内容

a) 车外圆柱面 b) 车端面 c) 车沟槽 d) 车内孔 e) 车螺纹 f) 车圆锥面 g) 车成形面

（1）车外圆柱面 车外圆柱面是车床最基本的加工。车削时，工件做旋转运动，外圆车刀做纵向进给运动来完成车削，如图 14-7a 所示。它主要加工轴、套和盘类零件的外表面。

（2）车端面 车削时，工件做旋转运动，端面车刀做横向进给运动来完成车削，如图 14-7b 所示。

（3）车沟槽与切断 用车槽刀做横向进给运动来完成，如图 14-7c 所示。切断时，刀具受工件包围容易产生振动，影响表面质量，故进给量不宜过大。车沟槽与切断的方法相同，只是深度要按需要而定，常用于工件退刀槽、越程槽的加工。

（4）车内孔 车内孔的方法与车外圆相同，如图 14-7d 所示。车内孔通常在孔预加工后进行。

（5）车螺纹 车螺纹时，工件做旋转运动，螺纹车刀按规定螺距做纵向进给来完成车削，如图 14-7e 所示。车螺纹时常用的进刀方法：车螺距小于 3mm 的螺纹时，采用直进法，即用螺纹车刀的两条刀刃同时参加切削，切削深度由中滑板控制；车螺距大于 3mm 的螺纹时，采用左右切削法，即用刀具左右切削刃分别切削，中滑板控制切削深度，小滑板控制进给方向。

（6）车圆锥面 工件做旋转运动，车刀做直线进给运动并与工件回转轴线成一定角度来完成车削，如图 14-7f 所示。圆锥面的切削有转动小滑板法、偏移尾座法、仿形法等。通常短小外圆锥面采用转动小滑板法加工，长圆锥面采用偏移尾座法、仿形法加工，内圆锥面的加工采用转动小滑板法。

（7）车成形面　工件做旋转运动，车刀做曲线进给运动来完成车削，如图 14-7g 所示。车成形面常用双手控制法，即用双手同时转动小滑板和中滑板手柄，通过纵向和横向运动的合成使车刀做曲线运动，从而加工出成形面。若批量较大也可用仿形法加工。

14.2.3　车削加工的特点

1）车削加工范围广泛。车削可加工不同类型工件的回转表面、端面和成形面；可加工各种钢、铸铁、非铁金属等材料的工件；可获得低精度、中等精度和相当高精度的加工面，适用于各种生产类型。

2）生产效率高。由于车削为连续加工，在加工过程中基本上无冲击现象，可以采用很高的切削速度；车刀的刚度好，可以采用大的切削深度，因此生产率高。

3）容易保证各加工面的位置精度。对于轴和盘套类零件，由于各加工表面具有同一回转轴线，并与车床主轴的回转轴线重合，可在一次装夹中加工出不同直径的外圆、内孔及端面，所以可以较好地保证各加工面间的同轴度和垂直度。

14.3　铣　　削

铣削是在铣床上用铣刀进行切削加工的方法。铣削时，铣刀旋转为主运动，工件或铣刀的移动为进给运动。铣削是平面加工中应用最普遍的加工方法，在铣床上使用不同的铣刀，可以加工各种平面、台阶、沟槽和成形表面。铣削的主要工作内容如图 14-8 所示。

铣削加工

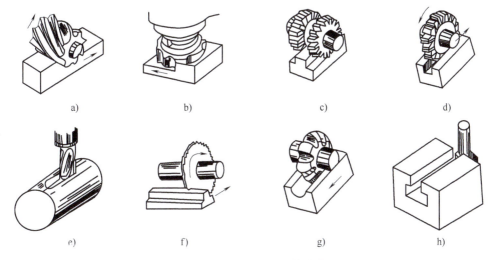

图 14-8　铣削的主要工作内容

a) 圆柱铣刀铣平面　b) 端面铣刀铣端面　c) 铣台阶　d) 铣直角通槽
e) 铣键槽　f) 切断　g) 铣特型面　h) 铣特型槽

铣削按铣刀旋转方向与工件进给方向的不同，分为顺铣与逆铣两种方式，如图 14-9 所示。铣刀的旋转方向与工件的进给方向相同的铣削称为顺铣。顺铣时，切削由厚变薄，不易产生加工表面的硬化层，刀具磨损小。顺铣切削力压向工件，不易产生振动，加工表面粗糙度值小。顺铣通常用于精铣加工和薄壁工件的铣削。铣刀的旋转方向与工件的进给方向相反的铣削称为逆铣。逆铣时，切削由薄变厚，容易造成加工表面的硬化层，刀具磨损大。逆铣切削力有将工件挑离工作台的趋势，易产生振动，加工表面粗糙度值大。逆铣常用于有硬皮的毛坯或硬度较高工件的粗铣加工。

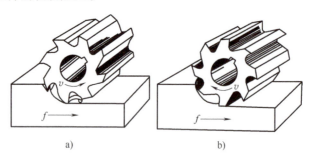

图 14-9　顺铣和逆铣

14.3.1　铣床

常用的铣床有卧式铣床、立式铣床、龙门铣床和数控铣床等，其中最常见的是卧式铣床和立式铣床。

1. 卧式铣床

卧式铣床如图 14-10 所示，主轴处于水平位置，铣刀通过刀杆安装在主轴上，由主轴带动做旋转运动。横梁上的挂架用于支撑刀杆的伸出端，增加刀杆的刚性。工件装夹在工作台上，工作台可在水平面内做横向、纵向移动，可以随回转盘做 ±45° 的转动，还可随升降台垂直升降。工作台各个方向的运动，既可手动，也可机动。

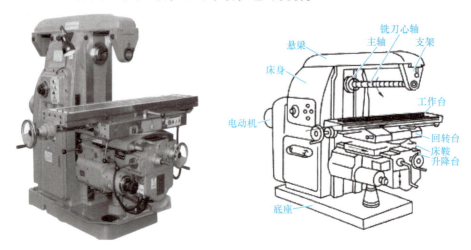

图 14-10　卧式铣床

2. 立式铣床

立式铣床主轴与工作台垂直，并可左右转动 ±45°，以扩大立式铣床的工作范围。其工作台和升降台的运动与卧式铣床基本相同，但没有回转台，工作台不能转动，如图 14-11 所示。

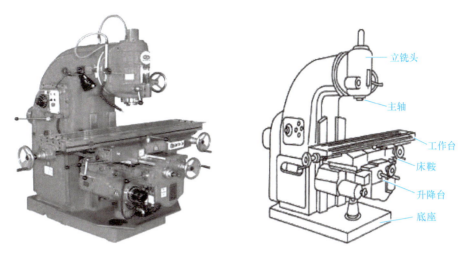

图 14-11 立式铣床

14.3.2 铣刀

铣刀是多刃回转刀具，一般用高速钢和硬质合金制成。铣刀的几何角度与车刀极为相似，每个刀齿相当于一把车刀。

铣刀种类很多，常用的有加工平面的圆柱铣刀、端面铣刀；加工沟槽的立铣刀、锯片铣刀、键槽铣刀和三面刃铣刀；加工成形面的角度铣刀和成形铣刀等。常用的铣刀如图 14-12 所示。

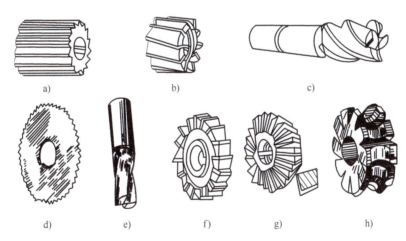

图 14-12 常用的铣刀

a）圆柱铣刀 b）端面铣刀 c）立铣刀 d）锯片铣刀 e）键槽铣刀
f）三面刃铣刀 g）角度铣刀 h）成形铣刀

14.3.3 铣削加工的特点

1）生产效率高。由于铣刀属于多刃刀具，加工过程中有多个刀齿同时参加切削，可以采用较大的切削用量，所以生产效率较高。

2）加工质量中等。由于铣削属于断续切削，使刀齿负荷不均匀，磨损不一致，从而会引起机床的振动,造成切削不稳,直接影响工件的表面粗糙度,铣削加工后只能达到中等精度。

3) 加工范围广。由于铣刀类型多,铣床附件多,使铣削加工范围广,可完成许多车削无法加工的成形表面。

4) 加工成本较高。由于铣床的结构复杂,铣刀的制造和刃磨要求较高,因此铣削加工成本比车削高。

14.4 钻削与镗削

钻削与镗削主要用于内孔的加工,钻床与镗床可以看作是为适应内孔加工而专门制造的机床。

14.4.1 钻削

钻削是在钻床上用钻头在工件上加工内孔的方法。钻削时,钻头的旋转运动为主运动,钻头沿本身轴线方向的移动为进给运动。

钻削加工

在钻床上除钻孔外,还可进行扩孔、铰孔、攻螺纹、锪孔和扩平面等。钻床上加工的表面如图14-13所示。

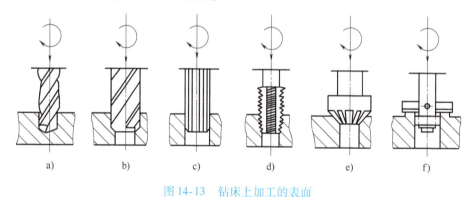

图14-13 钻床上加工的表面
a) 钻孔 b) 扩孔 c) 铰孔 d) 攻螺纹 e) 锪孔 f) 扩平面

1. 钻床

常用的钻床有台式钻床、立式钻床和摇臂钻床等。

(1) 台式钻床 台式钻床是一种加工小型工件的钻床,如图14-14所示。它的钻孔直径小于13mm,主轴手动进给。台式钻床小巧灵活,使用方便,主要用于小型零件上各种小孔的加工。

(2) 立式钻床 立式钻床的规格以最大钻孔直径表示,常见的有18mm、25mm、35mm、40mm、50mm等几种类型,如图14-15所示。钻削时,主轴由电动机通过主轴箱带动旋转,进给箱传递轴向的进给运动。调整主轴箱和进给箱外的手柄,可改变主轴转速和进给量。工作台和进给箱可沿立柱的轨道上下移动,以调整工件和钻头的相对位置。由于立式钻床的主轴不能左右移动,在工件上加工不同的孔时,需要移动工件,所以只适合于加工中、小型工件。

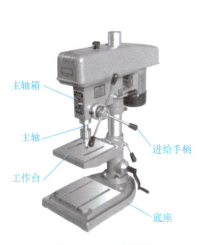

图 14-14　台式钻床　　　　　图 14-15　立式钻床

（3）摇臂钻床　它是在立式钻床的基础上进行了改进，如图 14-16 所示。其主轴箱可以沿摇臂上的导轨做横向移动，摇臂可以绕立柱转动和沿立柱上下移动。所以摇臂钻床工作时不必移动工件，适合大型工件和多孔工件的钻削加工。

2. 钻孔刀具

常见的钻孔刀具有麻花钻、中心钻和深孔钻等，其中麻花钻最为常用。

麻花钻由柄部、颈部和工作部分组成，如图 14-17 所示。其柄部是钻头的夹持部分，用于与机床主轴孔配合并传递转矩和轴向力。柄部有直柄和锥柄两种形式，锥柄钻头可直接装入机床的主轴孔内，而直柄钻头需要用钻夹头安装。颈部在柄部和工作部分之间，用于标注钻头的直径和标号。工作部分包括切削部分与导向部分，其中切削部分可看作是两把方向相反的外圆车刀，螺旋槽面是前刀面，顶端的两个曲面是主后刀面，中间的交线为横刃。导向部分主要由两条对称螺旋棱带组成，在钻孔时起引导钻头方向的作用。

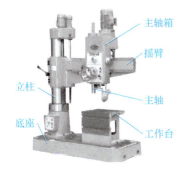
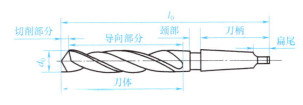

图 14-16　摇臂钻床　　　　　图 14-17　麻花钻

3. 钻削加工的特点

1）由于钻头细长，刚性差，且只有两条棱带导向，易造成孔轴线歪斜、孔径扩大及失圆等现象。因此钻削一般用于孔的预加工或孔的粗加工，例如螺钉孔、润滑油通道孔和螺纹底孔等。

2）排屑和散热条件较差，钻头易磨损。钻削属于半封闭加工，切削容易堵塞，不仅排屑与散热困难，且易擦伤孔壁。钻削时，切削液难以注入切削区，切削温度较高，使钻头容易磨损。

14.4.2 镗削

镗削是在镗床上用镗刀进行切削的加工方法。镗削时，镗刀旋转为主运动，工件或镗刀做进给运动。与钻削相比，镗削可以加工直径较大的孔且加工精度较高，同时还能保证孔与孔、孔与平面之间的位置精度。因此，大部分箱体零件上的孔，例如发动机气缸体、变速器上的孔等，都是由镗削加工完成的。

1. 镗床

镗床种类很多，主要有卧式镗床、立式镗床、坐标镗床和金刚镗床等。其中卧式镗床应用最广，常用的卧式镗床如图 14-18 所示。

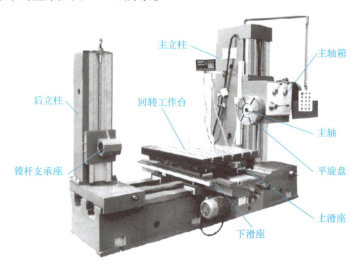

图 14-18 卧式镗床

卧式镗床的主轴箱可以沿主立柱的导轨上下移动。工件安装在回转工作台上，回转工作台可由上滑座或下滑座带动做纵向或横向移动，还可以绕上滑座的圆导轨在水平面内调整所需的角度，以便加工互成一定角度的孔或平面。工作时，镗刀安装在主轴或平旋盘上，由主轴带动做切削主运动。镗刀还随主轴做轴向移动，以实现轴向进给运动。当镗杆伸出较长时，其伸出端由后立柱上的镗杆支承座支承，以增加镗杆的刚性。卧式镗床适合加工尺寸大、形状复杂、具有孔系的箱体和机架类零件。

镗床的工作范围很广，除镗孔外，在镗床上还可以钻孔、扩孔、铰孔、锪孔以及车、铣端面，加工沟槽和螺纹等。

2. 镗削加工的特点

1）加工范围广。一把镗刀可以加工一定范围内不同直径的孔，还可以加工非标准孔。

2）能修正底孔轴线的位置。镗削时，可通过调整刀具和轴线的相对位置校正底孔的轴线位置，保证孔的位置精度。

3）生产效率低。镗刀的切削刃较少，切削用量低，因此生产效率较低。

14.5 磨 削

磨削是在磨床上用砂轮或其他磨具对工件进行切削的加工方法。磨削的加工范围很广，可以磨削外圆、内圆、平面、花键、螺纹、齿轮等。磨削加工如图 14-19 所示。

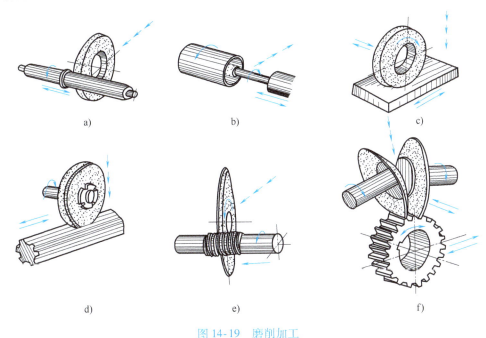

图 14-19 磨削加工

a）外圆磨削 b）内圆磨削 c）平面磨削 d）花键磨削 e）螺纹磨削 f）齿轮磨削

与其他切削加工方法相比，磨削是一种精加工，经磨削的工件具有很高的加工精度和良好的表面质量，所以通常作为加工的最后一道工序。

14.5.1 磨床

磨床的种类很多，根据用途不同，分为外圆磨床、内圆磨床、平面磨床、曲轴磨床、螺纹磨床和齿轮磨床等。其中，外圆磨床、内圆磨床、平面磨床和曲轴磨床在汽车零件制造和维修中应用较广。

1. 外圆磨床

外圆磨床主要用于工件的外圆柱面、圆锥面和轴上台阶的磨削加工。汽车上的半轴、变速器主轴等外圆都经外圆磨床磨削加工而成。常见的万能外圆磨床如图 14-20 所示。其头架与尾座安装在工作台上，头架上的主轴由变速机构传递动力而运动。工件通过卡盘装夹在主轴上，也可用前、后顶尖装夹在头架与尾座之间，由主轴带动旋转。工作台分为上、下两层，下工作台可沿床身的导轨做纵向往复移动，以实现工件的轴线进给；上工作台可转动一定角度，用于磨削长圆锥面工件。砂轮装在砂轮架上，由砂轮主轴箱带动做回转主运动，也可随砂轮架沿横向导轨移动，以实现工件的横向进给。此外，万能外圆磨床还配有内圆磨具，它安装在可转动的支架上，使用时可向下翻至工作位置。

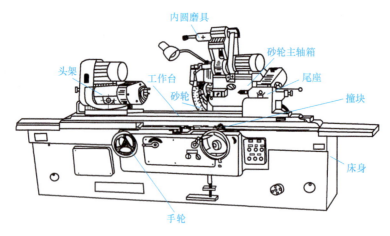

图 14-20　万能外圆磨床

2. 内圆磨床

内圆磨床主要用于磨削工件的圆柱孔和圆锥孔等，汽车上的齿轮以及各种轴的内孔都经内圆磨床磨削加工。常见的内圆磨床如图 14-21 所示。其头架安装在工作台上，并可左右转动一定角度。工件由头架主轴上的卡盘或其他夹具夹持并带动旋转。工作台可沿床身上的导轨做纵向往复进给。砂轮由砂轮架上的电动机带动做高速旋转主运动，并可随砂轮架沿滑鞍做横向进给。当磨削圆锥孔时，只需要将头架转动一定角度即可。

3. 平面磨床

平面磨床主要用于平面的磨削加工。汽车零件中的飞轮、制动盘等的平面大多是用平面磨床加工的。平面磨床如图 14-22 所示。工作台安装在床身的水平导轨上，由液压系统驱动做纵向直线往复运动。砂轮架上的砂轮在主轴的带动下做回转主运动。砂轮架可沿滑鞍做横向间歇运动，也可随滑鞍沿立柱的垂直导轨做调整和切入运动。工作台装有电磁吸盘，用于钢、铸铁等磁性材料的装夹与定位。

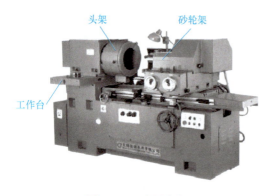

图 14-21　内圆磨床

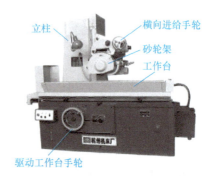

图 14-22　平面磨床

4. 曲轴磨床

曲轴磨床主要用于发动机曲轴主轴颈和曲柄颈的磨削加工，属于专用磨床，如图 14-23 所示。曲轴磨床工作台和砂轮架的运动与外圆磨床基本相同，只是多安装了一个安全联锁装置，用于砂轮架在磨削状态时可自动锁定工作台的机动进给。曲轴的装夹与其他工件不同，它由磨床上左、右两个自定心卡盘夹持，左、右卡盘分别安装在磨床头架与尾座的花盘上。磨削前，需要用专用样板对卡盘的位置进行调整，然后才可进行磨削。

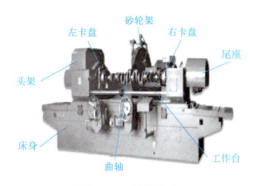

图 14-23　曲轴磨床

14.5.2　砂轮

砂轮是磨削的切削刀具，它是用结合剂把磨料粘接成形再经烧结而成的多孔体。砂轮表面上每个磨粒都犹如一个微小刀齿，整个砂轮就像一把有无数微小刀齿的铣刀。砂轮的组成如图 14-24 所示。

砂轮的基本特性参数一般印在砂轮的端面上，其代号次序是形状—尺寸—磨料—粒度。砂轮的切削性能由磨料、粒度、结合剂、硬度、组织、形状和尺寸等因素决定。

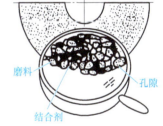

图 14-24　砂轮的组成

（1）磨料　磨料即砂轮中的硬质颗粒，担负主要切削工作。磨料除棱角必须锋利外，还应具有高硬度、高耐热性和一定的韧性。常用的磨料有刚玉类和碳化硅类。刚玉类磨料强度高，韧性好；碳化硅类磨料硬度高，但强度较低。

（2）粒度　粒度指磨料颗粒的大小。粒度的选择主要影响表面粗糙度和生产率，一般粗磨应选较粗的磨粒，精磨可选较细的磨粒。

（3）结合剂　其作用是把磨料黏合在一起，使砂轮具有良好的切削性能。常用的结合剂有陶瓷结合剂、树脂结合剂、橡胶结合剂和金属结合剂。

（4）硬度　表示磨粒在磨削力的作用下从砂轮表面脱落的难易程度。磨粒容易脱落，则砂轮的硬度低；反之，则砂轮的硬度高。砂轮的硬度对磨削质量和生产率影响很大，磨硬材料应选择软砂轮，磨软材料应选择硬砂轮。

（5）组织　砂轮组织指砂轮中磨料、结合剂和空隙三者的比例关系。它以磨料所占的百分比来表示，共分 15 个号码，号码越大越疏松。通常粗磨采用疏松的砂轮，精磨采用紧密的砂轮。

（6）形状　为了适应不同类型的磨床和各种工件，砂轮有很多形状和尺寸规格。常用砂轮的形状如图 14-25 所示。

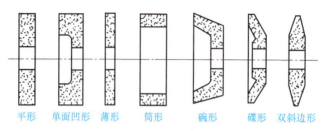

| 平形 | 单面凹形 | 薄形 | 筒形 | 碗形 | 碟形 | 双斜边形 |

图 14-25　常用砂轮的形状

14.5.3　磨削加工的特点

1) 磨削加工范围很广，在不同的磨床上可完成内外圆柱面、圆锥面、平面及花键、螺纹、齿轮等各种成形表面的加工。磨削加工不仅可以加工铜、铝等非铁金属，还可以加工其他刀具难以切削加工的高硬度、超硬度材料，例如淬火钢、硬质合金和各种宝石等。

2) 磨削加工精度高，表面质量好。普通磨削的尺寸精度等级为 IT6~IT5，表面粗糙度 Ra 值为 0.8~0.2μm。若采用精密磨削，尺寸精度等级可达 IT4，表面粗糙度 Ra 值为 0.012~0.01μm。

3) 在磨削过程中，磨削速度高，砂轮导热性差，磨削区内的温度可达 800~1000℃，容易使工件表面烧伤或退火，故需采用大量的切削液，以降低磨削温度。

4) 砂轮在磨削时，还具有"自锐作用"。部分磨钝的磨粒在一定的条件下会自行脱落，使砂轮保持良好的磨削性能。

拓展知识

大国工匠之顾秋亮——在发丝间"跳舞"的"蛟龙号"钳工

"蛟龙号"载人潜水器是一艘中国自主设计、集成研制的载人潜水器，2012 年，它在马里亚纳海沟创造了下潜 7062m 的中国载人深潜纪录，创造了作业类载人潜水器新的世界纪录。"蛟龙号"载人潜水器能取得如此骄人的成绩，离不开一群背后默默付出的英雄们，而今天我们就来介绍其中一位大国工匠——"蛟龙号"钳工顾秋亮。

1972 年，17 岁的顾秋亮进入了中船重工 702 所，彼时的他还是一个顽皮的小伙子，在师傅的引导下，顾秋亮慢慢静下了心，他苦练基本功，一块 10cm 厚的方铁，用几个月的时间将其锉成 5mm 厚的铁片，每个角面上都厚薄均匀。两年时间，他锉完了十几块方铁，然后出师了。此后的岁月里，一把锉刀顾秋亮一握就是 40 多年，通过一遍遍地锉钢板，一遍遍地动脑筋琢磨，顾秋亮的技术达到了登峰造极的水平，他人工操作的精度达到了"丝"级，他做的工件全部免检，他被人们称为"顾两丝"。"两丝"是通常意义上的游标卡尺的精度，也就是 0.02mm，相当于一根成年人头发丝直径的 1/10。

40 多年如一日的工作，让顾秋亮的手掌纹路变得光滑无比，连指纹打卡都困难。中国的深海载人潜水器有十几万个零部件，最大难度是密封性，精密度要求达到"丝"级，而能够实现这个精密度的只有顾秋亮一人而已。"蛟龙号"的载人球安装难度在于球体和玻璃的接触面要控制在"2丝"以下，安装载人舱玻璃是组装载人潜水器最精密的工作，而"顾两丝"顾秋亮则能够将潜水器密封面平面度控制在"两丝"之内。"蛟龙号"首席潜航员叶聪说过，只要看到顾师傅在船上，自己的心就踏实了，顾师傅的价值不低于设计师和科学家，设计和图样都需要顾师傅这样的"大国工匠"来实现，没有他们，蛟龙是下不了水的！

本章小结

1. 金属切削加工是利用切削刀具与工件的相对运动，从工件上切除多余材料的加工方法。汽车上绝大多数金属零件是通过切削加工方法获得或修复的。

2. 金属切削加工分为钳工加工和机械加工两大类。钳工加工一般指运用锉刀、锯子、錾子等工具采用手工方式进行的加工；机械加工是指运用金属加工机床进行的加工。由于刀具与工件的运动方式不同，机械加工可以分为车削、铣削、刨削、钻削、镗削和磨削等。

3. 车削是在车床上使用车刀切削加工的一种加工方法。车削是切削加工中最基本的加工方法，汽车中的曲轴、变速齿轮、半轴、衬套、制动盘、螺栓等的回转表面大多数是通过车削加工成形的，车削加工在汽车零件的制造和汽车维修中应用很广。

4. 铣削是在铣床上用铣刀进行切削加工的方法。铣削是平面加工中应用最普遍的加工方法，在铣床上使用不同的铣刀，可以加工各种平面、台阶、沟槽和成形表面。

5. 钻削是在钻床上用钻头在工件上加工内孔的方法。在钻床上除钻孔外，还可进行扩孔、铰孔、攻螺纹、锪孔和扩平面等。

6. 镗削是在镗床上用镗刀进行切削的加工方法。与钻削相比，镗削可以加工直径较大的孔，且加工精度较高，同时还能保证孔与孔、孔与平面之间的位置精度。因此，大部分箱体零件上的孔，例如发动机气缸体、变速器壳上的孔等，都是由镗削加工完成的。

7. 磨削是在磨床上用砂轮或其他磨具对工件进行切削的加工方法。与其他切削加工方法相比，磨削是一种精加工，经磨削的工件具有很高的加工精度和良好的表面质量，所以通常作为加工的最后一道工序。

测 试 题

一、名词解释

主运动　进给运动　切削速度　切削深度　进给量　车削　铣削　钻削　镗削　磨削

二、填空题

1. 切削加工方法主要有_____、_____、_____、_____、_____、刨削以及齿轮加工等。
2. 切削运动分为_____运动和_____运动。
3. 切削深度是指工件_____表面与_____表面的垂直距离。
4. 外圆车刀由_____和_____组成。_____直接承担切削工作，也称切削部分。

5. 外圆车刀的特点是三面两刃一尖，即_____面、_____面、_____面，_____刃、_____刃和刀尖。

6. CM6140型精密卧式车床编号中，C表示_____，M表示_____，6表示_____，1表示_____，40表示_____。

7. 车削时，工件的旋转为_____运动，车刀的移动为_____运动。

8. 车削加工的范围很广，大部分具有_____表面的工件都可以用车削方法加工，例如车外圆柱面、车端面、车沟槽、车内孔、车螺纹、车圆锥面以及车成形面等。

9. 在铣床上使用不同的铣刀，可以加工各种_____、_____、_____和成形表面。

10. 钻削与镗削主要用于_____的加工。

11. 麻花钻由_____、_____和_____组成。

12. 与钻削相比，镗削可以加工直径_____的孔，且加工精度_____，同时还能保证孔与孔、孔与平面之间的位置精度。

13. 砂轮是用结合剂把_____粘接成形再经烧结而成的多孔体。

三、简答题

1. 什么是金属的切削加工？
2. 切削用量包括哪些内容？请解释它们各自的含义。
3. 刀具切削部分应具备哪些基本性能？
4. 简述车削、铣削、钻削、镗削和磨削加工的特点及其应用范围。

附　录

附录 A　压痕直径与布氏硬度对照表

压痕直径 d/mm	HBW $D=10$mm $F=30D^2$	压痕直径 d/mm	HBW $D=10$mm $F=30D^2$	压痕直径 d/mm	HBW $D=10$mm $F=30D^2$
2.40	653	2.92	438	3.44	313
2.42	643	2.94	432	3.46	309
2.44	632	2.96	426	3.48	306
2.46	621	2.98	420	3.50	302
2.48	611	3.00	415	3.52	298
2.50	601	3.02	409	3.54	295
2.52	592	3.04	404	3.56	292
2.54	582	3.06	398	3.58	288
2.56	573	3.08	393	3.60	285
2.58	564	3.10	388	3.62	282
2.60	555	3.12	383	3.64	278
2.62	547	3.14	378	3.66	275
2.64	538	3.16	373	3.68	272
2.66	530	3.18	368	3.70	269
2.68	522	3.20	363	3.72	266
2.70	514	3.22	359	3.74	263
2.72	507	3.24	354	3.76	260
2.74	499	3.26	350	3.78	257
2.76	492	3.28	345	3.80	255
2.78	485	3.30	341	3.82	252
2.80	477	3.32	337	3.84	249
2.82	471	3.34	333	3.86	246
2.84	464	3.36	329	3.88	244
2.86	457	3.38	325	3.90	241
2.88	451	3.40	321	3.92	239
2.90	444	3.42	317	3.94	236

（续）

压痕直径 d/mm	HBW $D=10\text{mm}$ $F=30D^2$	压痕直径 d/mm	HBW $D=10\text{mm}$ $F=30D^2$	压痕直径 d/mm	HBW $D=10\text{mm}$ $F=30D^2$
3.96	234	4.66	166	5.36	123
3.98	231	4.68	164	5.38	122
4.00	229	4.70	163	5.40	121
4.02	226	4.72	161	5.42	120
4.04	224	4.74	160	5.44	119
4.06	222	4.76	158	5.46	118
4.08	219	4.78	157	5.48	117
4.10	217	4.80	156	5.50	116
4.12	215	4.82	154	5.52	115
4.14	213	4.84	153	5.54	114
4.16	211	4.86	152	5.56	113
4.18	209	4.88	150	5.58	112
4.20	207	4.90	149	5.60	111
4.22	204	4.92	148	5.62	110
4.24	202	4.94	146	5.64	110
4.26	200	4.96	145	5.66	109
4.28	198	4.98	144	5.68	108
4.30	197	5.00	143	5.70	107
4.32	195	5.02	141	5.72	106
4.34	193	5.04	140	5.74	105
4.36	191	5.06	139	5.76	105
4.38	189	5.08	138	5.78	104
4.40	187	5.10	137	5.80	103
4.42	185	5.12	135	5.82	102
4.44	184	5.14	134	5.84	101
4.46	182	5.16	133	5.86	101
4.48	180	5.18	132	5.88	99.9
4.50	179	5.20	131	5.90	99.2
4.52	177	5.22	130	5.92	98.4
4.54	175	5.24	129	5.94	97.7
4.56	174	5.26	128	5.96	96.9
4.58	172	5.28	127	5.98	96.2
4.60	170	5.30	126	6.00	95.5
4.62	169	5.32	125		
4.64	167	5.34	124		

附录 B 车用柴油（V）技术要求和试验方法（摘自 GB 19147—2016）

项目		质量指标					试验方法
		5号	0号	-10号	-20号	-35号	-50号	
氧化安定性（以总不溶物计）/(mg/100mL)	不大于	2.5						SH/T 0175
硫含量[a]/(mg/kg)	不大于	10						GB/T 0689
酸度（以 KOH 计）/(mg/100 mL)	不大于	7						GB/T 258
10%蒸余物残炭[b]（质量分数）/%	不大于	0.3						GB/T 17144
灰分（质量分数）/%	不大于	0.01						GB/T 508
铜片腐蚀（50℃，3h）/级	不大于	1						GB/T 5096
水含量[c]（体积分数）/%	不大于	痕迹						GB/T 260
机械杂质[d]		无						GB/T 511
润滑性 校正磨痕直径（60℃）/μm	不大于	460						SH/T 0765
多环芳烃含量[e]（质量分数）/%	不大于	11						SH/T 0806
运动黏度[f]（20℃）/(mm²/s)		3.0~8.0			2.5~8.0	1.8~7.0		GB/T 265
凝点/℃	不高于	5	0	-10	-20	-35	-50	GB/T 510
冷滤点/℃	不高于	8	4	-5	-14	-29	-44	SH/T 0248
闪点（闭口）/℃	不低于	60			50	45		GB/T 261
十六烷值	不小于	51			49	47		GB/T 386
十六烷值指数[g]	不小于	46			46	43		SH/T 0694
馏程： 50% 回收温度/℃ 90% 回收温度/℃ 95% 回收温度/℃	不高于 不高于 不高于	300 355 365						GB/T 6536
密度[h]（20℃）/(kg/m³)		810~850			790~840			GB/T 1884 GB/T 1885
脂肪酸甲酯含量[i]（体积分数）/%	不大于	1.0						NB/SH/T 0916

[a] 也可采用 GB/T 11140 和 ASTMD7039 进行测定，结果有异议时，以 SH/T 0689 方法为准。

[b] 也可采用 GB/T 268 进行测定，结果有异议时，以 GB/T 17114 方法为准。若车用柴油中含有硝酸酯型十六烷值改进剂，10%蒸余物残炭的测定应使用不加硝酸酯的基础燃料进行。车用柴油中是否含有硝酸酯型十六烷值改进剂的改进方法见 GB/T 19147—2016 附录 B 柴油中硝酸酯型十六烷值改进剂的检验。

[c] 可用目测法，即将试样注入 100mL 玻璃量筒中，在室温（20℃±5℃）下观察，应当透明，没有悬浮和沉降的水分，也可采用 GB/T 11133 和 SH/T 0246 测定，结果有异议时，以 GB/T 260 方法为准。

[d] 可用目测法，即将试样注入 100mL 玻璃量筒中，在室温（20℃±5℃）下观察，应当透明，没有悬浮和沉降的杂质，结果有异议时，以 GB/T 511 方法为准。

[e] 也可采用 SH/T 0606 进行测定，结果有异议时，以 SH/T 0806 方法为准。

[f] 也可采用 SH/T 30515 进行测定，结果有异议时，以 GB/T 265 方法为准。

[g] 十六烷指数的计算也可采用 GB/T 11139，结果有异议时，以 SH/T 0694 方法为准。

[h] 也可采用 SH/T 0604 进行测定，结果有异议时，以 GB/T 1884 和 GB/T 1885 方法为准。

[i] 脂肪酸甲酯应满足 GB/T 20828 要求，也可采用 GB/T 23801 进行测定，结果有异议时，以 NB/SH/T 0916 方法为准。

附录 C 我国各地各月份风险率为 10% 的最低气温（摘自 GB 19147—2016）

月份 地区	1	2	3	4	5	6	7	8	9	10	11	12
河北省	-14	-13	-5	1	8	14	19	17	9	1	-6	-12
山西省	-17	-16	-8	-1	5	11	15	13	6	-2	-9	-16
内蒙古自治区	-43	-42	-35	-21	-7	-1	4	1	-8	-19	-32	-41
黑龙江省	-44	-42	-35	-20	-6	1	7	4	-6	-20	-35	-43
吉林省	-29	-27	-17	-6	1	8	14	12	2	-6	-17	-26
辽宁省	-23	-21	-12	-1	6	12	18	15	6	-2	-12	-20
山东省	-12	-12	-5	2	8	14	19	18	11	4	-4	-10
江苏省	-10	-9	-3	3	11	15	20	20	12	5	-2	-8
安徽省	-7	-7	-1	5	12	18	20	20	14	7	0	-6
浙江省	-4	-3	1	6	13	17	22	21	15	8	2	-3
江西省	-2	-2	3	9	15	20	23	23	18	12	4	0
福建省	-4	-2	3	8	14	18	21	20	15	8	1	-3
台湾省	3	0	2	8	10	16	19	19	13	10	1	2
广东省	1	2	7	12	18	21	23	23	20	13	7	2
海南省	9	10	15	19	22	24	24	23	23	19	15	12
广西壮族自治区	3	3	8	12	18	21	23	23	19	15	9	4
湖南省	-2	-2	3	9	14	18	22	21	16	10	4	-1
湖北省	-6	-4	0	6	12	17	21	20	14	8	1	-4
河南省	-10	-9	-2	4	10	15	20	18	11	4	-3	-8
四川省	-21	-17	-11	-7	-2	1	2	1	0	-7	-14	-19
贵州省	-6	-6	-1	3	7	9	12	11	8	4	-1	-4
云南省	-9	-8	-6	-3	1	5	7	7	5	-1	-5	-8
西藏自治区	-29	-25	-21	-15	-9	-3	-1	0	-6	-14	-22	-29
新疆维吾尔自治区	-40	-38	-28	-12	-5	-2	0	-2	-6	-14	-25	-34
青海省	-33	-30	-25	-18	-10	-6	-3	-4	-6	-16	-28	-33
甘肃省	-23	-23	-16	-9	-1	3	5	5	0	-8	-16	-22
陕西省	-17	-15	-6	-1	5	10	15	12	6	-1	-9	-15
宁夏回族自治区	-21	-20	-10	-4	2	6	9	8	3	-4	-12	-19

注：台湾省所列的温度是绝对最低气温。即风险率为 0 的最低气温。

附录 D　机动车辆制动液的技术要求和试验方法（摘自 GB 12981—2012）

序号	项目		质量指标 HZY3	HZY4	HZY5	HZY6	试验方法
1	外观		\multicolumn{4}{c}{清亮透明，无悬浮物、杂质及沉淀}				目测
2	运动黏度/(mm²/s)　−40℃　　　100℃	不大于 不小于	1500 1.5	1500 1.5	900 1.5	750 1.5	GB/T 265
3	平衡回流沸点（ERBP）/℃	不低于	205	230	260	250	SH/T 0430
4	湿平衡回流沸点（WERBP）/℃	不低于	140	155	180	165	附录 C
5	pH 值		7.0~11.5				附录 D
6	液体稳定性（ERBP 变化）/℃　高温稳定性（185℃±2℃, 120min±5min）　化学稳定性		±5 ±5				附录 E
7	腐蚀性（100℃±2℃, 120h±2h）　试验后金属片质量变化/(mg/cm²)　　镀锡铁皮　　钢　　铸铁　　铝　　黄铜　　紫铜　　锌　试验后金属片外观　试验后试液性能　　外观　　pH 值　　沉淀物（体积分数）/%　试验后橡胶皮碗状态　　外观　　硬度降低值　　根径增值/mm　　体积增加值/%	不大于 不大于 不大于 不大于	−0.2~+0.2 −0.2~+0.2 −0.2~+0.2 −0.1~+0.1 −0.4~+0.4 −0.4~+0.4 −0.4~+0.4 无肉眼可见坑蚀和表面粗糙不平，允许脱色或色斑 无凝胶，在金属表面无粘附物 7.0~11.5 0.10 表面不发粘，无炭黑析出 15 1.4 16				附录 F
8	低温流动性和外观　−40℃±2℃, 144h±2h　　外观　　气泡上浮至液面的时间/s　　沉淀物　−50℃±2℃, 6h±0.2h　　外观　　气泡上浮至液面的时间/s　　沉淀	不大于 不大于	清亮透明均匀 10 无 清亮透明均匀 35 无				附录 G

（续）

序号	项 目		质量指标				试验方法
			HZY3	HZY4	HZY5	HZY6	
9	蒸发性能（100℃±2℃，168h±2h） 　蒸发损失/% 　　　　　　　　　　不大于 　残余物性质 　残余物倾点/℃　　　　　　　　　不高于		80 用指尖摩擦时，沉淀中不含 有颗粒性砂粒和磨蚀物 -5				附录 H
10	容水性（22h±2h） 　-40℃ 　　外观 　　气泡上浮至液面时间/s　　　　　不大于 　　沉淀 　60℃ 　　外观 　　沉淀量（体积分数）/%　　　　　不大于		清亮透明均匀 10 无 清亮透明均匀 0.05				附录 I
11	液体相容性（22h±2h） 　-40℃±2℃ 　　外观 　　沉淀 　60℃±2℃ 　　外观 　　沉淀量（体积分数）/%　　　　　不大于		清亮透明均匀 无 清亮透明均匀 0.05				附录 I
12	抗氧化性（70℃±2℃，168h±2h） 　金属片外观 　金属片质量变化/（mg/cm^2） 　　铝 　　铸铁		无可见坑蚀和点蚀，允许痕量胶质沉积， 允许试片脱色 -0.05～+0.05 -0.3～+0.3				附录 J
13	橡胶适应性（120℃±2℃，70h±2h） 　丁苯橡胶（SBR）皮碗 　　根径增值/mm 　　硬度降低值/IRHD　　　　　　　不大于 　　体积增加值/% 　　外观 　三元乙丙橡胶（EPDM）试件 　　硬度降低值/IRHD　　　　　　　不大于 　　体积增加值/% 　　外观		0.15～1.40 15 1～16 不发粘，无鼓泡，不析出炭黑 15 0～10 不发粘，无鼓泡，不析出炭黑				附录 K

注：试验方法中提到的附录 C、附录 D、附录 E、附录 F、附录 G、附录 H、附录 I、附录 J、附录 K、附录 L、附录 M，特指 GB 12981—2012 中的附录。

附录 E　试验指导书

E1　金属材料的力学性能试验

E1.1　拉伸试验

1. 试验目的

1）测定金属材料的强度（R_{eL}、R_m）和塑性指标（A、Z）。
2）观察试样在拉伸过程出现的屈服现象和缩颈现象。
3）了解拉伸试验机的结构和使用方法。

2. 试验设备、工具和材料

1）WE 万能材料试验机、划线机各 1 台。
2）游标卡尺 1 把。
3）低碳钢和铸铁拉伸试样各若干个。

3. 试验步骤和注意事项

（1）试验步骤

1）检查试样表面是否有明显的刀痕、磨痕或机械损伤等。在划线机上测出试样标距长度 L_0，并做上标记；用游标卡尺测量其直径 d_0。

2）根据试样材料，估算拉断的最大拉伸力，选择指示度盘的测量范围，悬挂相应的摆砣并调节缓冲阀至相应位置。

3）将试样一端装夹在试验机的上夹头中，升降下夹头至适当位置，并夹紧试样另一端。

4）将测力度盘指针调零，开动机器，缓慢地加载荷。当测力盘指针来回摆动或几乎不动时，为屈服现象，此时记录载荷 F_s。然后指针继续转动，当载荷达到某一数值时，指针开始回转，此时试样产生缩颈现象，记录载荷 F_b，直至拉断试样。

5）试样拉断后，停机，取下试样，将已拉断的试样接合，用游标卡尺测量拉断后标距长度 L_u 和断口处最小直径 d_u 并记录于表内。

（2）注意事项

1）试验前了解试验机的结构、工作原理，检查各部分运行是否正常。
2）试样装夹要牢固，否则影响试验效果。

4. 试验数据记录

将拉伸试验结果填于表 E1-1 中。

表 E1-1　拉伸试验结果记录

试验材料	原始标距和直径/mm		拉断后标距和直径/mm		拉伸载荷/N		试验结果			
	L_0	d_0	L_u	d_u	F_b	F_s	R_{eL}/MPa	R_m/MPa	A	Z
低碳钢										
铸　铁										

E1.2 硬度试验

1. 试验目的
1）熟悉布氏硬度计、洛氏硬度计的操作方法。
2）根据材料的性能特点，正确选择测定硬度的方法。

2. 试验设备及材料
1）HB-3000 型布氏硬度计。
2）HR-150 型洛氏硬度计。
3）读数显微镜。
4）试样：退火状态的 20 钢、45 钢、T8 钢；淬火状态的 45 钢、T8 钢、T12 钢。

3. 布氏硬度试验的操作步骤及读数显微镜的使用方法
（1）布氏硬度试验的操作步骤
1）依据试样特性，确定载荷和压头直径。
2）将试样平稳地放在工作台上，顺时针转动手轮，使试样与压头接触，直至手轮与螺母产生相对滑动为止。
3）确定试验力保持时间，把圆盘上的时间定位器转到与持续时间相符的位置上。
4）接通电源，按下加载按钮。当载荷全部加上时红色指示灯亮；持续一段时间后自动卸载，红色指示灯灭，卸载完毕。
5）逆时针转动手轮，降下工作台，取下试样，用读数放大镜测出压痕直径 d 后，查附录 A 即得 HBW 值。

（2）读数显微镜的使用方法
1）将打上压痕的试样置于水平工作台上。
2）把读数显微镜置于试样上，让透光孔对向光亮处。
3）通过旋转螺母使标线（垂直线）沿 X 轴左右移动。
4）标线与压痕的两侧分别相切时，标线走过的距离即为压痕直径，如图 E1-1 所示。
5）把工件旋转 90°，再测量一次，取两次结果的平均值作为压痕的最终直径。
6）记下读数后，把显微镜归零，放到指定位置。

4. 洛氏硬度试验的操作步骤
1）依据试样预期硬度确定相适应的压头和载荷，并装入试验机。
2）将符合要求的试样放置在试样台上，顺时针转动手轮，使试样与压头缓慢接触，直至表盘（图 E1-2）小指针由黑点移动至红点为止。此时即已加初始载荷，随后将表盘大指针调整至 C 或 B 点（测定 HRA 和 HRC 时大指针调整至黑色的 C，测定 HRB 时大指针调整至红色 B）。
3）平稳地向前扳动加载手柄加主载荷，持续约 10s 后，扳回加载手柄卸除主载荷，由表盘读出硬度值（HRA 和 HRC 读黑数字，HRB 读红数字）。
4）逆时针转动手轮，取出试样，测定完毕。

5. 试验注意事项
1）试样两端要平行，表面要平整，无氧化皮和油污。

2）圆柱形试样应放在有 V 形槽的工作台上操作，以防试验滚动。

3）加载时应细心操作，以免损坏压头。

4）测完硬度值，卸除载荷后，必须使压头完全离开试样后再取下试样。

5）金刚石压头属于贵重物件，质硬而脆，使用时要小心谨慎，严禁与试样或其他物件碰撞。

6）应根据硬度计的使用范围，按规定选用不同的载荷和压头。若超过使用范围，将不能获得准确的硬度值。

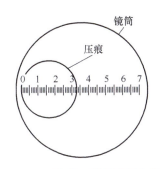

图 E1-1　用读数显微镜测压痕直径

图 E1-2　洛氏硬度计的指示表盘

6. 试验数据记录

1）将退火状态的 20 钢、45 钢、T8 钢的布氏硬度试验结果记录填于表 E1-2 中。

表 E1-2　布氏硬度试验结果记录

试 验 条 件			
钢球直径 D/mm	载荷 F/kgf	持续时间/s	F/D^2
试 验 结 果			
试验材料＼试验结果	20 钢	45 钢	T8 钢
压痕直径/mm			
HBW 值			

2）将淬火状态的 45 钢、T8 钢、T12 钢的洛氏硬度试验结果记录填于表 E1-3 中。

表 E1-3　洛氏硬度试验结果记录

试验材料	热处理状态	压 头	主载荷/kgf	HRC 值
45 钢				
T8 钢				
T12 钢				

E1.3 冲击试验

1. 试验目的
1) 了解摆锤式一次冲击试验机的结构。
2) 测量低碳钢的吸收能量 K 值。

2. 试验设备和材料
1) 摆锤式一次冲击试验机 1 台。
2) 低碳钢或中碳钢试样若干个。

3. 试验步骤和注意事项
（1）试验步骤

1) 试验前先检查试样的形状、尺寸是否符合要求。

2) 进行空击试验，校正指针零点。

3) 摆锤用支撑铁托牢，将冲击试样放在试验机的支座上并用样规校正，使试样缺口背对摆锤。

4) 将操纵手柄扳至预备位置，扬起摆锤到规定高度，同时将指针拨至最大刻度位置（即刻度的左极限位置）。

5) 扳动手柄（或按动电钮）进行冲击。

6) 冲断试样后，立即制动摆锤，待摆锤停止摆动后，记录下指针在刻度盘上指示的数值，即为该试样的吸收能量 K 值。

（2）注意事项

进行冲击试验过程中一定要注意安全，试验机两侧严禁站人，以免被摆锤或冲断的试样打伤。

4. 试验数据记录
将试验结果填于表 E1-4 中。

表 E1-4 冲击试验结果记录

试样		温度/℃	摆锤量程/J	吸收能量/J		
试样材料	缺口类型			1	2	平均

E2 铁碳合金平衡组织观察

1. 试验目的
1) 观察铁碳合金在室温下平衡状态的显微组织。
2) 分析典型铁碳合金的显微组织特征，加深理解化学成分、组织和力学性能的关系。

2. 试验设备及试样
1) XJB-1 型台式金相显微镜。
2) 金相试样与金相图谱。

3. 试验内容

用金相显微镜观察表 E2-1 所列碳钢和白口铸铁的显微组织。

表 E2-1　试样材料及其使用的浸蚀剂

序号	试样材料	状态	浸蚀剂	室温下的显微组织
1	工业纯铁	退火	4%硝酸酒精溶液	铁素体 + 三次渗碳体
2	20 钢	退火	4%硝酸酒精溶液	铁素体 + 珠光体
3	45 钢	退火	4%硝酸酒精溶液	铁素体 + 珠光体
4	60 钢	退火	4%硝酸酒精溶液	铁素体 + 珠光体
5	T8 钢	退火	4%硝酸酒精溶液	珠光体
6	T12 钢	退火	4%硝酸酒精溶液	珠光体 + 二次渗碳体（白）
7	T12 钢	退火	4%碱性苦味酸水溶液	珠光体 + 二次渗碳体（黑）
8	亚共晶白口铸铁	铸态	4%硝酸酒精溶液	珠光体 + 低温莱氏体 + 二次渗碳体
9	共晶白口铸铁	铸态	4%硝酸酒精溶液	低温莱氏体
10	过共晶白口铸铁	铸态	4%硝酸酒精溶液	低温莱氏体 + 一次渗碳体

4. 试验步骤与注意事项

（1）试验步骤

1）在金相显微镜下对表 E2-1 所列碳钢和白口铸铁的显微组织进行观察。

2）对照金相图谱或图片，确定每个试样的材料名称和牌号，找出其组织形态特征。

3）绘出所观察试样的显微组织示意图。

（2）注意事项

1）不得用手触摸试样表面或将试样表面重叠起来，以免影响显微组织的观察。

2）画组织示意图时，应认真思考组织形态的特点，画出典型区域的组织，不要将磨痕或杂质画在图上。

5. 试验结果记录

在圆框内用铅笔画出所观察试样的显微组织示意图，用箭头指出组织组成物的名称，并注明材料名称、组织组成和浸蚀剂。

材料名称_____

组织组成_____

浸蚀剂_____

材料名称_____

组织组成_____

浸蚀剂_____

材料名称_____

组织组成_____

浸蚀剂_____

材料名称_____

组织组成_____

浸蚀剂_____

材料名称_____　○　　　材料名称_____　○
组织组成_____　　　　　组织组成_____
浸蚀剂_____　　　　　　浸蚀剂_____

材料名称_____　○　　　材料名称_____　○
组织组成_____　　　　　组织组成_____
浸蚀剂_____　　　　　　浸蚀剂_____

材料名称_____　○　　　材料名称_____　○
组织组成_____　　　　　组织组成_____
浸蚀剂_____　　　　　　浸蚀剂_____

E3　铸铁的显微组织观察

1. 试验目的

1）观察灰铸铁、可锻铸铁、球墨铸铁和蠕墨铸铁的显微组织。
2）加深理解石墨形态对铸铁力学性能的影响。

2. 试验设备及试样

1）XJB-1 型台式金相显微镜。
2）金相试样与金相图谱。

3. 试验内容

用金相显微镜观察表 E3-1 所列铸铁的显微组织。

表 E3-1　试样材料及其使用的浸蚀剂

序号	试样材料	状态	浸蚀剂	室温下的显微组织
1	F 基体灰铸铁	铸态	4%硝酸酒精溶液	铁素体+片状石墨
2	F+P 基体灰铸铁	铸态	4%硝酸酒精溶液	铁素体+珠光体+片状石墨
3	F 基体可锻铸铁	铸态	4%硝酸酒精溶液	铁素体+团絮状石墨
4	P 基体可锻铸铁	铸态	4%硝酸酒精溶液	珠光体+团絮状石墨
5	F 基体球墨铸铁	铸态	4%硝酸酒精溶液	铁素体+球状石墨
6	F+P 基体球墨铸铁	铸态	4%硝酸酒精溶液	铁素体+珠光体+球状石墨
7	P 基体球墨铸铁	铸态	4%硝酸酒精溶液	珠光体+球状石墨
8	F 基体蠕墨铸铁	铸态	4%硝酸酒精溶液	铁素体+蠕虫状石墨
9	F+P 基体蠕墨铸铁	铸态	4%硝酸酒精溶液	铁素体+珠光体+蠕虫状石墨

4. 试验步骤与注意事项

（1）试验步骤

1）在金相显微镜下对表 E3-1 所列铸铁的显微组织进行观察。

2）对照金相图谱或图片，确定每个试样的材料名称，找出其组织形态特征，进行对比分析。

3）绘出所观察试样的显微组织示意图。

（2）注意事项

1）不得用手触摸试样表面或将试样表面重叠起来，以免影响显微组织的观察。

2）画组织示意图时，应认真思考组织形态的特点，画出典型区域的组织，不要将磨痕或杂质画在图上。

5. 试验结果记录

在圆框内用铅笔画出所观察试样的显微组织示意图，用箭头指出组织组成物的名称，并注明材料名称、组织组成和浸蚀剂。

材料名称＿＿＿＿ ○	材料名称＿＿＿＿ ○
组织组成＿＿＿＿	组织组成＿＿＿＿
浸 蚀 剂＿＿＿＿	浸 蚀 剂＿＿＿＿

材料名称＿＿＿＿　　○　　　材料名称＿＿＿＿　　○

组织组成＿＿＿＿　　　　　　组织组成＿＿＿＿

浸　蚀　剂＿＿＿＿　　　　　浸　蚀　剂＿＿＿＿

材料名称＿＿＿＿　　○　　　材料名称＿＿＿＿　　○

组织组成＿＿＿＿　　　　　　组织组成＿＿＿＿

浸　蚀　剂＿＿＿＿　　　　　浸　蚀　剂＿＿＿＿

材料名称＿＿＿＿　　○　　　材料名称＿＿＿＿　　○

组织组成＿＿＿＿　　　　　　组织组成＿＿＿＿

浸　蚀　剂＿＿＿＿　　　　　浸　蚀　剂＿＿＿＿

材料名称＿＿＿＿　　○　　　材料名称＿＿＿＿　　○

组织组成＿＿＿＿　　　　　　组织组成＿＿＿＿

浸　蚀　剂＿＿＿＿　　　　　浸　蚀　剂＿＿＿＿

参 考 文 献

[1] 白树全,高美兰. 汽车应用材料［M］. 北京：北京理工大学出版社,2013.
[2] 李蕾. 金属材料与热加工基础［M］. 北京：机械工业出版社,2018.
[3] 高美兰,白树全. 工程材料与热加工基础［M］. 北京：机械工业出版社,2015.
[4] 梁戈,时惠英,王志虎. 机械工程材料与热加工工艺［M］. 2版. 北京：机械工业出版社,2015.
[5] 李明惠. 汽车应用材料［M］. 3版. 北京：机械工业出版社,2015.
[6] 司卫华,王学武. 金属材料与热处理［M］. 北京：化学工业出版社,2009.
[7] 张蕾. 汽车材料［M］. 北京：科学出版社,2009.
[8] 娄云. 汽车性能与使用技术［M］. 北京：机械工业出版社,2009.
[9] 戴汝泉. 汽车运行材料［M］. 3版. 北京：机械工业出版社,2018.
[10] 陈一永,李金学. 汽车修理工职业技能鉴定考证问答［M］. 北京：金盾出版社,2009.
[11] 张彦如. 汽车材料［M］. 合肥：合肥工业大学出版社,2006.
[12] 陈礁. 汽车材料［M］. 北京：高等教育出版社,2005.
[13] 丁德全. 金属工艺学［M］. 北京：机械工业出版社,1998.
[14] 王孝达. 金属工艺学［M］. 北京：高等教育出版社,1997.
[15] 丁建生. 金属学与热处理［M］. 北京：机械工业出版社,2004.
[16] 程叶军. 汽车材料与金属加工［M］. 2版. 北京：中国劳动社会保障出版社,2007.
[17] 王殿忠. 汽车修理基础知识［M］. 北京：高等教育出版社,1996.